中国脱贫攻坚的社会调查

山村调查

连玉明 主编

第四卷

社会科学文献出版社
SOCIAL SCIENCES ACADEMIC PRESS (CHINA)

编 委 会

汪冶国　张国华　孙清香　肖连春
赵灵灵　朱盼盼　王　琨　陈盈瑾
蒋　璞　姜思宇　李明环　洪羽婕
陈淑琴　高桂芳　蒋承恭　黄晓洁
米雅钊　翟萌萌　宋　馨　文　颖
梅　杰　陈　林　胡亚男　张　清
罗　荣　季雨涵　郑　婷　吴峻寒
梁凤娥　姜似海　李龙波　程　茹
彭小林　萧　伟　王　怡　严　旭
易康宁　谢思琪　刘珮琪　裴　飞
陈　贝　陈名彬　彭婷婷　钱　超
李　超　刘　胤　李明星　陈万涛
韦　佳

首　席　摄　影　胡　凯
摄　　　影　张志强　楼乐天　储　越
调　研　统　筹　杨胜元
学　术　秘　书　李瑞香　龙婉玲

序

　　北京国际城市发展研究院与贵阳创新驱动发展战略研究院和铜仁市人民政府发展研究中心合作，组织调研团队，赴铜仁市万山区进行调研，其中对几十个村落的调查，形成了这里五卷本的《山村调查》。这套书的主编、北京国际城市发展研究院的院长连玉明教授邀我为该书作序，我欣然接受。

　　我很高兴连玉明教授作为城市问题研究的专家，能够把目光关注到乡村。今年，也就是2019年，是新中国成立70周年，我国的人均GDP达到了约1万美元，城镇化水平首次超过60%，但城乡发展之间的巨大差距和乡村发展的相对落后，仍然是我国发展的一个软肋。如果现有的5.6亿农民不能普遍富裕起来，不能实现生活的现代化，就很难实现整个国家的现代化。

　　2018年全国农村居民人均可支配收入为14617元，只是城镇居民人均可支配收入39251元的37%。而且农村发展本身也很不平衡，2018年浙江农村居民人均可支配收入为27302元，是贵州农村居民人均可支配收入9716元的2.8倍。所以说，总体上看，我国绝大多数农民还没有摆脱相对贫穷的状况。

我国农民人数众多，且绝大多数是小农，每个农户的平均耕地面积只有约0.5公顷，仅相当于欧洲农户平均耕地面积的1/80到1/60，农耕收入微薄。从东南亚一些农地缺乏的国家和地区的现代化经验看，农业普遍像西方国家那样实行规模化经营很难做到。而目前"80后"农村青年就已经很少务农，务农农民过早出现老龄化，很难再转移成非农劳动力。农产品价格也已经多数高于国际市场价格，靠政府补贴财政压力很大，难以为继。怎样让广大农民普遍富裕起来，成为中等收入群体，是我国面对的最大难题。实行新型城镇化，实现城乡一体化发展，促进农户的多样性经营，不断提高农产品的附加值和农民的兼业收入，可能是唯一的选择。

新型城镇化与乡村振兴，实际上是同一个问题的两面。没有乡村的振兴，就无法实现新型城镇化。

《山村调查》这套书在资源枯竭型地区转型和脱贫攻坚的大背景下，从微观角度分析了几十个村落或社区的探索与发展。我国目前有近70万个行政村，数百万个自然村，在城镇化的大潮中，这些村落的发展情况千差万别，从纯农业村、兼业村、工业村到城中村，呈现各具特色的发展面貌。《山村调查》的对象集中在贵州铜仁市万山区，"转型"是万山乡村发展的最突出特点。万山因历史上盛产朱砂而被誉为"朱砂王国"，也是新中国最早的县级行政特区，万山汞矿储量和产量均曾列世界前茅，有"汞都"之称。但到2002年，有630多年开矿历史的贵州汞矿因矿产资源枯竭而正式宣布实行政策性关闭，曾经辉煌的万山特区一度急剧衰落，被倒逼走上了转型之路。

万山的"转型"体现在许多方面，在工业上从采掘业向现代工业转型，在农业上"从田到棚"转型，在服务业上"从小到大"转型。特别值得一提的是，万山地处武陵山片区，那里既是我国山清水秀、生态优美的地方，也长期是集中连片的贫困区。近几年贵州交通快速发展，成为我国西部地区第一个县县通高速的省份，无数的隧道和高架桥把山区连接起来，实现了山区的开放。转型发展和道路的联通带动人才、资金、技术向农村流动，自驾游、乡村康养休闲、乡村旅居等多种走入乡村的产业兴起，乡村振兴和"逆城镇化"成为万山未来发展的新潮流和新动力。万山已经于2018年成功整体脱贫，消除了困扰已久的极端贫困。当然，让农民普遍富裕起来的路还很长。这套乡村调查的书所描绘的变化细节，成为真切观察我国乡村巨变的窗口，也成为资源枯竭地区成功转型的一个样板。

习近平总书记强调，"调查研究是谋事之基、成事之道。没有调查，就没有发言权，更没有决策权"。本书编写组在万山调研的过程中，将前期摸底调研和集中调研相结合，将实地考察和座谈访谈相结合，这种深入一线、扎根基层的调查研究方式，再次证明"做社会学研究，拼的就是社会调查的深入扎实"，值得所有哲学社会科学研究者学习。《山村调查》以资源枯竭型城市万山为窗口，系统介绍了当前我国后发地区脱贫攻坚的积极探索和典型经验，深刻揭示了当前我国后发地区在发展中面临的突出问题，并有针对性地提出了对策建议。这些经验与建议既是万山的，也是贵州的，更是中国的。"观一叶而知秋"，这便是哲学社会科学研究的意义和价值所在。

是为序。

李培林

全国人民代表大会社会建设委员会副主任委员

中国社会科学院原副院长、学部委员

2019年10月20日于北京

目录

第七篇

鱼塘乡

金炉不断千年火，玉盏常明万岁灯，祖德流芳！祭天地顺服天意，感造化兴旺人丁。

群鸭田间觅食，鲜花山谷盛放。家家乘着小车，齐力奔向小康。

毛主席，能力强，带领人民谋解放。习总书记，本领高，带领群众奔小康。家庭和睦粮满仓，杀猪宰牛把歌唱。

破除地理条件限制
实现村企互惠发展
——新龙村调研报告

2018年10月21~22日，铜仁市万山区转型可持续发展大调研第八小组贺羽、胡亚男赴鱼塘侗族苗族乡新龙村进行实地调研。调研以"专访＋座谈＋实地调研"的形式展开。调研小组围绕"新龙村易地扶贫搬迁的探索实践"主题召开了座谈会，会议由鱼塘乡政府副乡长曾贵发主持，第一书记黄文灯，包村干部丁继才，村委会主任陈冬清，支部副书记石木堂、杨胜江，村委会副主任石云兵，村监督委员会主任刘兴勇，村委委员兼妇女主任钟银桃，村民代表石敏孝、石云志参加会议。调研小组实地考察了新龙村村委会办公室，查看了易地扶贫搬迁每户材料、基础信息登记表名册等，考察了聚友兴农种养专业合作社的养鸭场，新龙村大湾组、凉井组地质灾害点，杉木溪河和新龙河的山水资源景观等。还对致富带头人石云飞、第一书记黄文灯、村委会主任陈冬清、包村干部丁继才、村委会副主任石云兵等5人进行了专访。

新龙村是万山区三个深度贫困村之一，是被列为整村易地扶贫搬迁的村，2016年至今以易地扶贫搬迁为主要任务，多项帮扶举措并重，不仅探索了整村搬迁的模式，而且还明确了搬迁后的生态修复和植树造林的基本思路。通过对调研内容的梳理，形成调研报告如下。

一、基本概况和历史沿革

（一）基本概况

新龙村位于铜仁市万山区鱼塘乡西北部，东接碧江区桐木溪乡，西连江口县张屯乡，南邻万山区大坪乡，距万山区政府驻地59公里，距乡政府驻地19公里，地理位置位于东经109°1′40″，北纬27°37′43″，海拔高度400米。[①] 全村土地面积19平方公里，人均耕地面积0.61亩，基本农田面积1100亩，其中有效灌溉面积达530亩，占基本农田面积的48%；森林覆盖率达85%。户籍人口607户1808人，以苗族、侗族为主，姓氏以陈、石为主，共15个村民组。有低保户90户167人，长期在外务工人员占全村劳动人口的89%，有五保户7户9人。空巢老人4人，留守儿童24人，残疾人65人。60岁以上老人246人。[②]

（二）基层党组织情况

新龙村有1个党支部，1个村委会，1个村监督委员会，党员共计47名。基层党组织由黄文灯（男，55岁，土家族，大专文凭，中共党员，区公安局下派干部，任驻村第一书记）、曾贵发（男，46岁，苗族，大

---

① 资料来源：博雅地名网。
② 资料来源：《鱼塘乡新农村调查表》，2018。

专文凭，中共党员，鱼塘乡党委委员、副乡长，任村支书）、丁继才（男，45岁，汉族，大专文凭，中共党员，任包村组长）、陈冬清（男，46岁，苗族，高中文凭，中共党员，任村委会主任）、刘兴勇（男，39岁，侗族，初中文凭，任村监委主任）、钟银桃（女，苗族，48岁，初中文凭，任村委委员兼妇女主任）组成。形成了集村支"两委"、第一书记、驻村帮扶干部、包村干部、区直部门帮扶单位为一体的精准扶贫队伍。

（三）整村易地扶贫搬迁村

新龙村山高路陡、峡谷深，存在大湾、菜头湾、凉井三个地质灾害点。2016年7月4日，全村90%农田被冲毁，前所未有的洪灾成为新龙村致贫的主要原因，经过专家评审，这里被列为易地扶贫整村搬迁村。新龙村现有建档立卡贫困户238户777人，未脱贫户14户31人，脱

2018年10月22日，连玉明院长与新龙村村民刘必来交流了解生活情况。

贫户224户746人，2017年末贫困发生率1.71%。截至2017年末，易地扶贫搬迁216户715人（其中2016年搬迁100户347人，2017年搬迁102户312人），2016~2017年贫困户搬迁率达84.84%。

回顾新龙村的发展历史，包村组长丁继才说："上世纪80年代的新龙村是很富裕的村，那个时候，别人还在穿红军布鞋的时候，他们已经开始穿皮鞋了，万元大户也很多。主要是当地地质适宜种植桐树，产桐油，成为主要经济支柱。但到了后期出于市场原因不再产桐油，桐树被大面积砍掉。现在回顾起来，桐树可以牢固山体地质，全部砍伐真的是可惜了。"村主任陈冬清说："从1995年发生大洪灾以后，这个村里灾害频发，每年的雨季都有洪水、泥石流、山体滑坡等灾害发生，已经不适宜居住。每次灾害让大量的农田被毁，庄稼颗粒无收。这也是为什么被列为易地扶贫搬迁的主要原因，真的是一方水土养不活一方人了。"

二、基础条件和特色优势

（一）人居环境全面改善

全村有集中式安全人饮供水点9个，覆盖全村所有农户。全村均已接入国家农电网，享受全国同网同价电力资源，已完成农电网全面改造。除地质灾害点外已经实现"组组通"硬化水泥路，连户路硬化率达100%。全村实现移动、电信信号和4G网络无盲区全覆盖。2014年以来通过危房改造、易地扶贫搬迁，户户实现100%安全住房，实施"五改一化一维"110户（其中贫困户55户：改灶25户、改电55户、改水45户，房屋维修49户、房前屋后硬化55户），在家居住农户按户配备灶和卫生厕所，实现所有主要居住房屋室内室外全硬化，人居环境得到了极大改善。全村每个村组设有集中垃圾归集箱，拥有农民文化综合广场2个，建有设施完备、功能齐全的村卫生室2个，拥有500多平方米的村级活动室1个。

（二）产业结构基本明确

从20世纪90年代开始，新龙村就是一个空壳村，自然条件恶劣、交通不便、基础设施薄弱，导致产业发展受到一定局限。全村农业发展以畜牧业为主：生猪、肉牛、肉羊、肉鸭、蛋鸡、香柚种植、植树造林（兰竹、杉木）等。村集体入股发展产业主要有粮油加工、蛋鸡、肉鸭、生猪等，2017年全村集体经济收入7.2万元。

（三）乡村旅游潜力较大

新龙村山水资源丰富，具有发展乡村旅游的基础。村委会主任陈冬清说："新龙村非地质灾害点，生态环境优美，是锦江的上游区域，山水资源丰富，是具有发展乡村旅游潜力的，两面环山的悬崖白岩石是不可多得的景点。这里的土质比较适合种植香柚、松树，野生的香柚都长得很好，今年已经种了500亩，计划到2019年达到1000亩，不仅能修复生态，还能产生经济效益。"

三、创新实践和发展模式

（一）"飞地"经济扶贫：破除地理限制，实现村企互惠

由于新龙村耕地已经全部被冲毁，为解决新龙村群众产业发展和

脱贫问题，为了进一步帮助贫困群众筑牢脱贫基础、增收致富，新龙村通过引进龙头企业，培育农民专业合作社等新型农业经营主体，依托土地、气候、交通等发展条件相对较好的金盆村，结合新龙村各类资源、资产、资金等要素入股，集中力量打造优势特色种养殖产业，推动集体经济发展，实现贫困村退出、贫困户脱贫。

采用"飞地"经济发展产业扶贫模式，通过"党组织＋农户＋飞地产业"模式入股分红，持续保障贫困户经济收入，杜绝短期返贫现象。新龙村建档立卡贫困户通过入股贵州省恒海文化旅游置业有限公司（彩虹海）、万山区兴隆粮油有限公司（兴隆粮油）、贵州金盆农业发展有限公司（金盆鸡场）、万山区聚友兴农种养专业合作社、贵州憬闲云农牧专业合作社（大棚蔬菜）实现增收，其中彩虹海入股150人，

2018年10月22日，连玉明院长与万山区人民政府办公室副主任杨胜元、鱼塘乡乡长王志威在新龙村村委会交流了解新龙村扶贫情况。

人均分红1600元；兴隆粮油入股50户，户均分红1600元；金盆鸡场入股65户，户均分红1600元；大棚蔬菜入股237户，户均分红200元；万山区聚友兴农种养专业合作社入股2户，户均分红1000元，实现全村建档立卡贫困户户均增收至少1800元。通过贫困户自主发展产业，根据万山区产业奖补政策，全村产业奖补40户共计212320元。产业分红入股达到全覆盖，村民股权三年，年年有分红、增收有保障。

"飞地"经济扶贫项目为产业发展注入了"新鲜血液"，也让贫困群众得到了真正的实惠。2017年底，金盆农业发展有限公司兑现了75户贫困户的分红，入股兴隆粮油有限公司的50户贫困群众也获得了"红包"。贫困户石云志说："我入股到鸡场，去年分红了，分得1600元。"新龙村通过探索"飞地"经济发展扶贫产业，既盘活了金盆村闲置的土地，群众通过土地流转、到养殖场务工增加收入，又用活了新龙村的扶贫资金，增加了村级集体经济收入和贫困户收入，还解决了企业资金短缺问题，真正实现了"三方共赢"的良好局面，走出了一条新的产业发展和精准扶贫深度融合的发展之路。

(二) 政策帮扶致富：扶贫先扶志，脱贫不返贫

新龙村的村民搬出大山，面对新环境如何"稳得住、能致富"成为搬迁群众面临的新挑战。新龙村村委会副主任石云兵介绍道："自己与几位建档立卡贫困户通过'精扶贷'入股资金13万元开了一家集休闲、烧烤、垂钓、娱乐、避暑、美食为一体的农家乐，前后共计投入50余万元，从搬迁老乡里招聘了几位勤快得力的贫困劳动力，增加贫困户的收入。下一步，还要依托农庄多开发一些项目，特色化发展，提升农庄口碑，不断创造工作岗位，帮助搬迁户就业。"通过带动贫困

户入股就业等方式，拓宽增收渠道，让贫困户搬出后也能稳得住、能致富。

搬迁后需要树立主动脱贫的意识，并付出辛勤的劳动致富。石云飞就是一位勤劳致富、收获幸福的典型代表。2016年初，他从外面回到新龙村，与广西一个懂养鸭技术的人合伙在新龙村与金盆村交界的山坳中创办了养鸭场，并于同年7月成立了万山区聚友兴农专业合作社，流转了45亩荒山荒地，与23户农户签订了土地流转协议，先后搭建了3个鸭棚、3间简易住房和1间仓库。建设期，石云飞全部聘用村里的贫困劳动力，平均每天用工6人，每人每天工资120元。2017年初，正准备进第一批鸭苗的时候，禽流感爆发了，禽类产品禁止流通，禽货市场一派萧条，养鸭之路还没开始就似乎走到了尽头，但是石云飞感激地说："国家实施精准扶贫，挽救了我的养鸭场。区扶贫办和区农牧科技局给我的养鸭场解决了1.5万元，2017年11月，区级贫困户产业发展补助，按每只鸭10元的标准，获得补助6万元。"通过"精扶贷"政策，养鸭场带动贫困户3人，入股扶贫资金15万元，每人每年分红1000元。现在，石云飞通过大量养鸭的科普书籍学习，多方请教养鸭的方法，经过不断地钻研，已经熟练掌握了养鸭子的技巧和门道，2018年收益很不错。可见，通过政策帮扶，搬迁贫困户自力更生创业致富，真正实现脱贫不返贫。

（三）先搬带动后搬：变"要我搬"为"我要搬"

从2016年开始确定整村搬迁之后，易地扶贫搬迁最大的难题就是做村民的思想工作。帮扶干部涉及5个区直部门，共计89人。村支两委和驻村干部、帮扶负责人需要上门做思想工作。新龙村村委委员兼妇

2018年10月22日，连玉明院长察看新龙村已搬迁村民刘春花的老房子。

女主任钟银桃说："我是2016年第一批搬迁的，也是第一个愿意搬的户主。在这里生活心惊胆战，缺乏安全感，而且村里没有学校，上学很困难，再加上自己没有什么技能，要想自己挣钱在城市买房子那更是不可能的，做梦也没想到这样的好政策会落在我身上。"村支部副书记杨胜江说："搬迁工作最难的还是做老百姓的思想工作，老百姓就认眼前三亩地，离了土地怕无法生活。贫困户搬迁不脱政策，搬迁户搬走仍然享有土地，落实一户提供一个就业岗位的标准，采取的是一户带一户，让已经搬了的入住后带着一个去看看，感受一下新住所的环境和条件，慢慢地很多人就开始愿意搬了。"

新龙村按照计划要在2020年将全村除了野猪岔、塘头溪两个村组以外的其他户全部搬迁。驻村第一书记黄文灯说："2017年8月从区公安局下派下来当驻村第一书记以来，主要工作就是精准识别搬迁户，收集、核实和上报搬迁户的基本情况，没有可借鉴的经验，都是一步一步摸索的，在精准识别搬迁户的时候要通过多种渠道核实，有的不符合搬迁范围也申请，这部分就要核实后进行政策解释；不愿意搬的那一部分通过带他们去搬迁点看，转变他们的思想观念，让村民愿意搬。"

四、突出问题与难点

（一）思想观念转变慢

贫困农民"故土难离"的思想观念一时难以转变，有的文化低，技能缺乏，也有的因资金等物质条件的制约，不愿、不敢搬迁。第一书记黄文灯说："给了很好的政策比如搬迁，你送他房子他不要，有这种人，还是思想问题，可以说是老一辈遗传下来的，还是有点根深蒂固，还是思想问题。"村监督委员会主任刘兴勇说："大部分村民担心搬迁后离耕地太远，如果不种地，生计难以维持，若交出原宅基地，想回也回不去。这些原因导致还需依靠种养殖业养家糊口的贫困户顾虑重重，不愿搬入新居，造成易地扶贫搬迁的思想工作难做。"村支部副书记石木堂说："有的需要跑二三十趟才能完成一户的思想工作。即使做好工作答应搬，但是过了不久又打电话说不愿意搬了，这种情况发生较多。"

（二）精准识别对象难

一是搬迁政策与实际操作的差异。整村搬迁还没有完整可借鉴的经验，只能遇到具体问题进行具体分析操作，特别是遇到政策落实过程中在操作层面不明晰的问题时，难以找到解决办法和突破口。例如对于即将出生的孩子、上门女婿以及一些未过门的媳妇是否能享受到搬迁政策的待遇没有明确指出，这就使得在政策执行的时候就很难确定搬迁人口的数目。二是各部门的数据并未打通，在界定对象过程中，需要核实的情况须逐级打报告向相关部门获取数据和证明。三是易地扶贫搬迁对象需要填报的各类表格设置上有不合理之处，甚至遇到已填好了又换新表的情况，工作负担较重。

(三) 后续跟踪服务艰

虽然搬迁出去后的硬件设施得到了保障，住房条件明显改善，但是难以做到"搬得出、住得下、富起来"。农村与城市生活习惯存在差异，村民对城市生活还有很多不适应，而搬迁安置点的服务机制和配套保障措施还未及时跟上，造成村民入城后的生产生活不便。例如搬出来的贫困人口的就业没有发展的空间，提供的工作岗位工资不高，就业岗位与村民的需求差距较大。

五、对策与建议

(一) 以政策宣传为基础，做好搬迁维稳工作

易地扶贫搬迁计划到2020年，未来两年的搬迁扶贫还需进一步做好政策宣传、解释工作，做到政策宣传到位，方案解释清楚。通过现场接待、召开院坝会、入户访谈等形式加强与搬迁户的沟通，让广大搬迁群众参与其中，并及时了解搬迁户的思想动态，做好释疑解惑以及对诉求表达的正确引导，在解放群众思想、处理好干群关系的基础上，同步实现从"要我搬"到"我要搬"。

（二）以跟踪服务为重点，加快扶贫搬迁进程

将扶贫搬迁对象的后续发展摆在更加重要的位置，坚持因地制宜、多措并举、精准施策，积极探索资产收益扶贫新机制，拓宽搬迁对象的增收渠道。提供完备周到的跟踪服务和后续保障，联合安置点辖区做好服务，以搬迁户的需求为导向，保证稳定的本地就业，道路交通、饮水、教育基础设施和公共服务应配套齐全，多措并举解除搬迁户后顾之忧。坚持搬迁安置与产业发展同步推进，提供更多就近就业岗位，加强搬迁户就业技能培训，实现稳定脱贫不返贫，确保"搬得出、住得下、稳得住"。

（三）以生态修复为突破，狠抓植树造林工程

严格将禽类养殖规模控制在一定范围内，控制大规模发展养殖业

2018年10月22日，调研八组实地调研铜仁市万山区鱼塘乡新龙村聚友兴农种养专业合作社养鸭基地。

带来的水、空气污染。改善水生态环境状况、提高水资源统筹调配和水生态系统抗御自然灾害的能力，保护农村河道水系交错连通，维护蓄泄兼筹、丰枯调剂、引排自如、多元互补、生态健康的水系连通的网络体系。结合乡村旅游发展，扩大对外开放，改善河道沿线景观，差异化建设休闲娱乐度假型民宿。利用地质松散特点，大力种植香柚、兰竹、松树、桐树等林木，既有效修复生态，又促进生态经济发展。

（四）以乡村振兴为契机，做强生态产业发展

紧抓乡村振兴战略规划机遇，转变发展思维，大力调整农业产业结构，因地制宜选择优质产业，因户施策定项目，立足气候条件和水资源禀赋，以发展生态养殖产业为抓手，以市场需求为导向，促使生态养殖产业成为农民增收致富的支柱产业。继续探索发展"飞地"经济，推动食品轻加工业发展，增加农产品附加值。利用优美山水资源、白岩石悬崖的自然地貌特征，逐步制定乡村旅游景点适度开发规划，践行开放发展理念，与沿河区域联合争取建设防洪设施、开展水上娱乐等高端旅游产品项目开发，捆绑式、开放式推进农旅产业深度融合发展。

参考文献

1．鱼塘乡新龙村：《新龙村基本情况汇报》，2018。
2．铜仁市万山区转型可持续发展大调研组：《鱼塘乡新龙村调研简报》，2018。

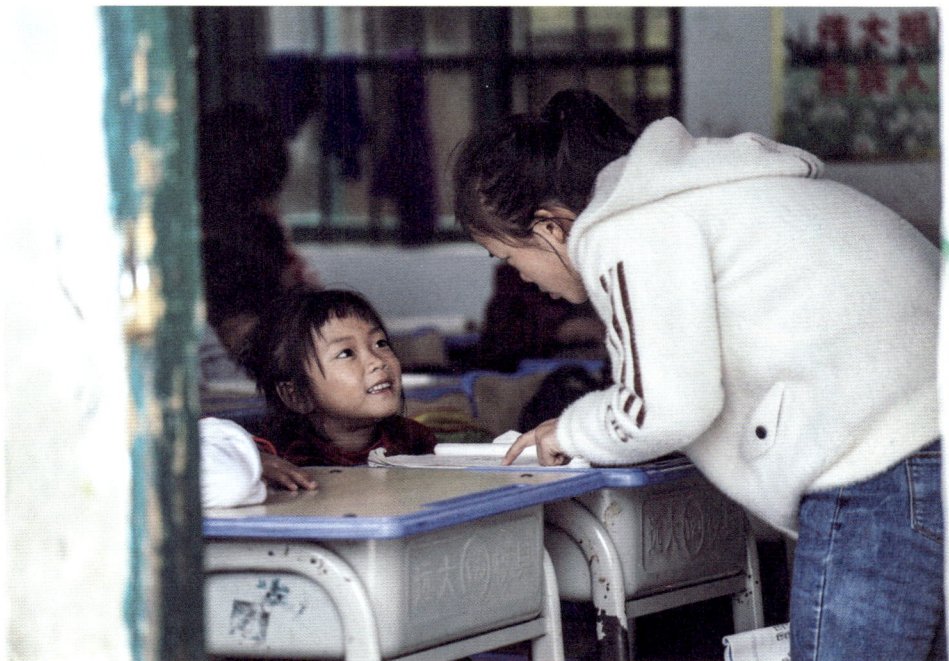

乡愁旗屯

你是辛勤的园丁，用知识做露珠。你是无私的蜡烛，燃自己亮他人。

湛蓝天际下野花混合着牧草的清香，连片牧草与野花织就的硕大绿毯是你的故乡。你携家带口来此，只为振兴我的家乡。假以时日，将为你建起一片片绿油油的草场。

绿水青山，静影沉璧。村头的那口古井，井水依然甘甜。古井旁的丝栗树下，丝栗子已落满。曾经在树下捡丝栗子的老人，可还安在？

雁归工程吸引青年创业
手续代办增进干群连心
——旗屯村调研报告

2018年10月20～21日，铜仁市万山区转型可持续发展大调研第八小组张清、罗荣赴鱼塘乡旗屯村进行实地调研。调研以座谈会、专访、入户调查和实地考察的形式展开，贵州省第十一届和第十二届人大代表、鱼塘乡副乡长曾贵发，旗屯村驻村工作队队长杨小琼，万山区审计局工作人员、旗屯村驻村干部杨钦尧，旗屯村村支部书记曾路明等陪同调研。调研中，在旗屯村办公楼二楼会议室召开了座谈会，旗屯村13名干部及群众代表参加会议。调研组专访了驻村工作队队长杨小琼，驻村干部杨钦尧，村支书曾路明，村致富能人杨峰、杨政万、曾友发、曾新发，生态护林员向水发。入户调查了旗屯村黄旗屯组脱贫户曾空军、街上组村医杨元凤等10户家庭。通过调研，形成调研报告如下。

一、基本概况及历史沿革

（一）基本概况

旗屯村位于贵州省铜仁市万山区鱼塘乡东北部，距鱼塘乡政府所在地7公里，距万山区行政中心16公里，是万山区重点打造的18个示范村之一。全村总面积10平方公里，耕地面积1321亩，基本农田面积1275亩，其中，有效灌溉面积290亩，占基本农田面积的22.74%。下辖黄旗屯二组、黄旗屯三组、三角岩组、街上组、尚家坡组、桑树坪组6个村民组，其中，街上组是旗屯村村委会所在地。旗屯村村民以曾姓为主，现居住有汉族、侗族、苗族等民族。全村601户2148人，2017年建档立卡贫困户70户235人，未脱贫户5户23人，脱贫户65户212人，贫困人口发生率由2014年建档立卡之初的11.83%下降到2017年末的1.16%。①

旗屯村村"三委"组织完善，主要班子成员配备齐全，共有9人。党支部现有党员49人，其中女性党员3名，党员平均年龄48岁，村支部书记为曾路明，旗屯村人。旗屯村设有脱贫攻坚作战指挥部，由驻村工作组、扶贫工作组、包村工作组、村支"两委"及监督委员会组成。驻村工作组由万山区审计局派驻成立，扶贫工作组由万山区委区政府统一选派干部成立，包村工作组由鱼塘乡政府选派乡站（办、所）干部成立，村"三委"由村民担任。

（二）产业发展

目前，旗屯村农业发展以肉牛养殖、生猪养殖、大棚蔬菜种植为

---

① 资料来源：《旗屯村扶贫工作报告》，2017。

2018年10月22日，连玉明院长考察鱼塘乡老羊坪小学营养午餐。

主，同时发展其他特优产业——构树种植、跑山鸡养殖、娃娃鱼特种养殖、中华鲟特种养殖等。村集体入股发展产业主要有"花千谷"花卉基地、憬闲云农牧专业合作社等。2017年村集体经济收入3万元。其中，养殖业以贵州华诚牧业肉牛养殖基地和铜仁市万山区武陵发展有限公司生猪养殖基地为代表。

肉牛养殖。贵州华诚牧业有限公司于2017年3月招商引资至旗屯村，原计划投资4000万元，建立2000头肉牛产销农旅观光一体化项目。2018年10月，实现了"以商招商"，总投资4亿元，已解决就业120余人，支付土地流转资金70余万元。2018年10月11日，贵州华诚牧业有限公司与中楮东方生态科技开发有限公司签订铜仁万山构树产业示范园区项目合作开发框架协议，由双方组建铜仁中楮东方生态科技开发有限公司建设铜仁万山构树产业示范园区。据调研组了解到，该园区将创建构树种苗孵化无糖组培工厂，第一期计划种植约2000亩饲料构树林，改造现有的肉牛养殖工厂，建设肉牛交易市场、肉牛屠宰分割冷链及配送基地、产品展示中心及产品体验餐厅。预计构树产业示范园区年纯收入可达1350万元，可带动500余人就业。

生猪养殖。旗屯村生猪养殖代表企业为铜仁市万山区武陵发展有限公司，是一家拥有先进养殖技术、生产高效、资源节约、生态环保的大型生猪养殖企业。占地面积4万多平方米，建筑面积1.1万平方米，建有公猪舍、配种舍、妊娠舍、分娩舍、保育舍、育肥舍、后备母猪舍等现代规模化养殖设施。采用"公司＋生态农庄＋贫困户＋技术人员"的经营模式生产运营，该公司在旗屯村有5个生猪代养点，主要为代养点提供仔猪、饲料及技术，育肥后再进行回购。曾氏农民种养殖专业合作社、灏鑫源生物科技有限公司、尚家坡种养殖专业合作社3家企业就是该公司的生猪代养点，年出栏量分别为3500头、7000头、3500头，为返乡创业人员提供了创业途径，同时也为贫困户提供了就业岗位、增加了收入来源。

（三）历史沿革

明朝洪武十四年九月，明太祖朱元璋命颖川侯傅友德为征南将军，在经贵州至云南驿道线大置卫所，为管理这些卫所，次年正月初七（1382年1月21日）建立了贵州都指挥使司。洪武二十三年四月二十八日（1390年5月13日）朱元璋在思州宣慰司所属的清浪卫（今镇远县清溪镇）设置清浪卫指挥使司，有5600余名军人。为安置供养这些军人，拟置卫下设左、右、中、前、后5个千户所，每所约1120余人户，千户所下设10个百户所，每所110余人户，百户所下设两个总旗，总旗下设

5个小旗，每个小旗10余人户，在铜仁境内设有48个小旗。卫所设置后，实行"以屯养军"的屯田制度，并以旗色为号，因黄旗屯后山的土地坳处插有一面黄色旗，由此，这里就得名为黄旗屯。在此之前，曾高祖曾成二老人从江西东门梯子坎迁此居住。1600多年后，黄旗屯有了翻天覆地的变化，从一个单一的曾姓家族发展成现在的杨、潘、周、向、戴姓等苗族、侗族170余户700余人的少数民族村寨。

旗屯村村支书曾路明介绍说："这里一开始只有4户人家居住，这个山很大，过去躲匪，听见这山里面水在响，有很大的水冲出来，慢慢地人家户就多了。后来屯兵，从谢桥上来的军营那些兵就住在这里，就把这边坳上的一条小路插了一杆黄旗，黄旗屯就是这么得来的。"黄旗屯组由黄旗屯二组、黄旗屯三组组成，有着悠久的历史，其作为旗屯村的一分子，是旗屯村的一个缩影，黄旗屯组的历史包含在旗屯村的历史发展之中。因此，透过黄旗屯组的沧桑历史，也能看到旗屯村所经历的发展历程。

二、基础条件和特色优势

(一) 气候温和宜人，自然资源丰富

旗屯村位于东经109°05′8.15″，北纬27°59′33.6″，海拔高度427米，属亚热带季风气候，其气候特点是：热量丰富，雨量充沛，阴雨日较多，冬少严寒，夏少酷暑，春温多变，秋凉较快，四季分明，雨热同期，适宜人类居住，有益于农作物的生长。在旗屯村辖区范围内拥有丰富的自然资源，森林面积8040亩，森林覆盖率达53.6%；全村有小型水库3座、小山塘3口，人饮供水点10个，覆盖全村所有农户。

此外，村内仍保留有几百棵百年的丝栗子树、古老的水井、山塘，村民们"看得见山、望得见水，记得住乡愁"，也在无形之中贯彻了"绿水青山就是金山银山"的发展理念。旗屯村支部书记曾路明介绍道："这些丝栗子树，都有几百年了，这个树结的果可以吃。一到冬天每天早上就要落下很多，我们老百姓早上就捡了回去煮一下，煮熟了非常好吃。"随后，他指着丝栗子树下的一口名叫高家井的古井说："这个水是可以直接饮用的，有些老百姓就拿瓶子来这里接，现在都是这样，夏天不喝冰箱里的水，吃饭的时候来这里提一点凉水回去喝。"

（二）文化底蕴深厚，民族特色突出

旗屯村的历史可以追溯到明朝洪武年间，因黄旗屯后山上的土地

2018年10月22日，连玉明院长与贵州华诚牧业董事长赵世国交流了解牧场情况。

坳处插有一面黄色旗而得名为黄旗屯，现今的旗屯村就是由黄旗屯组慢慢演变而来。黄旗屯村民组是一个典型的少数民族村寨，共有170余户700余人，村民以曾姓为主，且曾姓都为苗族。曾家祖先最早在此聚居，随着时间的推移，侗族和汉族也不断聚居于此，在多民族融合的过程中，旗屯村的雏形逐渐成形，同时一些传说和故事也在村民口中代代相传。旗屯村村支书曾路明介绍道："每个寨子都有故事、有历史，但是现在还没有完全挖掘出来。因为我们村以前有个将军在这里屯兵，在土庙发现了一面黄旗这里就叫黄旗屯，旗屯村也是这样得来的，而且曾家是苗族，一开始就在这里聚居，后来又有汉族和侗族，有很多传说和故事，尚家坡村民组传说当时有一条龙，还有人去捉过。"

旗屯村是以苗族、侗族为主的少数民族村庄，且黄旗屯村民组多为苗族，民族文化可谓非常丰富、特色突出。近年来，旗屯村大力发展产业，给旗屯村带来了翻天覆地的变化，村庄面貌焕然一新，村民们的腰包也鼓了起来。下一步旗屯村将充分发挥其民族文化优势，挖掘文化内涵，促进农文旅一体化发展。

（三）基础设施完善，发展根基牢筑

随着乡村振兴战略的逐步推进，旗屯村的基础设施也不断得到完善，"五改一化一维"①工程全面覆盖到各个村民组。在调研过程中，据旗屯村村支书曾路明介绍说："十八大以来，旗屯村发生了翻天覆地的变化，以前的路哪里像现在这么好，以前下雨天要穿长筒靴才行，现

---

① "五改一化一维"，即改灶、改厕、改圈、改水、改电，室内和房前屋后硬化及房屋维修。

在通组路全部修好了。"目前，旗屯村拥有人饮供水点10个，覆盖全村6个村民组所有农户；所有农户家庭均已接入国家农电网，享受全国同网同价电力资源，完成了农电网全面改造；实现了"组组通"硬化水泥路，连户路硬化率100%，6条通组路拓宽工程全面完成，由原来的4米拓宽至6.5米；实现移动、电信信号全覆盖，4G网络覆盖90%；户户实现100%完全住房，按户配备灶和卫生厕所，实现所有主要居住房屋室内外全硬化；拥有太阳能路灯100盏，同时还建有农民文化综合广场、农村互助幸福院，能满足村民基本健康需求的村卫生室，以及320平方米的村级活动室。旗屯村作为鱼塘乡比较富裕的村庄，各方面基础设施相对完善，走在鱼塘乡6个村民组前列，为旗屯村的生产生活提供了基础保障，筑牢了发展根基，同时也营造了良好的投资氛围。

2018年10月22日，连玉明院长走访察看旗屯村黄旗屯村民组的丝栗子树和古水井。

（四）投资氛围浓厚，企业发展集聚

基于旗屯村特殊的地理位置、气候条件及资源优势，根据市场需求，在鱼塘乡党委政府的引导下，旗屯村积极调整产业结构，因地制宜地发展生态养殖产业，吸引了大批企业在此投资建厂。同时引进龙头企业，将旗屯村资源、生态、劳动力优势与龙头企业的资金、技术、管理经验相结合，带动本地企业的发展。目前，旗屯村有贵州华诚牧业有限公司、铜仁市万山区武陵发展有限公司、灏鑫源生物科技有限公司、顺发农民种养专业合作社、和鸣制衣厂、曾氏种养殖专业合作社、尚家坡种养殖专业合作社、蓝天发华种养殖专业合作社、清凌谷大鲵养殖场、武陵山冷水鱼养殖专业合作社、憬闲云农牧专业合作社等合作社、公司共11家，以农牧产业为主，涵盖肉牛养殖、生猪养殖、中华鲟养殖等。企业集聚发展，带动生态养殖产业发展，促使生态养殖产业成为当地农民增收致富的支柱产业。

三、创新实践和发展模式

（一）化零为整，荒山荒土流转归集体管理

2014年起，旗屯村将分散在村民手中的荒山荒土统一流转归集体管理。土地集中管理，一是便于大规模项目的选址；二是减少土地征收流程，缩短项目落地周期；三是减少与群众征地的矛盾纠纷和基础设施实施过程中与群众的纠纷，提高项目落地成功率。正是这一模式，促进了外商投资的便利化，因此，鱼塘乡许多好项目、大项目都首选在旗屯村，从而促进了旗屯村产业结构的调整和经济水平的提升。

（二）雁归工程，青年创业带富工程遍地开花

近年来，旗屯村吸引外商投资兴业取得一定的成效，但是村寨的发展仍需内动力的驱动，而吸引外出务工青年返乡创业、带动村民共同致富是关键所在。对于很多年轻人来说，习惯了大城市的繁华，就不会再想回到农村老家，更别说回乡守着闲置的土地创业。旗屯村村支"两委"、驻村工作组通过大力宣传雁归工程、青年创业带富工程等创业政策，帮助旗屯村能人创业，吸引外出务工青年返乡创业。通过不懈的努力，旗屯村越来越多的年轻人返乡创业，并取得一定的成绩。如致富能人曾友发通过流转土地建起了占地200余亩的林下土鸡养殖场，并成立了蓝天发华种养殖专业合作社，带动了8户精准扶贫户，每天都有十几个精准扶贫对象在养殖场务工，形成了青年创业"致富带头人 + 合作社 + 公司 + 基地 + 贫困户"的经营模式。

旗屯村驻村干部杨钦尧介绍道："曾友发是我们村雁归工程的雁归达人，他回来之后，在村里面起到了良好的示范带动作用，他自己非常勤劳，踏实肯干，勤勤勉勉，给我们许多精准扶贫户也做出了示范和榜样。在曾友发这样的创业达人的带动下，我们的旗屯村有更多的青年会投入脱贫创业的大潮当中，我们村也将越来越好。"在曾友发创办的蓝天发华种养殖专业合作社肉鸡养殖基地工作的村民张桂英说："到这里喂鸡，一个月有二三千元钱，离家里又近，方便照顾小孩子，挺好的。"

（三）加强服务，干群连心室变"手续代办中心"

对于创业经验不足、文化低的创业者而言手续办理、资料编写、创业规划是一大难题，而干群连心室就是"手续代办中心"。驻村干部

发挥自己的长处，带创业者到乡政府、区职能部门对接办理手续，邀请农业、环保、国土、林业等部门的专家进行指导，踏勘项目选址，编写手续资料，理清发展思路。两年多时间，曾氏种养殖专业合作社、尚家坡种养殖专业合作社、蓝天发华种养殖专业合作社成功创办。同时，干群连心室负责与政务服务中心、农牧、乡政府等部门的对接工作，帮助编写环评、土地租赁合同、公司制度等资料，做好政策的宣传及项目的指导，充分发挥连接创业者与各政府部门的桥梁作用。

四、突出问题及原因分析

(一) 产业单一，农业产业结构有待优化

旗屯村产业以养殖为主，农业产业结构有待优化。旗屯村农业产业发展以肉牛养殖、生猪养殖、大棚蔬菜种植为主，同时发展其他特优产业，如构树种植、跑山鸡养殖、娃娃鱼特种养殖等。目前，旗屯村以实体养殖为主，以种植为辅，以铜仁市万山区武陵发展有限公司的生猪养殖基地和贵州华诚牧业肉牛养殖基地为主的养殖业在旗屯村产业发展中处于领先地位，而大棚蔬菜种植规模较小，对旗屯村产业发展的带动作用不强。

(二) 产业规模较小，就业带动能力不足

旗屯村农村产业规模较小，对农民就业的带动能力较弱。如铜仁市万山区武陵发展有限公司在旗屯村有5个生猪代养点，尚家坡种养殖专业合作社是旗屯村规模相对较大的生猪代养点，建有养猪圈舍4座，合作社猪舍面积5400平方米，污水净化池600平方米，年出栏生猪3500

头，解决就业5人。万山区蓝天发华种养殖专业合作社养殖规模为8000只肉鸡，饲养的肉鸡种类主要青脚鸡、麻鸡、蛋鸡以及少量斗鸡，销售给村民以及销往周边酒店、农家乐、湖南地区。所提供的就业岗位均面向旗屯村精准扶贫户，工资每天100元按天结算，可随时到岗，增加了贫困户的增收渠道，但脱贫带动能力有限。

（三）农村空心化问题严重，劳动力不足

调研期间，驻村干部杨钦尧说道："旗屯村贫困的原因大多是因学致贫、因缺劳动力致贫、因残致贫、因缺资金致贫等。"为了改善家庭经济条件，青壮劳动力大多在万山城区和铜仁市区务工，有的在深圳、广州等沿海城市务工，家里留下的多是老年人及留守儿童，没有充足的

2018年10月20日，调研八组与鱼塘乡旗屯村致富带头人杨政万、曾新发、曾友发进行访谈交流。

劳动能力，农村产业发展缺乏劳动力支撑。旗屯村尚家坡村民组是外出务工人数最多的村小组，据调研小组了解到，尚家坡村民组68户150人，整村外出、举家外出情况较多，留下来的人数不到1/4，且多为老人。每年春节外出务工村民返乡过节，正月十二过完元宵节又举家外出务工（据调研组了解，尚家坡村民组习俗，元宵节为正月十二，而并非我们传统的正月十五），空心化问题严重，产业发展劳动力不足。

五、对策与建议

（一）利用自然资源优势，促进农旅一体化

旗屯村产业发展在鱼塘乡处于领先地位，但对自然资源的利用不

2018年10月20日，调研八组第三小组走访旗屯村黄旗屯组，图为黄旗屯二组、黄旗屯三组村民小组全貌。

足，未能真正发挥农旅融合的潜力。如"花千谷"花卉基地与周边肉牛养殖基地未形成联动发展，导致其发展动力不足，未能持续发展壮大。乡村振兴要因时制宜、因地制宜，大力发展"大健康"和"大旅游"产业，可利用旗屯村丰富的自然资源，发展观光、垂钓、农家乐、漂流探险等旅游项目，发挥旗屯村的资源优势，发展健康养生、现代山地摄影和骑行等，促进旗屯村农旅融合发展，带动村民增收致富。

旗屯村支部书记曾路明说："我们这里资源条件好，很多人骑自行车来到我们这里钓鱼，再吃一点土鸡肉。我们也跟政府汇报过，我们这里自然资源条件好，还有几百棵两百多年的古树，一个地方有这样几百年的树挺少。"在旗屯村，像丝栗子古树、高家井古井这样的优秀旅游资源被忽略了其蕴藏的旅游价值。在下一步农旅一体化发展过程中，首先要充分挖掘村庄旅游资源，对古树、古井等进行统一鉴定、保护、管理，对每一棵古树贴上标识牌，对古井撰写简介，发挥其重要的旅游价值。在乡村振兴过程中，农村生产生活将发生巨大改变，保护好生态环境，留住人们的乡愁，这些是最重要的资源。

（二）发挥乡村能人效应，完善政策服务保障

党的十八大以来，旗屯村的基础设施不断完善，尤其在住房、饮水、交通、医疗、教育、文化等方面变化极大。但产业发展仍然存在资金财力和人才支撑不足等问题。政府应该给更多敢闯敢试的返乡创业者提供政策服务保障，多给予农业发展一些实用性、优惠性政策，尤其要抓紧修通旗屯村至挞扒洞社区的断头路，放宽农村土地使用限制。重点通过扶贫资金、社会资本等各类资金注入，创新产业化扶贫工作路径，形成"招商引资＋雁归工程＋青年创业带富工程"的产业

发展机制，引导外商来村投资，帮助创业青年积极发展特色产业，拓宽增收渠道，带动本村及周边村寨脱贫致富，形成强大的规模效应。

（三）转变农民思想观念，做好人力资源支撑

扶贫工作应关注的重点是后续如何巩固脱贫攻坚成果。旗屯村驻村工作队队长杨小琼说："开展扶贫工作除了积极发展产业经济，帮助村民解决就业问题，还应该高度重视精神扶贫，激发村民生活斗志，提高生活的质量。"为此，一方面，应转变村民思想观念，宣讲教育扶贫政策，重视下一代教育发展。另一方面，吸引农村能人回乡创业，孝敬家里老人，陪伴孩子成长，进一步通过乡村能人和乡贤发挥带动效应，积极发展农村现代产业。

参考文献

1. 鱼塘乡旗屯村：《旗屯村脱贫攻坚工作开展情况报告》，2018。

2. 鱼塘乡旗屯村：《旗屯村主要企业情况及现状》，2018。

3. 铜仁市万山区转型可持续发展大调研组：《万山区鱼塘乡旗屯村调研简报》，2018。

4. 刘千圣：《激发乡村能人的"头羊"效应》，《新疆日报》（汉）2018年10月31日。

5. 张宇：《如何实现农民观念的现代化》，《现代交际》2018年第10期。

乡愁江屯

每一株苗儿，都需要精心呵护；每一朵花儿，都需要倾心浇灌。

每一粒种子都努力发芽，每一朵花儿都争先恐后结瓜，每一只瓜儿都不舍昼夜长大。

绿油油的山头，却是江屯的深秋。品一口百香果，那酸香可口的滋味，是江屯的乡愁，才下眉头，却上心头。

斗牛竞技有特色　消费产业显活力

——江屯村调研报告

　　围绕乡村振兴战略主题，聚焦万山区转型可持续发展这一重点，2018年10月21日，铜仁市万山区转型可持续发展大调研第七小组在鱼塘乡副乡长汪琴的陪同下，赴江屯村开展实地调研工作。在江屯村村委会与村"三委"班子、村民组代表召开座谈会，了解村情村貌；实地考察百香果园基地、斗牛协会、制衣厂及蔬菜大棚基地；入户走访区人大代表和2户低保户。调研期间，调研组围绕精准扶贫、农村医疗、返乡创业、集体经济、种植养殖等访谈了鱼塘乡副乡长汪琴、区人大代表杨新钗、江屯村百香果园基地负责人姚美堂、江屯村辉煌服装有限公司负责人龚昌权、江屯村斗牛协会负责人胡友纯，以及村民姚绍杨和姚顺发等7位典型人物。

　　在调研中发现，江屯村结合自身优势，把经果林和大棚蔬菜种植业作为基础性产业来发展，把服装加工业作为就业型产业来培育，把斗牛竞技业作为消费型产业来试验，通过"雁归工程"带动，不断探索村民脱贫增收致富的路子，目前均呈现较好的发展势头。但从总体来看，各项产业仍处于培育和起步阶段，基础性产业销售渠道没有完全建立，就业型产业仍处在低劳动力成本主导的发展阶段，消费型产业的配套功能还很不完善，巩固现有产业基础任务依然艰巨。本报告对调研中发现的好的做法经验以及存在的问题进行深入分析，对乡村产业发展的路径进行深入探讨，提出了几个方面的对策建议。

一、基本概况及历史沿革

（一）基本信息

江屯村位于鱼塘乡西南端，东经108°57′48″，北纬27°28′33″，北连团山村，东接登峰村和云山村，西、南与黔东南苗族侗族自治州岑巩县水尾镇相望，距乡政府驻地约16公里。辖杨柳沟、胜岗河、猫坪、谭口、大坪湾、岗基屯6个自然村寨，包括杨柳沟、胜岗河、猫坪、谭口、大坪湾、竹山、大树、高坎、庙墇、上坝10个村民组，共680户2636人，侗族、苗族、汉族居多。截至2018年10月，江屯村有流动人口250人，退休人员8人，空巢老人25人，在校大学生31人，18岁以下人员1150人，60岁以上老人150人。

江屯村土地面积12.54平方公里，有耕地3800亩，其中田1300亩，地2500亩；荒山39.15亩，林地669亩，森林覆盖率达60%以上，生物多样，野生动物、鸟类栖息繁多。海拔高度为480~540米，年平均气温在16.5℃左右，雨水充沛，光照充足，无霜期较长，地形以低山丘陵为主，适宜农作物和经果林的生长。

(二)脱贫攻坚

2014年农业户籍人口667户2565人，全村有低保户70户152人，有五保户16户19人，危房户83户，重病人15人，残疾人91人。现有建档立卡户130户439人，未脱贫户17户49人，脱贫户113户390人，2017年底完成出列，贫困发生率由2014年建档立卡之初的17.12%下降到2017年末的1.92%。[①]

作为贵州省一类贫困村，江屯村共有130户建档立卡贫困户，其中万山区人大、区烟草局、区疾控中心、区湿地公园管理局、区审计局、区水务局、区政府办有19个帮扶人帮扶87户建档立卡贫困户，鱼塘乡政府、派出所有8个帮扶人帮扶43户建档立卡贫困户。江屯村建档立卡贫困户入股铜仁市万山区辉煌服装有限公司40户，每户每年分红1000元；享受产业奖补36户。[②]

(三)基层组织

江屯村村"三委"班子健全，共9人，其中，姚召才任支部书记，主持支部全面工作；王明任支部副书记，协助支部书记进行工作；王开和为支部委员，负责支部组织工作；王启菊任村委会主任，负责全村工作；龚胜元任村委会副主任，协助村主任进行工作；胡北海为村委委员，负责全村组织工作；舒富昌、姚见六、骆寿仙为村监督委员会成员。另有驻村干部4人，驻村第一书记由原万山区烟草专卖局执法大队队长、现鱼塘乡综治办禁毒工作人员吴涛担任。据统计，江屯村

---

① 资料来源：《铜仁市万山区鱼塘侗族苗族乡江屯村基本情况》，2018。
② 资料来源：《铜仁市万山区鱼塘侗族苗族乡江屯村基本情况》，2018。

党支部共有党员56名，其中男性党员50名，女性党员6名，2017年发展党员1名，2018年发展党员1名、积极分子1名。

二、基础条件和特色优势

（一）基础设施

江屯村共有集中式安全人饮供水点9个，覆盖全村10个村民组所有农户。全村所有农户均已接入国家农电网，享受全国同网同价电力资源，已完成农电网全面改造。江屯村已实现"组组通"硬化水泥路，连户路硬化率100%。江屯村实现移动、电信信号和4G网络无盲区全覆盖。户户实现100%安全住房，按户配备灶和卫生厕所，实现所有主要居住房屋室内外全硬化。①

（二）公共服务

全村拥有农民文化综合广场2个，全村已安装太阳能灯40盏，建有设施完备、功能齐全的村卫生室2个，拥有30平方米的村级活动室1个。村庄现有幼儿园一所和小学一所，位于岗基屯居民点。村委会设置了农家书屋、文化活动室、卫生室、电子商务平台。同时，江屯村实现通组路全硬化，除了胜岗河、大坪湾已安装路灯外，其余村民组未安装路灯设施。②村内只有6个垃圾收集点，不能满足需要。此外，村内无污水处理设施。

---

① 资料来源：《铜仁市万山区鱼塘侗族苗族乡江屯村村庄规划（2018—2035）》，2018。
② 资料来源：《铜仁市万山区鱼塘侗族苗族乡江屯村基本情况》，2018。

2018年10月22日，连玉明院长与鱼塘乡副乡长汪琴、百香果种植基地技术员交流了解百香果种植情况。

（三）产业发展

　　江屯村经济结构单一，以第一产业为主。在第一产业中以种植业为主，主要种植水稻、红薯、玉米等粮食作物。由于受传统习惯影响，村里种植经济作物很少。在蔬菜种植方面，大多为露天种植，2017年新建种植大棚1个，占地70亩，反季节性蔬菜已经开始上市。在养殖方面，2017年新建养鸡专业合作社3个；养羊专业户1户，存栏种羊63头；养牛专业户3户，存栏肉牛80头；生猪养殖户4户，存栏生猪400头。全村2017年农民人均纯收入7820元，有村级集体经济和集体企业3个，2017年村集体经济收入4.2万元。截至目前，江屯村已经形成以大棚蔬菜种植和精品水果（百香果、无花果、黄桃）种植为主，同时发展服装生产加工、斗牛、生猪养殖等的产业格局。

三、创新实践及发展模式

江屯村坚持把发展产业作为脱贫攻坚、农民增收致富的重要突破口，结合村庄地形特点和周边旅游资源丰富的区位优势，在致富带头人、回乡创业者的带动下，因地制宜选产业，因户施策定项目，形成传统农业、特色种植业、服装加工业、斗牛竞技产业等一二三产业布局合理的发展格局。

（一）以经果林和大棚蔬菜为抓手，积极发展基础性产业

江屯村立足自身气候条件和资源禀赋，发挥山区生态优势，在传统农业基础上，积极引入特色种植产业，以发展经果林产业和大棚蔬菜为抓手，以市场需求为导向，大力发展基础性产业，为打赢脱贫攻坚战提供强有力的产业支撑。

江屯村特色经果林产业主要包括百香果、无花果和黄桃种植。2014年，在外务工多年的王松三返乡创业，筹集各类资金近40万元，在江屯村流转了150亩土地用来发展黄桃种植，带动了江屯村5户贫困群众就业，实现户均分红1000元。2017年，村民姚美堂结合村里优良的土地、水质等资源优势，凭借自己在广西打工时掌握的种植技术，多方筹资合伙建成了占地100亩的百香果种植基地，预计2018年产量能达到10万斤左右。按照每斤8元到15元不等的市场价格，预计销售额有100万元左右。2018年，姚美堂还从广西引进了首批无花果进行栽培试验，占地约60亩。"我们的项目今年是基本上达到90%的成功，

2018年10月22日，连玉明院长实地考察江屯村大棚蔬菜种植基地。

明年扩大项目，还要引进老板在我们这个村开办半成品加工厂，直接运到广西、四川、云南销售。"万山区银坪种养殖农民专业合作社负责人姚美堂介绍说。百香果、无花果、黄桃种植基地的发展，开辟了特色种植新领域，有效带动了当地人就业，帮助他们每月增收2000元以上。2017年，万山区依托九丰农业的大棚蔬菜繁种技术、种植模式、管理理念等优势，开始在全区推广组建标准化大棚蔬菜推广专班，打造标准化大棚蔬菜全产业链。2017年11月，返乡创业者向新兵等5人开始筹备建设蔬菜大棚基地，2018年2月建成，创业者自己投资100万元，政府给搭建大棚和一些基础投资设施400多万元，目前已经全部种植蔬菜。

（二）以服装加工业生产为重点，积极培育就业型产业

脱贫攻坚和乡村振兴带来了返乡热潮，也推动了产业转移。随着道路交通和物流产业的快速发展，农村地区土地成本低、劳动力成本低的优势不断凸显出来。服装加工产业属于劳动力密集型产业，在包括劳动力成本在内的生产成本上升较快的大形势下，成为向农村转移的首选。辉煌服装就是在这个背景下发展起来的。

辉煌服装有限公司属私营企业。十多年前，村民龚昌权去福建打工，主要从事服装行业，经过几年的打拼，已经在当地创办了集设计、加工、销售于一体的服装企业。2017年，为了降低生产成本、提高产品竞争力，龚昌权响应脱贫攻坚的号召，毅然返乡创业。由于服装加工环节不产生环境污染，而农村土地、电力、人工成本较低，既顺应了大扶贫趋势，又可以带动贫困人口就业和农民增收，该项目得到了一致支持。为此，在村委会的帮助下，龚昌权在猫坪组流转一大片荒地，创建了辉煌服装有限公司。如今的辉煌服装有限公司，生产车间、库存车间和各种生产设备等日臻齐备，加工制作的服装远销非洲、中东、东南亚等地，已然成为江屯村产业发展的支柱企业。"下一步打算再建几个分厂，注册我们自己的商标，做我们自己的品牌，"龚昌权信心满满地说，"我们招工也优先考虑我们村的精准扶贫户，保底工资1500块，基本上每个工人每月都能拿到3000多块的纯收入。"服装厂里已经有十多位村委会推荐的精准扶贫对象在上班了。

（三）以斗牛竞技产业为特色，积极探索消费型产业

江屯村地理位置独特，处于黔东南州著名的龙鳌河水利风景区辐射范围之内，距龙鳌河大峡谷只有7.7公里、距马家寨陈圆圆墓仅有9.8

公里。此外，距离大坪乡的黄腊洞景区有93公里，为发展适宜农村的旅游服务配套产业创造了条件。斗牛和相关产业是近年来发展较为迅猛的产业，随着江屯村产业发展出现新气象，村民收入的增加，江屯村兴起了一项新兴竞技项目——斗牛。

2016年新年的第一天，村民自发牵着自家养的牛聚集在一起斗上一番，主要是为庆祝节日、自娱自乐，具体怎么斗、怎么赢，都是村民自行协商。这种经常性的村内和村际自发活动，推动了斗牛协会的成立。2017年，返乡创业者胡友纯协同几位村民入股成立斗牛协会，在每年中秋节前后三天、春节两天举办大坪湾斗牛活动，吸引了来自上海、云南、越南等国内外各地的选手参赛。截至2018年9月已举办三届，报名押金每头牛300元，每轮打斗6分钟，比赛奖金1000~20000元不等，吸引三四百名参赛者和四五百个村民前来围观。除了自娱自乐，更加入了比赛的竞技性。近两年来，斗牛文化快速兴起，丰富了当地民族文化，显现出较大的市场潜力，推动了斗牛产业化发展，成为江屯村探索农旅一体化发展的示范窗口。

四、突出问题及原因分析

当前，江屯村产业发展呈现良好的发展势头。但总体来看，各项产业仍处于培育和起步阶段，存在着各种各样的问题。

(一) 经果林和大棚蔬菜种植产业技术保障和销售渠道没有完全建立

一方面，由于受市场因素的影响，在起步阶段，江屯村的经果林基地尚没有形成规范的组织和业务体系，特别是技术、销售等关键环节依然薄弱，无法吸引水果经销商现场采购和订购。有时也会出现成熟水果烂在地里销售不出去的现象，影响产业的发展和农民种植经果林的积极性。另一方面，无论是区级层面，还是乡级层面，都在各村大力推广大棚蔬菜种植，借力发展壮大集体经济。尽管大棚蔬菜种植规模各不相同，品种有所差异，但由于乡村物流体系尚不完善，冷链物流缺位，导致农货进城不及时，新鲜度降低，无法与其他保鲜较好的产品竞争，加大了大棚蔬菜的销售难度，在市场上"不受待见"是常事。

（二）服装加工业处于产业发展的初级阶段

一方面，服装加工处于研发和销售之间的劳动力密集环节，产业

2018年10月21日，调研七组实地考察江屯村辉煌服装有限公司。

技术含量低，其发展水平受原材料、设备和工人熟练水平等因素制约，其产业水平对上游的研发和下游的委托订单依赖性较高，产业缺乏核心竞争力，抗风险能力相对较弱。另一方面，由于服装加工就业门槛低，人员流动性大，同样作为熟练工人，城乡工资待遇有很大差距。与此同时，目前企业的竞争优势和生存空间主要源于较低的农村劳动力成本、用地成本和用电成本，这种优势来源于政策环境，而非自身能力，因此不具备直接竞争的条件。

（三）斗牛竞技产业的配套功能还很不完善

一方面，江屯村的斗牛场坐落在鱼塘乡江屯村大坪湾组，占地3000多平方米，基本建设投资百万元，斗牛场内虽建有室内露天看台及一些配套服务设施，但基础设施相对简陋落后，缺少停车设施、圈

2018年10月21日，调研七组访谈江屯村辉煌服装有限公司负责人龚昌权。

舍和餐饮服务设施，用于保障参赛者和观赛者的相关服务不健全。另一方面，江屯村斗牛既没有形成一个产业，也没有形成一种品牌文化，当前仍停留在单纯的斗牛娱乐的门票经济阶段，对于未来的发展缺少长远的规划。

五、对策与建议

总体来看，目前江屯村产业均处于起步阶段，但增长空间很大，需要政府加大扶持力度，为企业发展营造良好的外部环境，使其在发展中规范，在规范中壮大。

（一）提高经果林和大棚蔬菜的技术、资金和渠道保障能力，夯实产业发展基础

一是提高技术保障能力。经果林和大棚蔬菜对种植技术都有一定的要求。比如在百香果种植中，由于对栽种时间没有把握好，导致晚收了一季果。比如大棚蔬菜，如果不能提前做好病虫害防治工作，就会在后期的管理中增加农药的使用量。因此，要切实加强技术指导、现场指导，组织农技专家和专门队伍进果园、进大棚、进农户，培养技术能手。二是提高资金保障能力。产业发展初期对资金的需求相对较大，要加强政府引导，建立长效的非营利性的创业期资金保障机制，将企业扶上可以正常运转的轨道。三是提高渠道保障能力。一方面要用好基于移动互联网的电商、微商平台，另一方面要在区级、市级层面建立面向学校、医院、机关、国企的直通、直供、直销的产销衔接模式，提高面向贫困农村的采购能力。

（二）发挥低成本优势，支持服装加工业扩容升级，走出三方共赢新路

一是推动服装加工业扩产升级。因具备低成本、易就业、无污染的特点，服装加工业成为最适宜、最受欢迎的农村产业。辉煌服装虽然在江屯只有一个加工环节，但它是龚昌权自己可控的整个服装产业链的组成部分，因此发展相对比较稳定。为此，建议抓住有利时机和成本优势，在订单允许的情况下，通过扩大规模和升级技术装备，提高加工能力。二是推动辉煌服装扩产升级立项，在确保辉煌服装原股东绝对控股权的前提下，村集体争取扶贫资金作为集体资产入股企业以占有一定比例的股份，提高集体经济收益。三是创新土地流转模式，提高农户收益。改变传统农户土地直接、分别向企业流转，然后农户获得年度租金收入的做法，使农户土地通过村集体集中向企业流转，通过土地入股参与企业年度分红。通过这"三步走"，可以在实现企业、村集体、农户三方共赢的同时，推动企业可持续发展。

（三）完善大坪湾斗牛竞技基础设施和服务功能，推助江屯村斗牛产业化发展

一要完善斗牛场基本设施。合理规划斗牛场地用地标准化建设，利用周边荒地修建圈舍，改造饲槽、通道等设施，进一步改善环境、完善设施。二要完善配套服务功能。通过土地流转加强配套服务设施建设，向参赛者和观赛者提供停车、食宿、安全保障等服务。三要推动产业化发展。通过旅游项目招商，融合现代与传统，打造集斗牛、餐饮、娱乐、休闲、旅游于一体的旅游文化基地。此外，还

可以培育斗牛体育竞技意识，开展斗牛养殖和训练，探索发展特色体育竞技产业。

（四）加强公共服务设施、公共环境设施建设，提高农村公共服务水平

一要加强公共服务设施建设。有关部门要对村道亮化工程进行补贴，减轻乡级财政负担。鼓励和倡导节能环保新技术，将太阳能、LED 等节能新技术用于路灯照明。加大管理维护力度和亮化覆盖力度，解决目前农村道路路灯覆盖率低、设备老化严重、维护管理费用较高等问题。二要加强公共环境设施建设。完善垃圾收集、清运、回收处理机制，积极探索农村垃圾减量化、资源化处理办法，大力推动垃圾无害化处理。三要提高公共服务整体水平。优化图书、设备、技术的供给，提高农家书屋、文化活动室、卫生室等公共服务设施的针对性和使用率，提高整体服务水平。

参考文献

1. 铜仁市万山区转型可持续发展大调研组 :《江屯村主要领导座谈速记稿》，2018。
2. 鱼塘乡江屯村 :《江屯村2008年—2018年工作总结及工作汇报材料》，2018。
3. 湖南省湘潭市岳塘区人大霞城街道代表小组 :《从云南腾冲和顺名镇的魅力点思考湖南岳塘区的美丽乡村建设》，湖南民生在线新闻网，2018年2月7日。

4. 林安红 :《基于公众需求差异性的新闻出版公共服务优化分析——以农家书屋工程实施情况为例》,《编辑之友》2015年第2期。

山间的树木翠绿，好似绿精灵在树枝上跳舞。大地梯田里一片金黄，微风拂过，翻起金色的浪。一座座五彩斑斓的小洋楼、蜿蜒曲折穿村而过的路，与金黄田野相映成趣，描绘着登峰的秋。

　　薄雾蒙蒙，扰乱了思乡的心；细雨绵绵，洗净了青石小径；沾满泥土的红苕，安静的等待着被酿成美酒，招待来自远方的故人……

助学扶贫育人才，待到成才返乡来。

产业扶贫带动"两个转变"

——登峰村调研报告

2018年10月22日，铜仁市万山区转型可持续发展大调研第七小组走进鱼塘乡登峰村。上午，调研组在登峰村村委会与村"三委"班子、区人大代表、村民组代表和致富带头人等进行了座谈，登峰村第一书记张雪风、鱼塘乡党委副书记胡景亮、登峰村党支部书记陈勇军、区人大代表丁永成、村委会主任陈旋、村监委主任丁文标以及村"三委"其他成员参会并发言。下午，调研组先后考察了登峰村幼儿园、元基屯文化综合广场、铜仁市登峰生态农业发展有限公司和铜仁市万山区佳成种养殖农民专业合作社，走访了村民陈绪金（元基屯三组，男，52岁）和贫困户胡梅花（二屋沟组，女，55岁）、陈桂珍（丁家湾二组，女，53岁）。其间，访谈了登峰村第一书记张雪风、鱼塘乡党委副书记胡景亮、村支书陈勇军、区人大代表丁永成以及登峰村幼儿园教师刘化、宋瑶。

调研期间，调研组填写了1份《登峰村调查表》，收集了《登峰村基本情况资料》《登峰村村庄规划说明书》等资料。

调研组通过考察走访发现，养殖业是登峰村的主导产业，现已形成双轮驱动，即名企带动的面向外埠市场的生猪代养包销模式和自我发展的面向本地市场的自养自销模式。目前全村产业发展还存在可持续发展后劲不足、农民合作社融资难、地区产业链不完善等问题，调研组针对以上问题提出相关对策和建议。

一、基本概况和历史沿革

（一）基本概况

登峰村位于万山区鱼塘侗族苗族乡西南部，东经109° 02′ 46″，北纬27° 49′ 02″，北依团山村，东邻高峰村，南接云山村，西靠江屯村，村委驻地距乡政府驻地9公里。全村土地面积5.8平方公里，有耕地3800亩（田1300亩，地2500亩），荒山39.15亩，林地669亩，森林覆盖率53.8%。登峰村平均海拔高度648.25米，气候温和，年平均气温17℃，四季分明，年降雨量1200~1400毫米。

全村辖7个村民组，现有人口386户1421人，其中有90岁以上老人2位，60~90岁老人222位，18岁以下人口459人，有空巢老人18位，留守儿童56名。全村现有低保户77户152人，五保户8户8人，危改户40户136人，重病户10户10人，残疾人34户36人。村内人口主要为苗族、汉族、侗族、土家族、回族，姓氏以陈、丁、杨为主。①

（二）扶贫工作

登峰村属三类贫困村，于2017年出列。共有建档立卡贫困户76

---

① 资料来源：《登峰村调查表》《登峰村脱贫攻坚基本情况》，2018。

户212人，现未脱贫户1户5人，贫困发生率由2014年建档立卡之初的14.92%下降到2017年末的1.27%。

登峰村建档立卡贫困户共有76户，其中区人民政府、区疾控中心26个帮扶责任人帮扶56户，鱼塘乡人民政府5个帮扶责任人帮扶20户。在建档立卡贫困户中，实施危房改造18户；易地扶贫搬迁4户14人；有29户48人享受教育资助共计98955元；有7户28人享受扶贫小额信贷共25万元；2017年全村医疗保障76户，代缴新型农村合作医疗、扶贫小额大病保险及医疗费用补偿共计284724.31元；贫困户中在县内务工共有4人，在县外务工共有30人。

在产业扶贫方面，登峰村建档立卡贫困户享受西南国际商贸城产业扶贫54户70人，每人每年分红1600元；享受铜仁市登峰生态农业发展有限公司产业扶贫76户212人，每户每年分红1000元；享受贵州憬闲云农牧专业合作社产业扶贫76户212人，每户每年分红200元；享受铜仁市万山区武陵发展有限公司产业扶贫16户61人，每户每年分红2000元；享受合胜原生态种养殖专业合作社产业扶贫7户12人，其中陈先文、姚芝花、陈先毛、陈绪岩、陈先发每户每年各分红1000元，陈开军、陈绪福每户每年各分红750元；享受铜仁市万山区佳成种养殖农民专业合作社产业扶贫2户2人，每户每年分红1000元（见表1）。①

（三）基层组织

登峰村的基层组织由村"三委"领导，现任党支部书记为陈勇军，村委会主任为陈旋，村监督委员会主任为丁文标，全村现有党员36名。

---

① 资料来源：《登峰村脱贫攻坚基本情况》，2018。

表1 登峰村产业扶贫情况

经济组织名称	级别	扶贫人数	每年分红收入
西南国际商贸城	区级	54户70人	1600元／人
贵州憬闲云农牧专业合作社	乡级	76户212人	200元／户
铜仁市万山区武陵发展有限公司	乡级	16户61人	2000元／户
铜仁市登峰生态农业发展有限公司	村级	76户212人	1000元／户
合胜原生态种养殖专业合作社	村级	7户12人	750元／户，1000元／户
铜仁市万山区佳成种养殖农民专业合作社	村级	2户2人	1000元／户

全村分为7个村民组，各小组选出一位组长，协助村委会管理小组事务。在脱贫攻坚阶段，登峰村实施"第一书记＋包村干部＋驻村工作队＋村'三委'"的工作模式推进脱贫工作。登峰村第一书记为张雪风，由万山区疾病预防控制中心派驻，2016年起驻村；包村干部为鱼塘乡党委副书记胡景亮，驻村工作队共6人，为鱼塘乡政府干部陈宗祥、肖媚、桂雪霞、陈顺勇、蔡文韬和丁伟。

（四）历史沿革

登峰村的行政区划历经一系列调整。1949年，铜仁地区成立茶店区，辖黑岩乡、牛场坡乡、茶店乡、大坪乡。1953年，黑岩乡分为黑岩乡、牛场坡乡，从茶店乡分出老羊坪乡。其后各乡区划范围经历多次调整。登峰村归属于黑岩乡，曾为黑岩乡乡政府所在地，现在的村

2018年10月22日，连玉明院长与登峰村77岁老党员丁祖前及其侄子丁有林交流了解生活情况。

名传自于"大跃进"时期，有着很强的时代特色。1992年，铜仁市实施"建镇并乡撤区"工作，撤销茶店区，将当时的黑岩侗族苗族乡、老羊坪侗族苗族乡和牛场坡侗族乡合并，建立了鱼塘侗族苗族乡，乡政府驻地迁至鱼塘村，登峰村随即划归鱼塘乡。2012年11月铜仁地区撤地建市，成立万山区，登峰村随鱼塘乡归属铜仁市万山区。[1]

（五）乡村特色

登峰村整村四面环山，村落内居民建房依山势从低到高，递层而建，村落、山、耕地相得益彰，共同构成了登峰组团式的村落格局形式。

---

① 资料来源：《万山区鱼塘乡（旗屯村、文基村、牛场坡村）资料汇编》，2018。

登峰村是全乡的一处交通要道，黑岩集市位于登峰村内，是全乡的四大集市之一。经黑岩集市可分别通往团山村、江屯村、云山村、高峰村，这也是从鱼塘乡向南去往岑巩县、向东南去往玉屏县的必经之地。枢纽性交通位置和集市使登峰村道路通达，商贸繁荣。

二、基础条件和特色优势

（一）基础设施

在国家扶贫政策带动下，登峰村的基础设施得到极大改善。现已有安全人饮供水点2个，所有农户自来水全覆盖；有水库2个，满足农田灌溉用水需求；所有农户接入国家农电网，享受全国同网同价电力资源；有太阳能路灯82盏；全村移动、电信信号和4G网络无盲区全覆盖；实现户户100%安全住房，按户配备灶和卫生厕所，所有主要居住房屋室内外全硬化；村内道路全面硬化，连户路硬化率100%。"2014年以前我们跑运输的时候，大概3个月就要换一次轮胎，现在一年都不需要换一回。"村委会主任陈旋在谈到对道路改善的切身体验时说。

（二）公共服务

登峰村现有公立小学1所，规模600人左右；有公立幼儿园1所，于2017年新建落成，规模200人左右，现有学生179人，教师14人。村内有设施完备、功能齐全的村卫生室1个。登峰村公共文化服务设施完善，村委会设置了农家书屋和文化活动室，村内有农民文化综合广场3个，分别位于元基屯组、二屋沟组和黑岩集市附近，黑岩集市旁边的文化综合广场具有停车场功能。元基屯文化综合广场内建有1处农村文化活动中心，占地600平方米，成立之初是一家提供养老服务的幸福互助院，村民习惯性地称它为幸福院，如今经过升级，具备了讲习所、文化讲堂、图书室、养老院等多重功能，村民在此进行学习，或聚在一起做饭、休闲，老人们可以选择在这里居住。[①]

(三) 产业发展

登峰村原有产业为传统种植业，以水稻、辣椒、玉米、花生为主。近年来，在原有产业的基础上发展了猪牛羊养殖、香柚种植等特优产业。其中主要聚焦于发展养殖业，全村现有生猪养殖企业9家，养牛企业1家。此外，全村还发展了香柚种植710亩。目前村集体入股发展企业1家，为铜仁市登峰生态农业发展有限公司，从事生猪养殖产业，现已具备一定规模，2017年出栏量为8400头，实现集体经济年收入3万元。

(四) 乡村治理

目前，登峰村形成以"四会"为制度体系的村委领导、村务议事、社会协同、村民参与的治理格局。"四会"即村党支部委员会，由村党支部成员参加，是党委领导的决策机制；村务联席会议，一般由村"三委"、各组组长、村民代表参加，根据需要也会邀请企业或单位代表参加，是多元参与的协调议事机制；村民代表大会，每年召开四次左右，主要针对低保、精准扶贫等民生问题，在需要大

---

① 资料来源：《登峰村调研座谈会速记稿》《登峰村脱贫攻坚基本情况》，2018。

2018年10月22日，连玉明院长与登峰村贫困户丁祖兴的妻子交流了解生活情况。

家共同决策的时候召开；村坝会，这是村里最常用的向村民宣传政策、落实决策、调处矛盾的工作机制，一般由村干部、组长和相关村民参加。

登峰村开展了乡村环境卫生清洁和环境改造治理工作。村内环境由生态护林员和卫生清洁员共同实施清洁。生态护林员由区林业局聘请各村贫困户担任，工资为每月800元，在登峰村安排有7人，承担森林防火保护和巡查工作，并负责清扫村内公共道路；卫生清洁员来自乡政府指定的清运公司，主要负责清扫村内集市。现全村已经实现环境卫生清扫全覆盖，村内环境干净整洁。在环境改造方面，登峰村根据市政府要求开展"五改一化一维"工作，以应改尽改的原则实施人居环境改造，共改造完成245户，改造率为100%。

三、创新实践及发展模式

（一）产业扶贫带动登峰村实现两个转变

一是扶贫项目带动地区产业实现从无到有的转变。登峰村原是"空壳村"，2017年以前没有集体经济，在国家扶贫政策支持下，村集体入股成立公司1家，发展养殖业，现累计实现集体经济收入共6万元。通过扶贫政策带动，村民还入股了3家产业扶贫企业，其中有区级1家、乡级2家；另有3家村级养殖合作社也参与了产业扶贫，在通过产业扶贫资金获得自身发展的同时，帮助贫困户实现分红增收。

二是集体经济发展带动村民致富观念的转变。乡党委副书记胡景亮向调研组介绍说："以前搞养殖业，大家都持怀疑的态度，不敢动手，自繁自养的都是几十头，上百头算大的了。脱贫攻坚的春风刮进来，村主任等致富能人带头搞合作社，提升了大家的信心，带动了村民投资地区产业。"目前，包括实施产业扶贫的合作社在内，登峰村共有9家生猪养殖场，其中成栏1000头以上规模的有4家，1000头以下的有5家。企业之间进行合作经营，并产生了一定规模效应。佳成牧业负责人丁永成对调研组说："我们村小一点的养殖场之间能够实现互利，比如以前只有一两百头规模时，有名的饲料公司可能不会理我们，但现在我们几家加在一起有近三千头，他们不仅和我们做生意，还给我们提供技术。"

（二）招商引资开创两种规模化养殖模式

一是面向外埠市场的代养包销模式。2017年，村"三委"带领群众一共8人，利用国家扶贫资金补助174万元以及个人存款贷款资金，

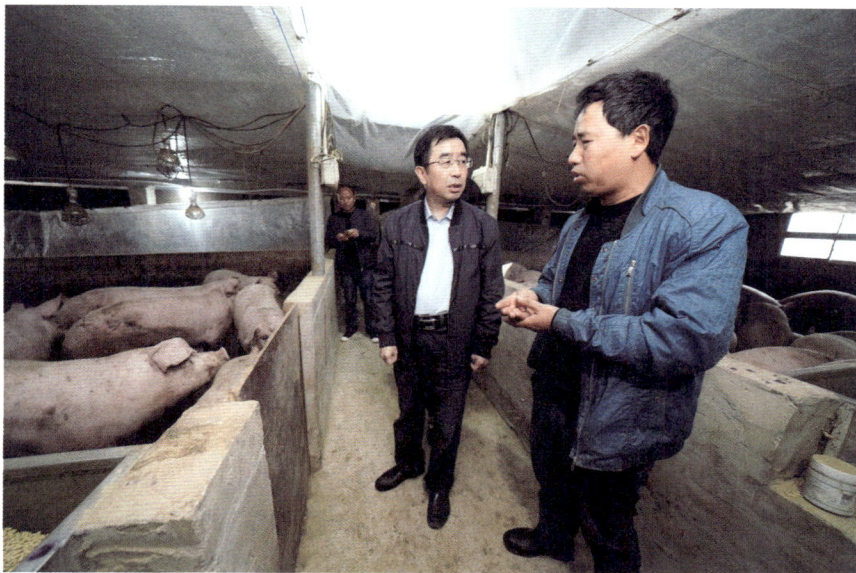

2018年10月22日，连玉明院长考察登峰生态农业发展有限公司，并与养猪场董事长陈勇交流了解养殖情况。

共投入628万元成立了登峰生态农业发展有限公司，与温氏食品集团股份有限公司（以下简称"温氏"）合作开启了代养包销的生猪养殖产业发展模式。温氏成立于1983年，是农业产业化国家重点龙头企业。2014年3月，玉屏县与温氏正式签订生猪一体化养殖项目。2017年，登峰村党支部、村委会前往玉屏县进行考察，并在上级政府的支持下，向本村引进了这一养殖合作模式。"猪仔、设备、药物都从温氏购买，他们还提供标准化管理模式和技术人员，并负责最终销售。目前公司生猪年出栏8400头，每头猪的纯利润是190元左右。"登峰村党支部书记陈勇军告诉调研组。

二是面向本地市场的自养自销模式。登峰村现有多家村民自主创办的养殖场，采取自繁自养自销的模式。其中规模较大的佳成牧业存栏量达600头。所产猪仔、所养生猪均由养殖场自己进行销售。生猪出栏后主要供应万山区、碧江区的两个屠宰场。

(三) 大好形势激发干部群众谋事干事"精气神"

一是形成干部谋事、作风务实的大好局面。近几年来，随着精准扶贫、精准脱贫政策的实施和第一书记、驻村干部、驻村工作队等干部力量的下沉，一批资源、项目、资金、管理、服务在登峰村落地，村庄从硬件到软件都发生了巨大的变化，干部群众备受鼓舞，一批愿意谋事干事、作风务实的村干部走上台前，基层政权得到不断夯实。村主任陈旋以前跑货运，又从事当地建设所用水泥的代理，如今他领着每月1500元的工资，带着村民发展起了集体经济，问起初衷，他说："前几年村里面投票，大家都需要我来村里工作，我就来了，和村支书等几个人一起发展集体经济。"到任后，陈旋与村支书、村委会干部一起到周边县区乡镇考察，向上级领导取经，成功办起了全乡规模最大的养殖场。"按照当时设计的规模，可以实现年出栏上万头，但是万头以上的环保标准要求更高，投入也就越高，因此目前就控制在八千多头。"乡党委副书记胡景亮介绍说，"分步走，先尝试，一定要保证大家盈利。"

二是形成干群同心、民心凝聚的良好氛围。村干部的模范带头作用、家乡的变化，让村民有了想头，看到了奔头，增强了凝聚力，焕发了脱贫致富的"精气神"。2014年，随"雁归工程"回到家乡的丁永成在村里创办起生猪养殖场。经营至今，养殖场成为村里规模最大的农民合作社之一。丁永成也被村民推选为区人大代表，为家乡发展献计献策。"能够回家来为家乡做点事情，我是最开心的。"在家乡建设和变化中，更有村民百姓的主动参与。2016年落成的登峰村元基屯文化综合广场，所占用的900平方米土地均来自村民的无偿流转。不仅如此，村民还纷纷通过自筹资金、投工投劳和直接捐赠等方式参与建设了农村文化活动中心。村党支部副书记陈绪明说："现在人的思想转变了。以前要我出钱，都会说这是政府的事，关我什么事。现在村民会想，我们人人都要用，也可以出钱参与建设。"

四、突出问题及原因分析

（一）产业的可持续发展面临新的挑战

在脱贫攻坚阶段，国家扶贫资金对农村产业有较大扶持力度。登峰村把握契机，不仅带动村内贫困户获得分红收入，而且使村集体有了较为稳定的收入来源。然而，随着时间的推移，政策红利将逐步减少，面对2020年实现全面建成小康社会的目标，登峰村目前的产业基础还很薄弱，集体经济弱小仍是不争的事实。与温氏的合作模式虽然风险较低，但也同时存在产业环节附加值较低、发展较为被动的弊端。而佳成牧业的模式虽然已经成型，但厂房设施和技术改造、环保设施配套和扩大生产规模的需要仍然迫切，推动产业升级、解决畜禽粪便带来的污染问题也亟须资金支持，产业的可持续发展面临新的考验。

（二）地区养殖产业链条不完善成为发展瓶颈

登峰村的生猪养殖在全乡具有代表性，是养殖业规模化发展的一个缩影。先是从小到大，到一定规模后，降低生产成本和污染治理成

2018年10月22日，调研七组在登峰村第一书记张雪凤、村支部书记陈勇军等陪同下，实地考察登峰村村容村貌。

本的压力就会增加，发展上下游产业、拉长产业链成为现实需要。从养殖产业链来说，目前饲料生产、毛猪交易、屠宰加工、冷链物流等均未得到发展，从全乡来看，相关产业链也尚未形成。因此，产业发展成本相对较高，养殖业发展优势很难扩大，企业发展空间也具有局限性。

五、对策与建议

（一）抓住机遇，推动政策性脱贫向制度性减贫转变

一是抓住深化农村集体产权制度改革的机遇，盘活集体资产。党的十九大报告明确提出"深化农村集体产权制度改革，保障农民财产

权益，壮大集体经济"的要求。我国集体资产包括经营性资产、资源性资产和非经营性资产。对集体资产实施清产核资、折股量化，能够激活各类生产要素，为发展多种形式的股份合作制提供必要条件，促进集体经济增收；同时能够使村民的集体资产收益分配权得到保障。

二是抓好新一轮扶贫资金投入形成的资产所有权归集体所有的政策机遇，促进集体经济发展。登峰村要继续积极争取产业立项，争取扶贫资金支持，增加集体资产，通过参股龙头企业、开展村企合作等方式进一步发展集体经济。

三是创新利益联结模式，为乡村企业发展注入活力。要在增加农民土地流转收入和村集体经济收入上下功夫，变农民土地直接向企业流转为农民土地通过村集体统一向企业流转，提高村民、村集体的话语权和收益权。特别是要借鉴敖寨乡中华山村推行的"622"产业分红模式，即把纯利润的60%分给贫困户、20%用于村集体经济积累、20%用于产业管理团队工资奖励，形成村级集体资产增值保值、贫困户受益和管理团队正向激励的利益分配机制，从而充分调动贫困农户以土地入股并参与村集体经济生产的积极性。

（二）创新机制，加快破解融资难、融资贵等问题

一是充分利用现有政策加强企业融资能力。近年来，铜仁市政府针对中小企业融资难的问题出台了多项政策。如《铜仁市发展农民专业合作社助推脱贫攻坚三年行动方案（2017—2019年）》《铜仁市中小企业"信易贷"试点工作的实施意见》等，对农民合作社纳入金融机构的信用评定范围、建立农业合作社贷款绿色通道提出要求，也提出了中小企业融资的创新模式。农民合作社一方面应充分利用现有政策

进行融资，另一方面也可积极反映诉求建议，为解决融资问题提供新思路。

二是借鉴经验拓展融资路径。针对农民合作社融资难的问题，湖南、江苏等省份已取得了一些成熟经验，本地区可进行一定借鉴。如利用大数据平台完善农民合作社信息，推进合作社信用体系建设，并推进金融机构依信放贷；或由政府委托金融机构为农民合作社提供顾问服务，从财务管理、经营管理、信用管理、市场营销、融资技巧等方面协助企业提高融资能力等。

（三）合理规划，拉长加粗产业发展链条

一是融合发展，形成区域产业链。产业链的优化可以为产业发展

2018年10月22日，调研七组在鱼塘乡政法委书记胡景亮的陪同下，现场考察铜仁市登峰生态农业发展有限公司。

营造良好生态。农村产业要实现可持续发展,需要在全乡甚至更大范围内统筹种植业、养殖业、加工业、农村商贸业、旅游服务业等产业,规划布局种养加结合、农经饲统筹、种养循环发展、粪污资源化利用的产业链条。

二是高效整合,完善农产品供应链。供应链的完备可以实现农产品"从田间到餐桌"的多元经营一体化。登峰村地处交通要道,区位优势明显,可借助优势发展仓储和区域性物流,并结合黑岩集市,建设农产品销售网点。与此同时,可研究在地区拉长加粗养殖业产业链,完善生猪养殖的上下游产品供应链。着力发展订单农业,开辟熟食销售网点和电子商务平台,拓展销售渠道。适度发展冷链物流,促进商品流通。

三是产品提质,提升农业价值链。价值链的延伸能够促进乡村产业高质量发展。《中共中央国务院关于实施乡村振兴战略的意见》提出实施产业兴村强县行动,旨在壮大乡村特色优势的农业产业。登峰村养殖产业优势明显,香柚种植初具规模,可以在现有条件下对农产品的价值链进行延伸,打造一批精品农业,通过提高技术水平、实施质量管理,促进种养业循环发展,推动高效绿色种养,增加产品附加值,培育农业品牌,使乡村实现以乡土经济、乡村产业为依托的现代化发展。

参考文献

1. 杨云文、洪乃忠、朱仕俊、简文祥:《关于玉屏温氏生猪一体化养殖发展模式的探讨》,《中国畜牧兽医文摘》2016年第5期。

2. 程春丽：《深化农村集体产权制度改革的现实诉求与路径选择》，《经济研究导刊》2018年第25期。

3. 李慧：《农村集体产权制度改革：盘活农村"沉睡"资产》，《光明日报》2017年1月4日。

4. 赵然芬：《关于解决我省农业合作社"融资难"问题的思路与对策》，《统计与管理》2012年第6期。

5. 杨婷：《农业产业链整合中的农产品价值链分析》，《商业经济研究》2018年第12期。

乡愁鱼塘

一桌热气腾腾的乡间美食，是否勾起了你对家乡的牵挂悸动？每个背井离乡的人儿，都是家乡的一片树叶，每颗在外漂泊的心儿，都走在回家路上，灵魂总是靠着那给予安全感的枝干。

从什么时候起我们不再像个小孩子一样大呼小叫了？步入考场，背井离乡。迷茫时，坚定地对自己说，儿时的梦想，我还记得。

不管道路多么艰难，多么崎岖不平，只要走的方向正确，最朴实而保守的农民也会迎来思想的蜕变——经历之后才发现，前行比站在原地更接近幸福。

创新"政府＋企业"治理模式
打造整洁有序乡村环境

——鱼塘村调研报告

2018年10月17~18日，铜仁市万山区转型可持续发展大调研第七小组对鱼塘乡鱼塘村开展了为期两天的调研。17日，正逢我国第五个扶贫日，调研组在鱼塘乡副乡长汪琴的陪同下，来到鱼塘村村委会，与村"三委"班子、村民组代表就精准扶贫、精准脱贫问题进行了座谈，鱼塘村驻村干部杨涛、村支书胡建生、村主任桂钦志、村监委主任余化祥，以及村"三委"其他成员参会并发言。随后，调研组实地考察了白果屯大棚蔬菜基地、白果屯水库。18日，调研组先后考察了鱼塘中学、鱼塘中心小学、万山区亿丰食品有限责任公司和万山区康俊保洁服务有限公司，走访了贫困户陈光德（下院子组，男，50岁）、胡长拜（下院子组，男，55岁）、胡德乌（白果屯组，男，52岁）和村民冯文英（老屯一组，女，39岁）、廖金成（老屯二组，男，47岁）。调研期间，调研组围绕精准脱贫、集体经济、乡村治理、教育发展、环境卫生以及农村电商等问题，访谈了鱼塘乡副乡长姜亚乐、鱼塘村驻村干部杨涛、村支部书记胡建生、村副主任长黄敏、鱼塘中学校长桂梦奇、万山区康俊保洁服务有限公司负责人桂承保和农村淘宝店店主余荣。

调研期间，调研组填写了1份《鱼塘村调查表》，收集了《鱼塘村工作简报》《鱼塘乡鱼塘村脱贫攻坚相册》《鱼塘村基本情况资料》《鱼塘村村庄规划说明书》等资料。

调研组通过考察走访发现，鱼塘村在交通和公共服务方面优势明显，产业方面发展了大棚蔬菜、面条加工等特色产业，环境治理方面创新了"政府＋企业"治理模式。目前全村还存在乡村教育观念有待转变、治理模式有待规范、电子商务发展不足等问题。调研组针对以上问题提出对策和建议。

一、基本概况和历史沿革

（一）基本概况

鱼塘村位于万山区鱼塘侗族苗族乡中部，为鱼塘乡政府所在地，东经109° 3′ 25″，北纬27° 32′ 40″，北依文基村、旗屯村，东邻怀化村、牛场坡村，南接大龙村，村委驻地距离铜仁市县城32公里。全村土地面积12平方公里，有耕地面积3430亩（田1530亩，地1900亩），森林覆盖率45%。鱼塘村海拔高度为500~600米，年平均气温17℃，气候温和，四季分明。

鱼塘村现辖8个自然村寨，20个村民组，人口1099户3568人。其中，有60岁以上老人539位，90岁以上老人8位，18岁以下人口1047人。有空巢老人10位，留守儿童22名。村内有316人外出务工。有低保户87户154人，五保户1户2人，"三无"老人126位，重病户12户12人，残疾人87户88人。①

---

① 资料来源：《鱼塘村调查表》《鱼塘村脱贫攻坚基本情况》，2018。

（二）脱贫工作

鱼塘村属非贫困村，共有建档立卡贫困户108户346人。目前，已脱贫户98户307人，未脱贫户10户39人。贫困发生率由2014年建档立卡之初的14.56%下降到2017年末的1.2%。在建档立卡贫困户中，区公安分局34名帮扶责任人帮扶92户，区林业局2名帮扶责任人帮扶3户，区妇计中心1名帮扶责任人帮扶1户，区湿地公园管理局1名帮扶责任人帮扶2户，鱼塘乡政府8名帮扶责任人帮扶10户（见表1）；贫困户实施危房改造23户，易地扶贫搬迁15户61人；50户79人享受扶贫教育资助共计95900元；2017年健康扶贫共补偿医疗费用779838.36元；贫困户稳定就业半年以上的，在区内务工共有13人，在区外务工共有55人。

表1 帮扶责任人扶贫情况

帮扶单位名称	帮扶责任人人数	被帮扶户数
区公安分局	34名	92户
区林业局	2名	3户
区妇计中心	1名	1户
区湿地公园管理局	1名	2户
鱼塘乡政府	8名	10户

在产业扶贫方面，鱼塘村建档立卡贫困户享受憬闲云产业扶贫108户，每户200元；享受西南国际商贸城产业扶贫52户80人，每人1600元；享受武陵农业产业扶贫30户，每户2000元；享受彩虹海产业扶贫25户，每户1600元；享受苏州对口帮扶产业项目产业扶贫6户，每户2000元。享受产业奖补26户85380元。贫困户享受小额信贷共有

11户41万元。[1]

（三）组织概况

鱼塘村基层组织由村"三委"领导，鱼塘村党支部现有党员87人，现任党支部书记为胡建生，村委会主任为桂钦志，村监督委员会主任为余化祥。全村分为20个村民组，包括白果屯组、店上组、麦坳组、老屯一组、老屯二组、腊树湾组、上院子组、下院子组、小院子组、水平组、下家田组、水井湾组、平溪河组、中院子组、新屋场组、罗家湾组、岩湾一组、岩湾二组、杉木林组、对门坡组。各小组选出一位组长，协助村委会管理小组事务。在脱贫攻坚阶段，登峰村实施"驻村干部＋村'三委'"的工作模式推进脱贫工作。鱼塘村现任驻村干部为杨涛，由万山区公安局派驻，于2016年起驻村。

（四）历史沿革

鱼塘原名余旗屯，相传周边地带原有48个屯72个旗，以屯旗为标志，鱼塘村所在地插的是最后一面屯旗，故取名"余旗屯"。1958年，农民在屯里田坝中修了一口鱼塘。1964年，屯里住户被分为鱼塘、鱼屯两个生产队，总称"鱼塘"，故而得名。

鱼塘村行政区划经历多次调整。1949年，铜仁成立茶店区，辖牛场坡乡、茶店乡、黑岩乡、大坪乡，其后各乡辖区范围几经调整。1971年，牛场坡乡迁驻鱼塘。1992年实施三乡合并，撤销茶店区，合并老羊坪侗族苗族乡、牛场坡侗族乡、黑岩侗族苗族乡，建立鱼塘侗

---

[1]　资料来源：《鱼塘村脱贫攻坚基本情况》，2018。

2018年10月17日，调研七组实地考察鱼塘村大棚蔬菜种植基地，了解蔬菜种植相关情况。

族苗族乡。鱼塘村位于原牛场坡乡辖区内，2013年部分划归槐花村，最终形成鱼塘村今天的辖区范围。[①]

（五）乡村特色

鱼塘村处于鱼塘乡的中部位置，道路交通四通八达，有"大十字"之称。其东与槐花村、牛场坡村毗邻，北与旗屯村相连，西抵大坪乡柴山村，南与大龙村相接；其向北可至碧江区，往南可达玉屏县、岑巩县，往西可抵江口县，向东可至原万山特区政府所在地。交通的便利性也带动了当地商业的发展，外地来鱼塘村做生意的人也较多。此外有鱼塘集市位于村内，为全乡四大集市之一。

鱼塘村为乡政府所在地，是全乡的政治中心，集中了乡一级的社

---

① 资料来源：《万山区鱼塘乡（旗屯村、文基村、牛场坡村）资料汇编》，2018。

会事业机构，公共服务设施完善，教育质量优势明显。村内的鱼塘中学是全乡仅有的公立初级中学，教学环境优良，教育质量在全区名列前茅，是万山区农村地区唯一一个被评为铜仁市市级先进集体的单位。

二、基础条件和优势特色

（一）基础设施

近年来在国家扶贫政策的带动下，鱼塘村实施了大量基础设施建设。现已有安全人饮供水点6个，实现所有农户自来水全覆盖；所有农户接入国家农电网，享受全国同网同价电力资源；有太阳能路灯100盏；全村移动、电信信号和4G网络无盲区全覆盖；村内道路全面硬化，连户路硬化率100%；实现户户100%安全住房，按户配备灶和卫生厕所，所有主要居住房屋室内外全硬化。①

（二）公共服务

鱼塘村公共服务设施完善，辖区内有乡级公立中学1所，即鱼塘中学，占地面积33618平方米，校内有教学楼、少年宫和足球运动场等设施，有音乐、美术和书法等教室，并设立心理咨询室，还成立了留守儿童之家。村内有乡级公立小学1所，即鱼塘中心小学。有公立和私立幼儿园各1所。鱼塘村有设施完备功能齐全的卫生院1个，幸福院、敬老院各1个。村委会设立便民服务站，站内设置了文化图书室并兼有活动中心功能。村内有文化综合广场4个，村级活动室2个。

---

① 资料来源：《鱼塘村脱贫攻坚基本情况》，2018。

（三）产业发展和集体经济

鱼塘村目前的主要产业为传统农业、种养业和加工业，包括水果种植、大棚蔬菜、生猪养殖、面条加工等（见表2）。现有大棚蔬菜基地1个，占地面积90亩，每亩年产值8000元；有面条加工厂1家，生产能力为每天10吨；种植葡萄、白桃各200亩，年产量上万斤；有规模300头的生猪养殖合作社1家。村集体入股发展的经济组织有铜仁市万山区农牧专业合作社、万山区亿丰食品有限责任公司，实现集体经济年收入3万元；此外村集体有门面3间，年租金收入1万元。

表2 鱼塘村农民专业合作社名录

序号	合作社名称	成立时间	主要业务
1	万山区鱼塘乡长高军种养殖农民专业合作社	2018年5月	蔬菜种植
2	众合生态种养殖农民专业合作社	2017年12月	蔬菜种植
3	万山区博元种养殖农民专业合作社	2017年2月	水果种植
4	万山区杉木林种养殖专业合作社	2017年1月	生猪养殖
5	万山区恒远种养殖专业合作社	2016年5月	生猪养殖
6	万山区福桃生态种养殖农民专业合作社	2016年5月	蔬菜种植
7	万山区鱼塘乡林新黄桃专业合作社	2016年3月	水果种植
8	万山区玉福种养殖专业合作社	2015年6月	羊养殖
9	万山区亿丰食品有限责任公司	2014年12月	面条加工
10	万山区鱼塘乡白果屯水蜜桃种植农民专业合作社	2012年11月	桃种植
11	万山区闳翔生态禽业开发专业合作社	2012年7月	鸡饲养

（四）乡村治理

在治安管理方面，鱼塘村从2016年起采取多项整治办法，村内治安显著改善。一是加强街面见警率，在重要路段安装摄像头，打架斗殴、盗窃发生率明显降低；二是在集镇设置警务室，交警、维安人员在赶集当天前去值班，为集市治安提供保障；三是注重矛盾调解，最小范围化解矛盾，成立调解委员会，有效减少矛盾双方直接发生冲突的频率；四是加强宣传，通过召开群众会、感恩教育会、干群会，开展法律宣传教育。

在乡村环境卫生方面，鱼塘村的卫生清运清扫工作由两部分人员承担，村寨卫生由市林业局聘请的生态护林员负责，鱼塘集镇的卫生由鱼塘乡政府所指定的万山区康俊保洁服务有限公司负责，全村实现垃圾日常清运。此外，鱼塘村在本村的上院子组、下院子组、小院子组、老屯组、白果屯组共投入使用垃圾处理箱10个，垃圾运转车1辆，切实改善环境卫生基础设施。

三、创新实践及发展模式

农民合作社是村庄经济发展的核心力量，也是扶贫工作的主要阵地。鱼塘村的合作社采取个人投资、经营，村民和村集体入股分红的经营模式，实现精准扶贫，吸纳广大村民参与，增加就业机会，壮大农村集体经济。在社会治理领域，鱼塘村积极开展治安管理工作，并依托鱼塘乡探索的"政府＋社会"模式，对环境实施有效管理，村内环境整洁有序。

（一）大棚蔬菜：现代化农业的试验田

鱼塘村大棚蔬菜基地位于白果屯组，占地90亩，主体铜仁市万山区农牧专业合作社，由村支书胡建生牵头成立。该基地在与九丰现代农业科技有限公司（以下简称"九丰农业"）的合作下开展蔬菜种植，主要采取"公司＋合作社＋农户"的合作模式。由九丰农业提供专业技术、种苗、驻村指导人员，由村集体成立合作社、提供土地，由农户通过务工、承包种植等方式自愿参与，基地为农户提供技术培训。现每年每亩收益8000元，成本为每亩3000元。鱼塘村驻村干部杨涛向调研组介绍："大棚蔬菜是村级产业结构调整，当时集中流转土地60户，土地流转农户可稳定获得每亩600元的土地租金。所有村民可到种植基地务工，也可以自己承包大棚进行种植。贫困户可通过入股大棚蔬菜获得分红收益。"目前看来，该基地发挥了一定的示范作用，使现代农业种植在乡村开展，使先进农业科技在乡村推广，使新型农民得以培育并在乡村发展中崭露头角。

（二）面条加工厂：集体经济发展的助推器

依托国家扶贫政策，鱼塘村面条加工厂成立并得到发展，同时壮大了集体经济，带动贫困户脱贫。鱼塘村面条加工厂全称为铜仁市万山区亿丰食品有限责任公司，是鱼塘村老屯一组的5位股东于2014年合作成立的企业，由村支书胡建生担任顾问。2014年，面条加工厂争取到国家扶贫资金50万元，2017年中央财政专项资金又下拨100万元入股加工厂，用于扩大生产规模，增加就业岗位，带动周边贫困户增加收入。全厂目前共吸纳13位村民就业，其中包括扶贫对象3人，每人工资月收入1500元；带动25户精准扶贫户分红，每户分红2000元。① 面条加工厂是鱼塘村集体入股的经济组织，2017年实现村集体经济收入3万元。

目前，鱼塘村面条加工厂生产能力达到每天10吨，与大型农业企业签订购销协议，已形成稳定的销售渠道，产品主要销往铜仁市周边的玉屏县、万山县、江口县以及湖南新晃县等四个地区，市场占有率达60%，下一步还将发展产品精深加工。"普通面条销量毕竟有限，销售的区域也有限，销往较远地区物流成本不划算，所以我们准备从事精加工、精包装，提高面的质量，开发更多产品种类，之后再利用电商推销。"村支书胡建生说。鱼塘村面条加工厂的发展具有其代表性，随着脱贫工作的进阶，乡村的农民合作社和中小企业将从乡村产业扶贫的主体经济组织，逐步发展为带动集体经济和地区产业发展的重要经济力量。

（三）康俊保洁：乡村环境卫生治理的新模式

鱼塘村在乡村卫生清洁方面有序推进治理工作，增加基础设施，并探索了"政府＋公司"的合作模式。2018年4月起，万山区康俊保洁服务有限公司在鱼塘乡政府的支持下成立，接受乡里委托，主要负责对全乡垃圾实施日常清运。该公司位于鱼塘村内，有管理人员3名、清洁员9名、司机3名，有车辆5台，其中有3台清运车和1台洒水车是通过政府贷款的方式购买，另有1台清运车为公司自己购买。公司负责对全乡的4个集镇每天实施垃圾清运工作，由于鱼塘村人口较多，公司将半数以上的清洁员配备在鱼塘村。通过有效管理，鱼塘村垃圾清运有序，村容村貌整洁。政府出资、公司出力，由政府委托第三方公司承

---

① 资料来源：《鱼塘乡工作简报》，2018。

担环境清洁工作，成为全区乡村环境治理的新模式。

四、突出问题与难点

(一) 乡村教育观念有待转变

在对鱼塘中学、鱼塘中心小学进行调研时，调研组了解到目前乡村教育办学中的主要问题。一是家长对教育的重要性认识不足。一方面留守儿童仍然较多，家长外出打工，是以现实的家庭结构不完整为代价的，一定程度上反映了价值选择。另一方面一些家长仍将教育当作一种谋生手段。"只要达到初中毕业，不管学习好不好就给放出去。"鱼塘乡副乡长汪琴说。二是乡村教师流动性较大，鱼塘中学校长桂梦奇说："一些新老师来到农村，待一年就走了，有的是教得好被上面调走了，也有的

2018年10月18日，调研七组与鱼塘中心小学校长杨平进行交流。

是老师自己想往城里走，换老师太频繁会给学生的心情和学习都造成影响。"三是学校配套设施亟待完善，近几年，鱼塘中、小学校园环境硬件设施有了质的提升，中学门禁系统、新教学楼、田径运动场等设施让人眼前一亮，但学生洗浴、电教设备、办公桌椅等设施没有及时配套。四是部分基础设施建设滞后，两所学校校园内仍有未硬化区域，校园公共区域没有亮化工程，小学校门墙体出现裂缝，存在安全隐患，仍有许多工作要做。这反映出当前乡村教育普遍存在的问题。

（二）环境治理的创新模式有待完善

鱼塘村的环境清洁工作采用新的管理模式，由乡政府委托第三方公司具体实施，取得了显著成效。目前这一创新模式尚处于探索阶段，规范性和持续性方面还存在一定问题。一是公司运行体系不规范，政府要加强对公司的支持和规范化建设，完善政府购买服务流程。此外公司除了管理本公司员工，还负责区域内护林员、保洁员的管理工作，管理制度有待完善。二是相关配套机制不完备，如垃圾清运后，原计划用于焚烧发电，但根据发电厂要求需建立垃圾分类中转站，需要为电厂支出每吨垃圾65元的费用，目前缺少相应资金，垃圾中转站没有建设起来，目前主要采取垃圾填埋场就近填埋方式处理。

（三）电子商务发展不足

鱼塘村的新型农业、第二产业都具备了良好发展势头，并已在附近地区建立起相对稳定的销售渠道。但在通过电商渠道销售农产品方面尚无经验。杨涛谈了他对电商销售的顾虑："目前都是销往附近或者铜仁市周边的市场，销售模式已形成，面对电商平台，未来的市场不知道是喜是忧。"村内现有一家农村淘宝电商，为个体商户，由店主1人负责经营，主要经营淘宝代购和零售业务，上级联络机构是淘宝公司在贵州省的区域经理。店主余荣表示，目前淘宝店经营状况不佳："投入了三万元，现在每月收入只有一千多。只有农忙的时候销售可能多一点，很多农户需要化肥。其他的比如家电，很多人基本上是在这里的实体店或者上城里去买，在网上买的少。"整体来看，鱼塘村的电商发展尚处于商品代购阶段，并未与当地的产业形成融合关系。

五、对策与建议

（一）打造乡村教育高地

乡村振兴，关键在于人和资源在乡村的集聚。一个区域优质的教育资源不仅发挥着培养本土人才的作用，而且对优秀教师和学生流失现象起到"遏制"作用，有利于乡村培养人才、留住人才。乡村在产业转型发展的同时，要立足教育发展现状和基础条件，统筹中学、小学、幼儿园片区发展，完善基础设施，加强教学软硬件建设，努力打造全市乡村教育高地。一是完善乡村教育基础设施。发挥教育作为基本公共服务对人口流动的导向作用，利用鱼塘村教育资源集中的优势，从强化文化功能和教育功能的高度对整个区域进行整体规划，强化教育基础设施建设，打造全乡教育高地和文化窗口。二是加强教育硬件设施建设。积极统筹完善村内教学设施，保障基础条件配备和推动信息化建设，并完善多媒体教学设备、多功能教室等现代化教学设施，为乡村教育发展提供必要的基础条件。三是提高乡村教育软实力。一

2018年10月18日，调研七组实地察看鱼塘村"五改一化一维"相关情况。

方面注重教师团队建设，优异的教学成绩离不开心系学生、辛勤付出的教师，应以此为出发点，对教师给予激励鼓励，对敬业精神进行弘扬，使优秀的教师在乡村有归属感、成就感、获得感，在乡村营造尊师重教的氛围；另一方面要通过倡导和宣传，转变村民的教育观念，使父母认识到教育的重要性，让家庭发挥教育普及的关键作用，使乡村成为培养高素质人才的摇篮。

(二) 完善"政府＋企业"合作模式

"政府＋企业"是鱼塘乡所创新的一项环境治理模式，应进一步建立健全工作机制，对合作模式进行完善。一是完善政府向企业购买服务和支持企业发展的相关制度，通过规范化程序完善管理、指导运营，健全环卫管理机制，确保企业实现可持续经营和规范化发展。二是统筹全乡环境卫生工作，完善垃圾处理配套设施，提高垃圾处置整体水平。对现有垃圾填埋方式和环境影响进行评估，积极争取相关资金支持，加快对垃圾中转站的立项建设，不断推动垃圾处理由填埋方式向焚烧发电转变。

（三）探索电子商务发展路径

鱼塘村交通发达，地理位置优越，具备发展物流和电子商务的基础条件，随着互联网和手机的广泛应用，发展电子商务已经成为必然趋势，并成为各级干部群众的共识。一是依托万山区电商平台资源，即万山区电商生态城，搭建农产品推广合作平台，建立水果、养殖产品以及特色农产品专区，一方面加强展示、宣传，另一方面开展有针对性的推广和营销。二是依托现有的淘宝电商，转变经营方式，从"买进来"转变为"卖出去"，与本村的经济组织开展合作，使当地农产品通过电商平台销往全国各地。三是加强政策支持，鼓励商户和村民从事电子商务，并开展教育培训指导，普及电商运营、商标注册及品牌保护等相关知识。

参考文献

1. 鱼塘乡鱼塘村：《鱼塘村主要领导座谈会记录》，2018。

2. 鱼塘乡鱼塘村：《鱼塘村2008年—2018年工作总结及工作汇报材料》，2018。

3. 雷杰能：《用心打造乡村教育高地——记江西省"师德标兵"朱绪星》，《江西教育》2018年第16期。

稻田、禾苗、水牛，村庄、蓝天、白云，青山绿水相伴，白墙黑瓦相邻。

稻草垛堆了一年又一年，你是否还记得，当年扎草人的伙伴？你是否还记得，那生着青苔的黑瓦？你是否还记得，那家常便饭的味道？无论天涯海角，饭菜最香的地方，就是你的归途！

　　幼时总是央求妈妈把奖状贴到墙上；现在，陪着她的就是你当年留下的奖状。古井边，柳树下，田中鸭叫嘎嘎；再回首，已无昔日放牛娃。

基层党建"从弱变强"
集体经济"无中生有"

——云山村调研报告

  2018年10月19日,铜仁市万山区转型可持续发展大调研第七小组对鱼塘乡云山村进行了实地调研。调研组在云山村村委会与云山村第一书记周学军、村支书刘学冬、村委会主任丁兴清以及村"三委"其他成员召开了座谈会,围绕村基本概况、精准脱贫、基层党建、乡村治理、集体经济、村规民约及环境卫生等内容进行了研讨交流。调研期间,调研组还实地考察了铜仁市万山区云雾山泉有限责任公司,走访了贫困户丁红才(王子坡组,男,60岁)、丁文付(王子坡组,男,43岁)、丁玉发(王子坡组,男,68岁)、姚茂发(青菜沟组,男,43岁)、龙运平(青菜沟组,男,42岁),看望了孤寡老人张丫头(青菜沟组,女,78岁),访谈了云山村第一书记周学军、村书记刘学冬、支部委员张勇、返乡创业者丁海清以及云山小学夫妻教师张美富、潘志兰。

  调研期间,调研组填写了1份《云山村调查表》,收集了《鱼塘乡云山村脱贫攻坚相册》《云山村村庄规划说明书》《云山村基本情况资料》《政法委2017年脱贫攻坚工作总结》《政法委脱贫攻坚实施方案》

等资料。

调研组通过看企业面貌、谈企业发展、聊问题难点，与返乡创业者进行深入交流。通过听帮扶故事、问收入医疗、摸民生民情，了解云山村脱贫攻坚实际成效。在调查研究的基础上，形成了云山基层党建"从弱到强"、云山人才"从出到留"、集体经济"从无到有"、生活设施"从内到外"和村规民约"从点到面"等实践探索，发现并总结云山村集体经济融资难、乡村传统房屋修复难、水资源欠缺生产生活用水难等问题，针对以上问题，提出了相关对策与建议。

一、基本概况和历史沿革

（一）基本信息

云山村位于万山区西南部，距乡政府驻地12公里，东接玉屏县，南邻岑巩县，是鱼塘乡的东南大门。地理位置位于东经109° 0′ 6″，北纬27° 28′ 20″，辖王子坡、谭家寨、青菜沟、鹰嘴岩、野牛山、老云山、下棚、滚牛凼和羊角老9个自然村寨11个村民组。全村土地面积12.7平方公里，有耕地2088亩，其中田630亩，地1458亩；竹山3866亩，荒山89亩，造林2678亩，自然灌木林地10332亩，森林覆盖率53.8%。平均海拔高度670米，年平均气温17℃，年降雨量1200~1400毫米，云山村具有春温多变、夏季炎热、秋温速降、冬季低温、四季分明的气候特点，无霜期长，达268天以上。

云山村现有人口348户1288人，以汉族、侗族为主。有丁姓、张姓以及杨姓三大姓氏，其中丁姓人口有460余人，张姓人口有200余人，杨姓人口有160余人，其他姓氏共有400余人。云山村有儿童320人，老人100余人，其他年龄段人口500余人。其中60~70岁有71人，71~80岁有35人，81~90岁有12人，养老方式以自己照顾和子女养老为主。有低保户46户，享受低保人数78人，有五保户10户11人，危改户29户，重病户1户5人，残疾人21人。①

(二) 脱贫攻坚

云山村属一类贫困村，现有建档立卡贫困户76户231人，其中区政法委15名帮扶责任人共帮扶44户建档立卡贫困户，其他驻村干部9名帮扶责任人共帮扶32户。目前未脱贫户3户9人，脱贫户73户222人，贫困人口发生率由2014年建档立卡之初的14.92%下降到2017年末的0.7%。实施危房改造29户，其中2014年实施3户，2015年实施6户，2016年实施14户，2017年实施6户。易地扶贫搬迁3户15人，2016年吴远堂户搬迁至廖家安置点，2017年吴远松户搬迁至观山雅居，杨仕根户搬迁至城南驿站。

云山村2017年健康政策扶贫措施惠及76户建档立卡贫困户，到户资金共117490.11元。有30户62人享受教育资助共计101200元。贫困户享受入股彩虹海产业扶贫共有41户100人，每人分红1600元；享受入股云雾山泉自来水厂产业扶贫18户49人，每户分红1000元；享受贵州憬闲云农牧专业合作社产业扶贫69户216人，每户分红200元；享受兴远农业综合开发有限公司产业扶贫16户32人，每户分红1000元；享受姚氏生态养殖场产业扶贫14户36人。扶贫小额信贷有5户21人11万元。

---

① 资料来源：《云山村基本情况资料》《政法委 2017 年脱贫攻坚工作总结》，2018。

2018年10月19日，调研七组与云山村村"三委"召开座谈会。

（三）基层组织

云山村村"三委"组织完善，主要班子齐全。2016年3月以来，驻村第一书记由万山区政法委维稳科科长周学军担任，至今已担任云山村第一书记两年半。驻村工作队队长为第一书记周学军，副队长陈海方，成员有黄涛、杨涛、郝从生。包村干部为鱼塘乡人民政府干部姚长发。云山村党支部现有党员32人。其中村支书为刘学冬，从2013年开始担任云山村党支部书记，任职时间5年；支部副书记目前空缺，支部委员为张勇。云山村村委会现有3人，村委会主任为丁兴清，于2017年村委会换届时上任；村委会副主任为丁红林，村委委员兼妇女主任为冉亚霞。云山村监督委员会现有3人，村民丁金才担任村监督委员会主任，村民杨继平和姚登科担任监督委员会委员。

（四）历史沿革

在历史沿革方面，由于云山村老人不多，口述相传的历史遗失严重，年轻人对"云山"的由来知之甚少，相关信息已无从考证。据云山村村民相传，云山村因海拔高，地势陡，山高处常年有雾，所以在设立大队和村时，就取名为云山村，沿用至今。1992年，铜仁市开始"建镇并乡撤区"工作，原黑岩、老羊坪、牛场坡三乡合一，成立了鱼塘侗族苗族乡，云山村随之划归鱼塘乡。2011年11月，万山区设立，鱼塘乡与大坪乡划归万山区，云山村随鱼塘乡一并划入万山区。

（五）乡村特色

在风土人情方面，云山村有吃"刨汤肉"的习俗，每逢农历春节前夕，农村有条件的人家，都会杀"过年猪"，邀请乡邻，宴请亲朋，吃"刨汤肉"，以庆祝新春节日，营造过年氛围。在特色饮食方面，"锅巴"和"米汤"在当地饮食中占据重要位置。"锅巴"是在传统的灶火做饭过程中，形成的一种焦黄质硬充满香味的块状米饭；"锅巴"就"米汤"是当地村民热爱的一道美食。

二、基础条件和优势特色

（一）基础设施

云山村现已实现"组组通"硬化水泥路，连户路硬化率100%。户户实现100%安全住房，按户配备灶和操作台，实现所有主要居住房屋室内外全硬化。全村所有农户均已完成农村电网改造，接入国家农电网，享受全国同网同价电力资源。现有集中式安全人饮供水点1个，建成云山村二级提灌人饮工程机房一个，解决了高海拔山区群众吃水难题，饮水工程覆盖全村所有农户。现已基本实现移动、电信信号和4G网络覆盖，但部分山区信号仍然较弱，无法享受4G网络和正常通话功能。

（二）公共服务

云山村现有公立学校1所，位于谭家寨组，包含幼儿园和小学一至二年级，其中小学有教师3名，保育员1名，厨师1名，保安1名，幼儿园学生12人[①]，一年级学生8人，二年级学生10人。在村委会设置了农家书屋、文化活动室、电子商务平台。全村拥有农民文化综合广场1个，安装太阳能路灯26盏，建有设施完备、功能齐全的村卫生室1个。

（三）产业经济

在支柱产业方面，云山村当前以种植为主，以加工为辅。农业发展以水稻、玉米为主，同时发展其他特优产业：生猪养殖、牛羊散养、竹笋加工、花生、辣椒等。现有云雾山泉桶装饮用水厂（铜仁市万山区云雾山泉有限责任公司）1个，竹笋加工厂1个，目前已初具规模。村集体入股企业主要有云雾山泉有限责任公司、兴远农业综合开发有限公司以及发展大棚蔬菜种植，2017年全村集体经济收入3万元。2018年，云山村完成蔬菜种植大棚和辣椒加工厂建设工程，将对云山支柱产业发展、村集体经济壮大起到推动作用。

---

① 资料来源：《云山村村庄规划说明书》，2018年。

2018年10月19日，调研七组走访贫困户丁红才。

（四）自然资源

云山村独具一格的海拔优势，成就了它独一无二的云海奇观和云雾景观。云山村最高海拔975米，位于谭家寨背后坡，这也是鱼塘乡海拔最高点。云山村海拔最高处，山上翠竹遍布、山石嶙峋，四季景观分明，春来绿色盎然、夏季凉风送爽、秋天瓜果飘香、冬日雾凇喜人，常有雾罩山峦、云海翻腾之景。云山小学所在之处，是一个欣赏日出云海的观景台。每逢天气晴好，日出时分，站在云山小学门口的环山公路上，面东而视，就会看到万丈霞光，日出云海。云山村青菜沟组，山高林密，每逢阴雨天气，山上云雾缭绕，仿佛置身仙境，风光无限，美不胜收，是观光休闲的好去处。

（五）乡村治理

环境卫生治理方面，云山村已设有垃圾收集点7个，其中王子坡组2个，青菜沟、羊角老、谭家寨、野牛山、老云山各设有1个垃圾收集点。依靠生态护林员定期清扫村道，真正实现路面净起来、环境好起来。由鱼塘乡政府委托万山区康俊保洁服务有限公司对垃圾进行集中清运、集中处理，通过定点收集垃圾，保证垃圾不留存，废物必出村。村民自治方面，2018年6月20日，云山村经全体村民代表大会开会研究讨论，结合相关法律法规，同意制定《云山村村规民约》，为规范乡风民俗、强化乡村治理提供了制度保障。人居环境治理方面，2017年以来，云山村积极推进"五改一化一维"①，应改尽改，完成32户村民的水电厨厕圈改造、房前屋后和连户路硬化工作，改善了人居环境，提升了生活质量。

三、创新实践和发展模式

云山村在脱贫攻坚的实践探索中，通过加强基层党建，留住返乡人才，创办集体经济，推进乡村治理，使云山村发生了巨大变化，不仅成功脱贫摘帽，同时奠定了乡村振兴的基础，激发了农村发展的潜力。

（一）基层党建："从弱到强"奠定群众基础

"农村富不富，关键看支部；支部强不强，全靠领头羊"，基层党组织是农村发展的领头羊，是乡村振兴的掌舵人。调研组在与云山村

---

① "五改一化一维"，即改厕、改灶、改水、改圈、改电，室内和房前屋后硬化及房屋维修。

第一书记和村"三委"召开座谈会时，第一书记周学军说："云山村以前制度不完善，2016年以前村里干部基本不上班，在村委会很少看到他们。"同样，在对云山村支部委员张勇进行访谈时，他提道："以前的村委会可能比较散，有任务的时候才会到村里来，现在我们会轮流排班，每天村委会都有人值班。"过去的云山村村委办公无定所，公章保管不规范。脱贫攻坚以来，云山村通过加强基层党建，规范村"三委"工作，做到上班有记录、周末有值班；通过凝聚群众力量，齐心协力盖好办公楼房，使村委办公有场地，公章管理规范化，值班常态化。云山村通过"第一书记＋村'三委'"组织建设模式，依靠"第一书记"发挥引导作用，加强基层党建，强化组织引领；依托村"三委"联系群众，凝聚人心，在实现基层党建"从弱到强"的同时，为云山村发展奠定了坚实的群众基础。

（二）人力资源："从出到留"壮大人力基础

云山村过去年轻人外出多、返乡少，人力资源缺乏严重制约云山村发展。脱贫攻坚以来，云山村出现"从打工潮到返乡潮"的变化。究其原因，一方面是部分群众拥有建设家乡、发展家乡的愿望，愿意回乡献计出力；另一方面是脱贫攻坚带来的政策优势与发展机会，吸引外出打拼的部分村民回乡创业。如放弃保险公司工作的村主任丁兴清、卖掉卡车回乡的村委委员张勇、辞掉中巴车队队长的云雾山泉有限责任公司负责人丁海清等，他们或被选为村干部，或成为致富带头人；他们有阅历、有见识，有资源、肯干事，在为云山村脱贫致富中有钱出钱、有力出力，为家乡发展注入了新动力新活力，农村人才不断从"走出去"到"留下来"，奠定了云山村发展的人力基础。

（三）集体经济："从无到有"强化经济基础

"屯兵古泉"是云山村水厂的注册商标，水厂由返乡创业者丁海清创办。其中个人占股51%，村集体、贫困户以及非贫困户共占股49%。云山村通过参股水厂，以"致富带头人＋村集体＋贫困户"模式，为发展壮大集体经济、提高群众收入水平提供了有力支撑。水厂依托水资源，做好"水文章"，借政策东风，积极争取增资扩产，努力推动公司"从小到大"升级转变，助力云山村群众脱贫致富，在实现农村集体经济"从无到有"的同时，强化了云山村发展的经济基础。

（四）生活设施："从内到外"完善硬件基础

在云山村，无论是村干部还是贫困户，说起农村的变化，挂在嘴边的都是屋墙不脏了、厨房不黑了、厕所不臭了、道路变宽了、夜晚变亮了。脱贫攻坚以来，云山村干部群众抢抓机遇，紧抓时间，不断推进"五改一化一维"工作，对居民的水电厨厕圈进行改造，对危旧房屋进行维修或拆除，从老百姓生活的房屋内部着手，改造生活设施，改善人居化境，提升生活质量。云山村除了在"里子"上下功夫，还在"面子"上铆足了劲。"要想富，先修路"，近年来，云山村干部群众主动作为，苦干实干，完成了进村公路、通组路、连户路的建设硬化工程，使村民告别"雨天出门一脚泥，晴天出门一身灰"；对各主要居民点进行"亮化"，安装路灯，方便群众夜间出行；安放垃圾回收箱，定点回收村民生活垃圾，美化村寨环境。云山村通过改造村民生活的"里子"，完善公共空间的"面子"，在改善农村生活设施条件的同时，为云山村开发资源、实现发展奠定了硬件基础。

（五）村规民约："从点到面"夯实治理基础

民俗淳朴似水，乡风大气如山，这是如今的云山村所体现出来的。2018年6月20日，云山村全体村民代表大会通过了《云山村村规民约》，共有12条，从环境卫生到公共责任，从遵守公德到尊老爱幼，涵盖了农村生活的方方面面。村支书刘学冬，不仅是制定村规民约的参与者，更是表里如一的践行者。刘学冬的丈夫是云山村的老支书，任职期间带领村民，修建了村里的办公楼、水泥路，在2013年通过考试成为乡政府干部后，刘学冬被选举为云山村新任支部书记，夫妻二人和睦有加，是村里的模范夫妻。村主任丁兴清说："她和她丈夫一样，热爱学习。"访谈中，刘学冬谈到，在丈夫的影响下，自己也一直在向丈夫看齐，努力学习，现在全家人都在学习；在刘学冬的家里，两面墙上贴满了两个孩子的各类奖状。

从言行可以反映修养，从一个家庭的风气可窥一个村庄的风貌，村支书刘学冬，作为干部，热爱工作、勤于学习；作为妻子，家庭和睦、教子有方。云山村正是由这样一个个和谐小家，汇聚成了乡风文明的"大家"。云山村通过12条村规民约，规范了乡风民俗，提升了群众素质，实现了由以村民组为单位的自治向以全村为单元的德治转变，夯实了治理基础，提高了村民自治的法治化水平。

四、突出问题及原因分析

在脱贫攻坚政策红利下，更多社会资源流向农村，一方面使云山村发生了巨变，为云山村推进乡村振兴战略奠定了政治、人力、群众、硬件设施等发展基础；但另一方面，云山村在发展过程中，还存在集体经济融资困难、旅游资源开发缓慢以及水资源缺乏限制生产发展等突出问题。

（一）集体经济弱，产业扩大难

随着脱贫攻坚的推进、乡村振兴规划的出台，集体经济又一次站在农村发展的最前沿。云山村现有水厂、兴远农业综合开发有限公司（辣椒加工）和蔬菜大棚三个集体经济项目。目前，辣椒加工厂与蔬菜大棚还未投产，不具备扩大规模的条件。针对集体经济发展，水厂负责人丁海清对调研组谈道："公司现在想要扩大规模，上小瓶饮用水生产线，但资金缺口高达70~80万元，没有融资渠道，融资存在困难，只能继续生产大瓶桶装水。"水厂水源稳定，水质优良，市场前景好，发展具有可持续性，具备扩大规模的基础条件。但由于云山村集体经济

2018年10月19日，调研七组实地考察铜仁市万山区云雾山泉有限责任公司。

基础较弱，企业增资扩产存在难度，无法进一步发展壮大。

（二）保护意识差，院落修复难

　　调研期间，经村主任丁兴清介绍，云山村现有一栋300余年历史老屋，该房屋地面由当地石材制作的石板拼接而成，是鲜有的"石院坝"。这栋老屋是丁姓一族的祖屋，房屋主人是一个进士，拥有460多人的丁姓家族都源于这栋老屋，房屋左侧遗留有石质拴马桩，正面刻有"进士"二字，正中央刻有"继世诗书留百代"等繁体字样，窗户上还有凤凰等雕花图案，历史气息浓厚。但由于保护意识相对欠缺，当前老屋破损严重，铺地石板遗失较多，丁姓家谱也由于失火而被烧毁，目前修复工作难度较大，对于发展旅游，其促进作用尚未显现。

（三）山塘蓄水差，生产用水难

　　对于云山村缺水问题，村主任丁兴清在座谈会上情绪激动地说："我们云山村的有些山塘以前维修过，但质量太差，蓄不起水，农民生产用水非常困难！"云山村现有王子坡组、谭家寨组和羊角老组3个山塘，由于施工质量问题，三个水塘均有不同程度的漏水现象，个别水塘淤泥堆积严重。山塘漏水多、蓄水难，不仅严重影响了村民的生产用水，导致多数村民组只能"靠天吃饭"，而且制约着云山村的下一步发展。

五、对策与建议

　　基于云山村在探索实践中形成的五大基础，结合云山村当前存在的集体经济发展、资源开发、农业发展方面的问题，提出以下建议。

（一）抢抓机遇，壮大集体经济

一是用好政策，壮大集体资产。脱贫攻坚以来，无论是国家层面还是省市层面，都对农村集体经济发展壮大出台了一系列政策。2016年贵州省印发了《贵州省大扶贫条例》，2017年财政部、扶贫办、国家发改委、国家民委、农业部、国家林业局联合印发了《中央财政专项扶贫资金管理办法》，其中对扶贫资金如何流向农村集体经济，如何发展壮大农村集体经济，都有着明确的规定。特别是云山村要抓住新一轮扶贫资金投入形成的资产所有权归集体所有的政策机遇，通过上项目积极争取资金，进而壮大集体资产，为发展村级集体经济奠定基础。

二是依靠制度，完善集体经济组织。长期以来，我国58万个村级集体经济组织存在底数不清、经营不畅等问题，同时村委会与农村集体经济组织之间关系厘定不清、权属不明、功能混同，传统村社合一具有难以避免的体制弊端。2018年以来，农业农村部对全国各级农村集体经济组织进行规范登记，并赋予全国统一社会信用代码，使农村集体经济组织具有法人地位，能够开设银行账户、从事经营管理活动。鱼塘乡要抓住机遇，积极推动村级集体经济组织、合作社等建立现代化企业经营管理体系，走现代企业发展道路。在坚持党领导农村工作基础上，理顺村党支部、村委会、村集体经济组织关系，激发集体经济活力与发展动力。特别是加快各村集体经济组织法人地位登记工作，保证其公平参与市场竞争并取得优势。

三是加强融资，扩大水厂规模。水厂是云山村的主要集体经济项目，当前公司以生产桶装饮用水为主，产品类型较为单一，融资存在困难，无法扩大规模。建议以该项目为载体，加快申请第二笔扶贫资金，推动新项目上马。与此同时，加强"屯兵古泉"的商标保护和品牌培育工作。此外，大力整合乡贤资源，积极组建乡贤理事会，筹备设立乡贤基金，通过他们进一步撬动社会资本，使更多社会资本流向云山村，助推云山村水厂快速发展成为集体经济的支柱企业和全乡重点企业。

（二）挖掘资源，推进文旅融合

一是善用自然资源。结合云山村山高坡陡、林深树密的特点，综合山地自然风貌、绿色环境的优势，秉持绿色发展理念，用好自然资源。云山村要抓住乡村旅游发展之机，打造集观光、度假、探险为一体的山地森林旅游模式。首先要在山上、林中营造局部景观，增加观光点，如山顶观景台、林中古树等，提升山地森林景观的美感；其次要利用自然氧吧发展康体养生项目，如建立度假营地、假日山庄、露营基地等，增加消费节点，通过休闲度假项目留住游客；再次要开辟林中观光休闲栈道、登山栈道、竹林迷宫、山地骑行车道，提高资源利用效率；最后要增加山地森林探险路线，设置探险目标、障碍和野外生存环境，增加探险项目。将观光、度假、探险有机结合起来，通过观光吸引游客、探险留住游客、度假服务游客，使游客既能看云山之美、探云山之险，又能体云山之乐。

二是挖掘宗族文化。云山村现有丁氏祖屋，拥有极富历史气息的"石院坝"。2018年6月22日，市委书记陈昌旭来云山村调研，特地考察了该院落，并指出，云山村要依托该院落打造"乡愁馆"。打造"乡愁馆"首先要因地制宜，进行统筹规划；其次要结合历史，展开修复工作；最后要挖掘文化，准确定位，将"石院坝"打造为集祭祖、旅游为一体的祠堂型"乡愁博物馆"。

三是推进文旅融合。积极筹备成立云山村农旅文化企业。首先要突出人本思想，摒弃"门票经济"思维，既要考虑大众消费，又要琢磨小众口味，把游客的"吃行住停赏"放在第一位，结合旅游景点，规划完善民居、农家乐、停车场、服务中心等配套设施，做到便民利民、洁净卫生。其次要挖掘传统建筑、农耕器具、民间技艺、手工制作、风俗礼仪，进行活态化传承与创新，开发具有云山村特色的文化旅游产品。最后要充分挖掘云山村蕴藏的历史文化故事和濒临消失的民俗文化，使其与相关景点有机融合起来，让每个景点都有故事、有气质，真正实现文旅融合。

（三）完善设施，强化农业基础

农业是农村之基，是农民之本。云山村山地较多，农村基础性设施还不够完善，农业发展还相对困难，尤其是从承载现代山地经济的需求看，其基础性设施、生产性设施、功能性设施还有待完善。

一是完善基础性设施。经过脱贫攻坚的推进落实，云山村完成了进村路、通组路、连户路等道路硬化工程，但对照农业生产、开发资源、发展旅游所需标准，还存在一定差距。同时，云山村作为鱼塘乡的东南大门，是鱼塘乡乃至万山区到达玉屏县的一个重要通道，承担着连接县与县、支撑区域旅游发展的重要作用，其道路承载能力还需进一步提升。此外，需要进一步完善网络覆盖，在云山村海拔较高处、山区等地建立基站，保证网络畅通。

二是完善生产性设施。云山村仅有的三个山塘漏水严重，造成生产灌溉用水不足。解决生产用水难题，要从山塘维护、新建水库等方面谋篇布局。一方面，有关部门要高度重视灌溉用水不足问题，加强山塘监管，积极筹措资金，尽早开展维修与养护工作。另一方面，上级水利部门要加强调研，因地制宜，合理规划，新建部分水库、山塘等，从布局上完善生产性设施，解决用水难题。

三是完善功能性设施。无论是发展现代农业，还是推进文旅融合、发展山地经济，云山村都需要进一步完善乡村功能性设施和配套设施的建设，通过建设一批具备公共服务功能的基础性设施，如旅游厕所、污水处理厂、公共停车场、娱乐休闲广场等设施，为完善村庄基本功能、建设美丽乡村走出一条路子。

参考文献

1. 铜仁地区通志编撰委员会：《铜仁地区通志》，方志出版社，2015。

2. 崔雪炜：《乡村善治视角下"村民委员会"重构之路径分解——结合农村集体经济组织的重构》，《西北民族大学学报》（哲学社会科学版）2017年第6期。

3. 邢伟：《产权——乡村振兴新动能》，《河北经贸大学学报》2018年第6期。

4. 华文逸：《文旅融合怎么融》，《赣南日报》2018年8月5日。

5. 刘星：《贵州省文旅产业融合发展的基础与路径研究》，《贵州商学院学报》2018年第3期。

斜阳寄思念，一块水田，劳作一天。那涟漪圈圈是我的思念！

石缸上的龙凤是过往的技艺，是岁月的痕迹。留下的是古老的过去，期盼的是游子的归期。

烟叶的嫩绿变成焦黄，青竹的笔直变成精巧，旧物犹存，故乡犹在。昔日的篱笆不复踪影，故乡的菜园多年未进，充满记忆的地方，是难忘的故乡。

完善"基层党组织＋合作社＋农户"模式为集体经济发展注入新的活力

——高峰村调研报告

　　2018年10月25日，铜仁市万山区转型可持续发展大调研第七小组走进鱼塘乡高峰村。上午，在高峰村村委会与村"三委"班子、村民组代表和致富带头人等召开了座谈会，高峰村第一书记向存治、村支书杨仁坪、村委会主任姚茂俊、村监委主任潘木锦以及村"三委"其他成员参会并发言。双方围绕村基本概况、精准脱贫、基层党建、乡村治理、集体经济、村规民约及环境卫生等方面进行座谈。

　　座谈会后，调研组首先考察了铜仁市万山区兴民种养殖发展有限公司，了解企业发展情况。接着，调研了铜仁市万山区高凤种养殖专业合作社，就高峰村大棚蔬菜种植的发展现状、难点问题等与相关负责人进行交流。随后，实地考察了高峰村的历史文化遗迹。调研过程中，调研组走访了高峰村村民杨玉前、姚发林等贫困户，了解脱贫攻坚成效。并对高峰村第一书记向存治、村支部副书记姚茂金、村主任姚茂俊、村妇女主任李凤以及村致富带头人姚本细进行了访谈，深入了解高峰村产业发展、历史文化、基础设施建设、社会治理等方面的发展现状、主要问题，并提出发展建议。

一、基本情况及历史沿革

（一）基本信息

高峰村位于鱼塘乡东南端，距乡政府驻地11.36公里。北连大龙村和牛场坡村，西接团山村和登峰村，南接云山村，东与玉屏县毗邻。共有11个自然寨，15个村民组，分别为上片的禾梨坳、土地坳、青山湾上、青山湾下、野鸡王上、野鸡王中、野鸡王下、白岩老、龙王洞、桐木坪、竹山坳、王家坡等12个组和下片的阳光组、龙井一组、龙井二组等3个组。年平均气温16.5℃左右。全村总面积12.54平方公里，耕地面积2480亩，人均耕地0.7亩。全村共计551户2482人。该村土地贫瘠，山高坡陡，居住分散，交通较为不便，属于贫困村。

（二）脱贫攻坚

2014年农业户籍人口693户2349人，全村有建档立卡贫困户161户。其中区农牧科技局由48个帮扶责任人帮扶108户建档立卡贫困户，鱼塘乡政府6个帮扶责任人帮扶38户建档立卡贫困户。区人武部1个帮扶责任人帮扶5户建档立卡贫困户，区公安局1个帮扶责任人帮扶10户建档立卡贫困户。建档立卡贫困户161户482人，未脱贫户22户58人，脱贫户139户424人，贫困发生率由2014年建档立卡之初的20.51%下降到2017年末的2.47%。[①] 其中低保户115户、五保户23户、残疾25人、重病

---

① 资料来源：《铜仁市万山区鱼塘侗族苗族乡高峰村基本信息资料》，2018。

9人、危改91户。高峰村建档立卡贫困人口中，在区内务工就业33人，在区外务工就业79人。[1]

高峰村建档立卡贫困户享受入股彩虹海、兴民种养殖发展有限公司、贵州憬闲云农牧专业合作社产业扶贫共有161户，共计资金653880元，户均4061.37元。其中享受入股彩虹海分红共有116户220人，人均1600元／年；入股兴民种养殖发展有限公司分红50户，户均1000元／年；入股贵州憬闲云农牧专业合作社分红161户，户均100元／年。[2]

（三）基层组织

高峰村现采取"第一书记＋村'三委'班子"的组织制度，即由万山区政府向高峰村委派人员，驻村三年，作为第一书记，与村党支部、村委会、村监察委员会"三委"相配合全面开展全村工作。高峰村村"三委"班子成员共6人，其中，杨仁坪任支部书记，主持支部全面工作；姚茂金任支部副书记，协助支部书记进行工作；吴延顺为支部委员，负责支部组织工作；姚茂俊任村委会主任，负责全村工作；罗彪任村委会副主任，协助村主任进行工作；潘木锦为村监督委员会主任。另有驻村干部5人，2017年4月，万山区农牧科技局向存治派驻到高峰村担任驻村第一书记。"要赢得村干部的配合和群众的信任，我必须要为村集体谋发展。"他在驻村日记上这样写道。简丽娜、饶桂兰、周勇、李逸群为驻村干部。据统计，高峰村党支部共有党员33名。2018年发展党员1名，积极分子3名。同时，鱼塘乡政府实行包村工作

---

[1]　资料来源：《铜仁市万山区鱼塘侗族苗族乡高峰村村庄规划（2018—2035）》，2018。

[2]　资料来源：《铜仁市万山区鱼塘侗族苗族乡高峰村基本信息资料》，2018。

2018年10月25日，调研七组在第一书记向存治、支部书记杨仁坪、村主任姚茂俊的陪同下实地考察高峰村。

制，联系支持高峰村开展全面工作。罗泽亭、杨有发、桂勇军、李逸群为包村干部。特别是于2017年区农牧科技局和区公安分局分别下派罗勇、刘黎明、程佳佳、吴廷辉、熊发军等5位同志驻高峰村一年，开展脱贫攻坚工作直至顺利脱贫出列。

二、基础条件和特色优势

（一）基础条件

高峰村有集中式安全人饮供水点5个，覆盖全村15个村民组所有农户。全村所有农户均已接入国家农电网，享受全国同网同价电力资源，已完成农电网全面改造。全村已实现"组组通"硬化水泥路，连户路硬化率100%。全村实现移动、电信信号，以及4G网络和广电云全覆盖。

2018年10月25日，调研七组查阅《铜仁市村级组织史资料》。

户户实现100%安全住房，实现所有主要居住房屋室内外全硬化。高峰村实现通组路全硬化，串户路极少户未硬化；村庄实现一户一表，基本用电已得到保障，野鸡王(野鸡王上组、野鸡王下组、野鸡王中组)居民点已安装路灯，其余村民组未安装路灯设施。高峰村以环境整治为重点，解决农村污水处理、垃圾处理、公共服务、绿化等环境综合整治提升问题，通过项目的建设取得以下成效：污染有效控制，实现农村垃圾全面收运、有效处理并长效保持，无非正规垃圾堆放点，生活污水处理覆盖60%以上常住居民。高峰村90%以上农户及公共场所使用卫生厕所。公共空间和农户庭院整洁且普遍绿化，坑塘河道消除黑臭水体并保持干净，无乱堆乱放。[1]

---

[1] 资料来源：《铜仁市万山区鱼塘侗族苗族乡高峰村村庄规划（2018—2035）》，2018。

（二）公共服务

　　根据标准化建设统一要求，村委会设置了农家书屋、文化活动室、卫生室、电子商务平台，但设备都比较简陋，由于没能满足实际需求，长时间无人使用。全村拥有农民文化综合广场2个共1200平方米，体育广场3个共2800平方米，拥有420平方米的幸福院1个，建有设施完备、功能齐全的村卫生室1个。村庄现有公办幼儿园1所和公办小学1所，位于白岩老居民点。

（三）产业发展

　　高峰村原有的产业是石材开采和加工，主要加工墓碑石、地面条石、公园等装饰品和艺术品。经过针对原有的非煤矿山、石材加工领域的非法开采、加工、运输等行为进行严厉打击和集中整治后，许多非法企业已经关停取缔。村庄目前的产业以大棚蔬菜种植、生猪养殖、晒烟种植为主，村庄北部龙井一组、龙井二组以北片区以扩大生猪养殖为主，村庄西南部龙井一组、龙井二组以南片区至阳光组、白岩老组、龙王洞组、野鸡王（野鸡王上组、野鸡王中组、野鸡王下组）居民点以大棚蔬菜种植为主，村庄东侧青山湾上组、青山湾下组、土地坳组、禾梨坳组以发展晒烟种植为主。为推动村庄林果经济发展，第一书记向存治从"娘家"农牧科技局争取资金5万元，用于采购果树苗，种植了125亩黄桃、45亩水蜜桃。

（四）乡村特色

　　一是高峰村水资源较为丰富。山间分布有泉眼和许多水洞，有利于发展大棚种植。高凤种养殖专业合作社利用周边的一个泉眼建设了一个鱼塘，既可满足大棚灌溉用水，也可用来放水养鱼。"上面一个化石洞里也有水，我们可以从那里抽。"高凤种养殖专业合作社负责人李凤告诉调研组。"为什么叫化石洞呢？因为有人下去过，里面面积不大，他们在里面拍到了据说是恐龙牙齿的化石照片。"二是高峰村有一些历史文化遗迹。调研组在野鸡王下组的小山坡上看到一对石座，石座上刻有字迹，隐约可见"进士""正堂"等字迹，相传已有三四百年历史，具体年代不甚清楚。据村里人介绍，石座是插旗杆用的，以前还可以看到上面有很高的旗杆。据村支书介绍，除了这一处外，类似的旗杆石座还有3处。据了解，除了这些文物遗迹以外，高峰村许多村民家保留有家谱，并在家里设有祠堂，延续传承宗族文化。

三、创新实践及发展模式

高峰村原以石材开采为主要产业，在绿色发展理念的引领下，石材产业逐步向养殖业、种植产业转型。主要采取"基层党组织＋合作社＋农户"模式，充分发挥基层党组织带头人的引领示范作用，通过各种利益联结，把合作社、农民有效组织起来发展集体经济，实现农户增收。

(一) 以生猪代养模式助力精准扶贫

高峰村有一家规模以上生猪养殖公司，主体为铜仁市兴民种养殖发展有限公司，生猪养殖占地140亩，存栏2400头猪，与温氏食品集团股份有限公司（以下简称"温氏"）合作，采取的是代养包销的模

2018年10月25日，调研七组实地考察铜仁市万山区兴民种养殖发展有限公司。

式。2017年养殖场实现全村50户贫困户分红，每年户均1000元。"授人以鱼，不如授人以渔，只有因地制宜发展产业，才能持续产生经济效益断掉穷根。"向存治向调研组介绍。生猪代养技术成熟、见效快、收入稳定，很受欢迎。村主任指出，下一步要召集致富人士，扩大生猪代养："生猪代养虽然利润空间不大，但是采取的是代养包销模式，经营状况稳定。此外，政府还出资买保险，每头猪30元的保险费用，政府出25.2元，我们只需交4.8元。昨天带温氏来考察，计划在高峰村再搞两个点。"在兴民生猪养殖基地，挂有这样一条横幅，"争当温氏养殖户，在家带娃也致富"。如今，该养殖基地已经成为全村规模养殖的一个亮点，为群众早日脱贫开辟了一条新路，为高峰村产业发展注入了新的活力。

(二) 以"九丰 +"模式助力农业转型

从2017年开始，万山区积极推广"九丰 +"大棚蔬菜技术培训和产业发展模式，主要做法是："各区域组建标准化大棚蔬菜推广专班，从九丰现代农业科技有限公司精选出技术骨干分别到各个乡镇担任科技副乡长，在每个乡镇设立大棚蔬菜发展启动基金，全部以贫困户股金入股龙头企业和合作社，统一育苗，统一运营，统一品牌，打造标准化大棚蔬菜全产业链。"① 高峰村大棚蔬菜主要依托兴民种养殖发展有限公司和高凤种养殖专业合作社两个经营主体，按照"乡乡建大棚、一乡一特、一村一品"的发展思路，把增加绿色优质农产品供给放在突出位置，加快无公害绿色有机农产品发展。

(三) 发展果树产业助力经济发展

近年来，高峰村大力发展黄桃、水蜜桃等精品水果，为农户提供土地流转和经营分红双重保障。按照乡党委政府统一安排部署，高峰村党支部以改善农业生产条件、调整农业产业结构、提高农民收入为目标，充分借助第一书记向存治作为农牧科技局派出人员的优势，立足地形和地理特点，积极寻求资源、资金、业务上支援的与支持，发展经果林，引进了适应性极强、符合种植的黄桃、水蜜桃等。2018年，农牧科技局还安排5万元资金专门支持高峰村，用于采购果树苗，种植了125亩黄桃、45亩水蜜桃。此举推动了高峰村的山地优势、生态优势、地理优势向经济优势的转变。

---

① 资料来源：《九丰农业 + 模式助推万山农业迅速发展》，《贵州政协报》2018 年 8 月 21 日。

四、突出问题及原因分析

（一）大棚蔬菜种植存在经营困惑

高峰村大棚蔬菜主要是采取"九丰＋"模式。但在合作过程中，有种植户认为，一方面，菜苗、肥料、农药都要从九丰统一购买，价格较高；另一方面，村民种菜要按照九丰统一计划进行，最终产品则要村民自己寻找渠道销售，市场风险由种植户承担。"比如丝瓜苗要5毛钱一棵，都要从九丰购买，但农户又买不起。再有，大棚应该是搞反季节蔬菜，但实际都要按照九丰的计划搞，结果今年种的很多菜都亏了。要是有统一的销售渠道，我们就可以安安心心种菜，不用担心卖不出去了。"村委会人员告诉调研组。

（二）产业发展面临资金难题

农村产业大多数是以"扶贫资金＋个人筹措资金"作为启动资金而起步的，而产业发展实现资金回笼会存在一个周期，这期间往往还需要持续的投入，因此投入能否跟进显得十分重要。一般而言，村民资金来源主要靠信用社贷款、吸收社会资本和集体经济注入这三种渠道。信用社贷款要想有第二次比较难，社会资本除非是作为原始资金，或者有很可观的收益预期才可能吸引来，村集体经济相对弱小，在资金使用上还存在各种制约，基本上指望不上。李凤告诉调研组："我们的蔬菜大棚共流转土地62亩，每亩400元，流转土地费用有两万多元，'三通一平'花了65万元，买机器花了3万元，我们都不敢买大型的，另外还要买机器用的油，下一步还要买肥料，买种苗，我们5个带头人，每人'借款＋贷款'20万元，共投入100万元，现在菜还没有种上，每个月都有几千块的利息，还利息还有困难。"高峰村致富带头人姚本细也指出："现在农民搞企业难就难在这个地方，搞集体经济要扩大规模也都拿不出钱。"

（三）上、下片之间尚未实现通车

高峰村分上片和下片两个区域，调研组从上片到下片，需要绕行云山村、登峰村，这是最近的路，行车时间接近半小时。如果绕行牛场坡，则还要穿行鱼塘村、大龙村、登峰村，路程几乎翻倍。按照相关政策，全村要对道路全面硬化，并按照组组相通、户户相连的要求开展道路修建工程。原计划要在白岩老组和龙井二组之间修建的连接上、下片的通组道路，由于两个组村民之间的历史矛盾，这条连接上、

2018年10月25日，调研七组走访贫困户姚发林家，了解万山区"四卡合一"公示牌记录情况。

下片的关键道路至今并未打通。据村主任介绍，这些矛盾也影响到了下片鱼塘建设的土地流转，目前村委会正在对村民间纠纷进行协调。

五、对策与建议

（一）设立专门机构统筹农产品销售

高峰村大棚蔬菜种植面临的困惑是"九丰+"模式推行中具有普遍性的问题。鉴于"九丰+"模式实施的广泛性和影响性，为确保实效，应对销售问题予以高度重视。建议乡里设立专门集配型统筹机构，统筹全乡种养农产品供销。重点加强对蔬菜、食用菌等的统筹调度，以学校、医院、机关、国企为重点，大力推行"集配型机构+用户+合作社+农户"的产销衔接模式，推行直通直供直销，提高向贫困村定向采购的力度，建设菜篮子基地。与此同时，积极探索商超对接模式，或在市区开办超市网点等。此外，由于大棚蔬菜产量较大，应考虑完善冷链及仓储设施。

（二）设立政府引导基金增加创业资金供给

发展产业资金是基础保障，因此发展什么产业、发展多大规模都要量力而行。如果在起步阶段缺少资金支持，产业发展就有可能走形变样，甚至前功尽弃。因此要高度重视初创阶段的产业发展问题，大力扶持创业投资机构支持创业企业，确保产业平稳起步。建议设立政府引导基金，增加对创业投资机构的资本供给，以克服单纯通过市场配置创业投资资本的市场失灵问题。政府引导基金即创业引导基金，主要特点是发挥财政资金杠杆放大效应，由政府出资，并吸引有关地方政府、金融机构、投资机构和社会资本等共同建立专项基金，不以营利为目的，以股权或债权等方式投资于创业投资机构，以支持创业企业发展的专项资金。

（三）加强矛盾调处打通上、下片通组路

对于因矛盾纠纷而搁置的通组路建设问题，首先要把德治贯穿始终，其次要发挥村民自治作用，解决不成最后再采用法治手段。这中间，以村寨为单位的宗族治理、以村为单元的村民自治往往能够发挥较大作用，村委会可通过村寨族老实施协调干预，通过召开院坝会商讨相关利益，化解矛盾，以尽快实现上、下片区道路相通。同时，从解决村民普遍关心的路灯问题入手，积极向上级部门申报立项道路亮化项目，进行项目捆绑，形成投入合力。

参考文献

1．鱼塘乡高峰村：《调研组与高峰村主要领导座谈会速记稿》，2018。

2．《九丰农业＋模式助推万山农业迅速发展》，《贵州政协报》2018年8月21日。

3．鱼塘乡高峰村：《高峰村2008年—2018年工作总结及工作汇报材料》，2018。

4．百度百科：《政府引导基金》，2018。

时光改变着她的模样，流水侵蚀着她的肌肤，哪管天长日久，这终是你的归途。

池塘的水满了，雨也停了，稻子黄了，秋天来了，故乡收起了她的温暖，给归家的孩子准备着。

当年的弹珠已不见踪影，地上也曾留有你的脚印，风雨逝去，年迈的他们，日复一日，翘首以盼，盼人儿归来。这里是你的根，是你的魂，纵隔千山万水，也抵不住这丝丝乡愁！

种养循环开新路　文旅融合换新颜

——团山村调研报告

　　2018年10月24日，铜仁市万山区转型可持续发展大调研第七小组对团山村进行了实地调研。调研组在团山幸福院与驻村干部王江旭、村支书王金乐、村主任姚文臻、驻村工作队员进行了座谈，大家围绕团山村基本情况、精准脱贫、发展困境、乡风民俗、文化旅游、资源开发等内容进行了交流研讨。调研期间，调研组还实地考察了金桃种养殖有限公司、光明生态种养殖专业合作社、投资潜力极高的风景旅游区——玄武岛、团山村团结水库，专访了村主任姚文臻和退休干部王锡木，填写了1份团山村调查表，收集了《团山村基本情况资料》《鱼塘乡团山村脱贫攻坚相册》《团山村村庄规划说明书》《万山区鱼塘乡生态休闲田园综合体玄武岛度假风景区综合开发项目可行性研究报告》《铜仁市万山区陈旗屯地热水资源开发可行性分析报告》等资料。

　　调研期间，调研组进企业、看情况，谈难点、聊发展，通过考察种养企业、总结种养循环经验，了解农文旅一体化推进程度、交流困境难点，针对团山村种养循环、农文旅融合、相关文化挖掘等问题，提出了创建种养循环发展示范基地、打造农文旅一体化发展先行区等对策建议。

一、基本概况和历史沿革

（一）基本信息

团山村位于鱼塘乡西南部，周围邻近岑巩县、玉屏县。与大坪乡川硐村，鱼塘乡高峰村、登峰村、江屯村相邻。地理位置东经108°57′~109°06′，北纬27°26′~27°39′。辖陈上、陈中、陈下、对门寨、老屋场、冷水沟、沈家湾、烂泥沟8个村民组，总面积9.77平方公里，地貌以丘陵为主。村落呈组团式分布，整个村寨四面环山，居民建房依山势从低到高，递层而建。村落、山林、耕地相互映衬，共同构成了团山组团式的村落格局形式。团山村平均海拔700米，年平均气温17℃，年降雨量1200~1400毫米，具有春温多变、夏季炎热、秋温速降、冬季低温的气候特点，四季分明，无霜期长，达268天以上。

团山村户籍人口有760户2494人[①]，以苗族、侗族、土家族、汉族为主。有姚姓、王姓、雷姓、潘姓、聂姓等主要姓氏，其中姚姓有1100余人，王姓有700余人。团山村60岁以上老人有420人，其中60~70岁有330人，71~80岁有45人，81~90岁有37人，91~100岁有8人。养老方式以自己照顾和子女养老为主。现有低保户107户202人，有五保户9户9人，危改户126户444人，重病户14户14人，残疾人58户58人。

（二）精准脱贫

团山村属非贫困村，现有建档立卡贫困户116户378人，脱贫户96户321人，未脱贫户20户57人，2017年贫困发生率为2.27%。共有帮扶

---

① 资料来源：《团山村基本情况资料》《团山村村庄规划说明书》，2018。

干部42名，其中万山区林业局帮扶责任人共36名，帮扶89户建档立卡贫困户；万山区农牧科技局帮扶责任人1名，帮扶6户建档立卡贫困户；鱼塘乡人民政府帮扶责任人共5名，帮扶22户建档立卡贫困户。实施危房改造126户，其中2014年实施23户，2015年实施18户，2016年实施73户，2017年实施12户。易地扶贫搬迁17户58人。团山村建档立卡贫困户2017年享受健康政策扶贫措施到户117户，到户资金共351730.45元；有39户83人享受教育资助资金共计126100元。贫困户享受彩虹海产业扶贫共有103户110人，每人分红1600元；享受武陵发展有限公司产业扶贫30户115人，每户分红2000元；享受贵州憬闲云农牧专业合作社产业扶贫105户，每户分红200元。贫困户扶贫小额信贷有30户，共贷款133万元。团山村建档立卡贫困户共50户69人实现就业，在区内务工共有15人，在区外务工共有54人。

(三) 基层组织

团山村基层组织完善，村"三委"班子齐全。驻村干部为万山区林业局干部王江旭，2017年3月到团山村开始驻村工作。驻村工作队成员有汪行军、杨浩、姚世军、唐健康、杨芸。团山村党支部现有党员41人，预备党员1人。党支部书记为王金乐，于2017年1月开始担任团山村党支部书记；支部副书记为姚文，支部委员为姚登俊。团山村村委会现有3人。村委会主任为姚文臻，2017年1月开始担任村主任。村委会副主任为姚慧，村委委员兼妇女主任为杨海霞。团山村监督委员会现有3人，其中监督委员会主任为聂发文，村民姚木清、王金树担任监督委员会委员。

（四）历史沿革

团山村原属黑岩公社 [①]，1992年，铜仁市开始"建镇并乡撤区"工作，原黑岩、老羊坪、牛场坡三乡合一，成立了鱼塘侗族苗族乡，乡政府驻地迁至鱼塘村，团山村划归鱼塘乡。2011年11月，国务院批复同意撤销铜仁地区设立地级铜仁市，设立万山区，原县级铜仁市的茶店镇、鱼塘乡、大坪乡划入万山区，团山村随鱼塘乡一起划归万山区。据团山村村民介绍，由于团山村的山矮小，且以圆形为主，故取名团山，一直沿用至今，未曾有过更改。

（五）乡村特色

团山村乡村特色浓厚，民族风情多样。"讲吉令"是具有当地特色的祭祀活动，生活在万山境内的侗族同胞，在婚丧嫁娶、修房建桥、出行动土前都要举行祭祀活动，祈求神灵消灾赐福。侗族很多祭祀活动中都有"讲吉令"这一重要环节，它是主持人（寨中有威望的长辈或道士）为信士（主家）祈祷神灵赐福的一个祭祀过程。在"讲吉令"中有祈福语言和祝福语句，当地人叫"吉令"。祭祀不同的神灵，讲不同的吉令；操办不同的事，送不同的祝福。

"请七姑娘" [②] 也是当地具有民族特色的娱乐活动。"请七姑娘"就是将天上七姊妹的七姐请下凡间来，在万山侗乡又叫猜七姑娘。猜七姑娘是一种带有神话传奇色彩的娱乐活动，一般选在天气比较晴朗的夜晚举行。地点选在农家堂屋比较宽敞的人家，参加活动的人数有

---

① 资料来源：《铜仁地区通志》，2017。

② 资料来源：《铜仁地区通志》，2017。

7~10个不等。其中一位主持者（多为年长的妇女），叫猜七姑娘的师傅，其余为被猜者，但被猜者必须是未结过婚的少男少女，也就是人们说的童子娃娃。

除了上述特色鲜明的风俗外，当地每逢春节还有舞龙灯习俗；每年农历六月十九日也有相关祭祀活动；当地人数最多的姚姓家族，每年农历九月二十六日会举行祭祖活动。同时，锣鼓文化在当地也有所体现。

团山村特色饮食种类多，风味佳。苕酒是当地颇具特色的饮品。苕酒，顾名思义，就是用红苕（红薯）酿造而成，其度数不高，酒香怡人，是当地人平时招待客人的佳酿。除了苕酒，当地还有刨汤肉、糍粑、社饭、糯米酒等特色饮食。

2018年10月24日，调研七组实地考察团山村玄武岛旅游资源。

二、基础条件和优势特色

（一）基础设施

团山村现已实现"组组通"硬化水泥路，同时连户路也建设完成，硬化率达100%。户户实现100%安全住房，按户配备灶和卫生厕所，实现所有主要居住房屋室内外全硬化。全村所有农户均已接入国家农电网，享受全国同网同价电力资源，已完成农电网全面改造。现有集中式安全人饮供水点3个，覆盖全村8个村民组所有农户。团结水库是团山村实现饮水、灌溉的重要水利工程，当前已对团结水库进行合理规划保护。现已基本实现移动、电信信号和4G网络覆盖，但部分山区居民因信号相对较弱，无法享受4G网络和正常通话功能。

（二）公共服务

团山村内有幼儿园1所，现有学生49人；小学1所，位于团山村茶山墥，现有学前班、一年级、二年级，共有学生43人。村委会设置了农家书屋、文化活动室、卫生室、电子商务平台，但设备都比较简陋，长时间无人使用。全村建有设施完备、功能齐全的村卫生室1个，拥有农村幸福互助院2个，郭师屯居民点、烂泥沟组、冷水沟组、沈家湾组已安装太阳能路灯110盏。

（三）自然资源

团山村自然风光秀丽，旅游资源丰富。团山村陈基屯"玄武岛"是一座具有开发潜力的小山，小山周围由一条河流（夹岩河，连通龙鳌河）和一条溪流（冷水溪）环绕，形似小岛，据传岛上有"悬屋"，故以"玄武岛"之名开发旅游资源。"玄武岛"对面悬崖有神秘悬棺，河流上游有瀑布奇观。"玄武岛"下有秀美的小山峡，它由蜿蜒的夹岩河、险峻的山谷两大部分组成，具有"雄、奇、秀、美、幽"五大景观特色，山体雄伟，峰峦叠嶂，远青近绿，古木参天，树木幽深、层次分明，奇幻而又壮观，景观独特，山景、水景相互交错，河流、峡谷相得益彰，美不胜收，使人心旷神怡，是休闲观光的好去处。

（四）产业经济

目前，全村农业发展以水稻为主，同时发展其他特优产业——猪、牛、羊养殖，大棚蔬菜种植，花生、辣椒种植等。村集体入股发展聚合农业大棚蔬菜，2017年全村集体经济收入3万元。据村支书王金乐介绍，团山村现正在规划将团山村打造为集种养循环和农文旅一体化发展的示范基地，依托团山村玄武岛、团结水库等资源打造旅游度假、水产养殖、休闲垂钓等项目，推进农文旅一体化，将团山村建设为生活设施配套齐全的美丽宜居村落。

（五）乡村治理

乡村是最基本的治理单元，团山村在乡村治理中坚持以法治为保障、以德治为引领、以自治为核心的治理模式，通过加强法律宣传，倡导村民遵法守法；制定村规民约，发掘树立先进模范，如评选"勤劳致富户""卫生清洁户""尊老爱幼户"等，创建典型，从道德上进行引领，从制度上进行规范，提高村民道德素质和文明意识；拓宽参与渠道，完善村民自治，无论大事小事，都"装"到"院坝会"这个篮子里，实现村民事事可参与、件件可表决。团山村坚持村"三委"

主导、社会力量参与，不断完善乡村治理体系。此外，在环境卫生治理方面，团山村已设有垃圾收集点4个，分布在陈基屯、郭师屯、烂泥沟、沈家湾四个居民点。通过实现农村垃圾集中处理，起到维护村容村貌的作用。

三、创新实践和发展模式

脱贫攻坚以来，团山村通过支持返乡人才创业，探索种养循环发展，挖掘宗族历史文化，规划开发自然资源，谋划农文旅融合，在推进脱贫攻坚与乡村振兴过程中，进行了探索创新，形成了团山村发展的新模式、新经验。

（一）坚持绿色发展，创出种养循环发展新路

金桃种养殖有限公司位于团山村冷水沟组，是一家以养殖种猪、销售仔猪、养殖商品猪为主的"产养销"一体化养殖企业。说起这对返乡创业夫妻，村主任姚文臻赞不绝口："这夫妻俩很厉害，他们在碧江区川硐镇已有不错的产业，现在留给儿子管理。猪舍周边这一片土地，都已流转到公司。这个猪场投了几百万都是他们自己的积蓄、贷款，没用国家的一分钱。"据姚能有介绍，公司法人是其妻子严金桃，他开玩笑地说，自己其实是在为妻子"打工"，公司成立以来，二人在种植养殖、土地利用、产业拓展上进行了积极实践。

一是育好果树，发展水果产业。姚能有说："由于外出人口多、劳动力少，周边荒废的土地比较多，我们已经流转了周围的土地80多亩，用来种植水果，乡亲们都很支持我们。"金桃种养殖有限公司在做好养

2018年10月24日，调研七组实地考察团山村金桃种养殖有限公司。

殖基础上，流转周边土地，通过种植黄桃、香柚等水果，发展水果产业，增加经营种类，增强内生动力。

二是种好红苕，确保饲料自足。是选择购买加工饲料，还是种植绿色饲料，姚能有、严金桃夫妻二人毫不犹豫选择了后者。正如严金桃所说："自己养的种猪从不喂饲料，只喂红苕、萝卜等纯天然的青饲料。"夫妻二人在猪舍周边的田地里，在黄桃、香柚树下的空地上，种植了红苕、萝卜等饲料作物，在发展水果产业的同时，充分利用土地资源，确保青饲料的自给自足。

三是堆肥回田，绿色循环发展。一般而言，粪便处理，是养殖企业发展的一个难点、痛点。由于是青饲料养殖，金桃种养殖有限公司的猪粪对空气、土壤造成的污染很小，公司将养殖场的粪便通过堆肥处理，短短几个月时间，就会形成价值极高的农家肥，农家肥回归土地，提高了土壤肥力，增加了饲料产量。

姚能有、严金桃夫妻二人用一双"勤劳致富手"，在绿色发展上做文章，在种养生态链上下功夫，充分发挥土地资源优势，努力打造种养结合基地，走出了一条"以种饲养，以养馈种"的种养循环发展新路。

（二）推动融合发展，探索农文旅一体化发展之路

团山村结合自身资源及区位优势，通过建立种养循环发展基地、蔬菜大棚基地等农业产业，强化农业基础；挖掘宗族历史与屯兵文化，为发展旅游注入文化力量；规划景区景点布局，开发自然资源，在探索农文旅融合发展，打造农文旅一体化基地的道路上进行了积极探索。

一是强化农业之基。近年来团山村村干部善谋划、有能力，老百姓识大局、能吃苦，充分发挥主观能动性，坚持农业为本，强化农业之基。据村支书王金乐、村主任姚文臻等人介绍，团山村除了在种养循环发展上出新、出奇之外，还不断拓展农业产业。2018年，团山村完成了蔬菜大棚基地建设、引进中草药进行试种、发展果林经济等。村主任姚文臻还介绍："针对大棚基地，我们下一步计划引进专业人才，来我们这里做实验，把大棚做成一个实验场，培育精品水果、花卉等，提升价值和品位。"团山村通过发挥闲置土地价值，培育农业产业，巩固农业地位，进而壮大集体经济，为挖掘文化、发展旅游奠定了基础。

二是挖掘文化之魂。团山村历史文化资源丰富，村主任姚文臻说道："我们团山村这里距离岑巩县马家寨陈圆圆墓很近，我们祖上和吴三桂有关，归隐文化传奇而浓厚。所处的陈基屯据称是四十八屯之一，屯兵文化底蕴深厚。"团山村退休干部王锡木也说道："我们王姓家族来这里也有几百年了，根据家谱，太公王应龙是明朝的奉正，因为戍

守边疆来到这里，团山这个地方文化根基深厚。"团山村针对深厚的屯兵文化根基，久远的王、姚家族历史，积极谋划文化挖掘，拓印相关墓碑文字，修撰宗族家谱，梳理宗族历史，在宗族历史与屯兵文化之间建立勾连，在屯兵文化与历史遗存之间建立联系，努力把文化资源挖出来、用起来，使文化成为团山村独具特色的品牌。

三是探索旅游之路。团山村具有得天独厚的自然资源，境内景观众多，风景怡人。除了已有的团结水库、正待开发的"玄武岛"，还有仙人庵、仙人洞、天启元年"一品诰命夫人"墓碑等历史遗存，这为发挥团山村独特的生态资源、自然资源、人文资源优势，打造山水互补、文旅互促、农旅融合的大型特色旅游景区提供了发展基础。团山村为推动旅游资源开发，先后聘请专业机构进行勘探，境内现已探明存在富含矿物质的地热资源，可以开发建设高品质天然温泉；聘请文化宣传公司，制作"玄武岛"景区规划宣传影视片；联合铜仁市立人谷旅游投资有限公司编写了《万山区鱼塘乡生态休闲田园综合体玄武岛度假风景区综合开发项目可行性研究报告》《贵州省铜仁市万山区陈旗屯地热水资源开发可行性分析报告》，为开发旅游资源做了很多基础性工作。

四、突出问题及原因分析

团山村在实践探索过程中，随着种养的循环发展、旅游资源的开发、农文旅一体化的深入推进，虽然在一定程度上取得了不错的成绩，但随之暴露的相关问题也制约着旅游资源的进一步开发、产业的进一步发展。

（一）种养循环发展仍需不断强化功能，推动提档升级

当前，团山村种养循环发展已初具规模，但仍存在部分问题。一是功能分区还需完善。种养殖企业虽然进行了合理规划，预留了功能用地，但总体来说，产仔栏、保育栏、生猪栏等功能配套数量相对较少，推进进度还不够明显，步伐还需加快。二是资金仍是制约发展的关键。正如村主任姚文臻所介绍："现在这夫妻二人就是缺少资金，对于他们这种企业，区里边的资金很难争取，同时团山属于非贫困村，又没有拿到专项资金；要是像其他贫困村一样倾斜几百万早就做起来了。"三是养殖与种植衔接还不够充分，还需要做好配套升级工作，提高产业化水平，使形成的有机肥不仅可以自给自足，而且可以实现对本村大棚蔬菜、经果林种植的有效供给。

（二）宗族文化、屯兵文化挖掘不深入，提升文化价值任重道远

团山村对如何开发自然资源、推动乡村旅游发展，已有初步规划，但对宗族文化、屯兵文化的挖掘还不够深入。一是宗族文化与屯兵文化仍被埋藏于民间，还未引起政府的足够重视。二是当地多数家族与屯兵文化虽然关系密切，但文化挖掘还局限于宗族内部，缺少关联性研究和统筹考虑。三是归隐文化、宗族文化、屯兵文化涉及周边区县和邻近地域，文化研究缺少协同机制，形成文化价值任重道远。

（三）农文旅一体化发展尚处于村级探索阶段，未引起足够重视

一方面旅游资源虽然丰富，但团山村农文旅一体化发展的规划设

想还停留在村级层面，没有引起上层的足够重视，尚未纳入区级、市级层面发展规划。另一方面由于投资开发政策尚不清晰，市场资本介入谨慎，虽然前期做了一些宣传推介、资源整合，但对工作的推动收效甚微。

五、对策与建议

结合团山村种植、养殖、旅游资源开发现状，针对当前种养循环发展、农文旅一体化发展存在的困境难点，在研究分析的基础上，提出以下建议。

（一）创建种养循环发展示范基地

依托现有的金桃种养殖企业，联动村庄大棚蔬菜、经果林基地，积极争取上级支持，完善产业链、功能链、资金链，规划建设鱼塘乡种养循环发展示范基地。

一是整体谋划，推进种养循环。坚持绿色发展，倡导绿饲料养殖、有机肥种植，减少畜禽粪便污染，提高绿饲料加工和有机肥转化能力，进一步完善粪肥还田通道，促进粪污就地消纳。加快出台支持有机肥生产和施用的用地、用电、信贷、税收等优惠政策，促进畜禽粪污等有机肥资源得到合理利用，打造种养循环模式。

二是流转土地，完善功能链条。一方面要放宽土地流转权限，政府层面要对农村土地流转给予政策支持，加快土地流转，使农村土地变为资本；对大规模流转土地发展产业的企业，给予一定土地流转补贴，降低企业经营成本，促进土地流转。另一方面要鼓励和支持承包土地向发展种养业的专业大户、家庭农场、合作社等流转，为创建种养业循环发展示范基地提供用地基础，建立大型种养殖企业。

三是争取资金，注入集体资本。企业发展，离不开资金的投入，一方面，村委会要抓住"三社"①"三变"融合改革机遇，以信用社主导的社员股金服务为基础，加强与各金融机构的合作，搭建农村合作金融服务平台，通过信用社"钱袋子"作用，创新抵押方式，拓宽贷款渠道，解决种养企业发展资金。另一方面，村委会要以金桃种养殖有限公司为载体，积极争取扶贫资金，推动集体经济参股、分红，通过专项扶贫资金入股企业，在支持企业发展的同时，也为壮大集体经济提供路径。

（二）打造农文旅融合发展的先行区

做好农文旅一体化融合发展这篇大文章不仅对万山，甚至对铜仁来说也是一个转型发展的重要抓手和新的经济增长点。团山村农文旅资源开发需要纳入政府规划，总体统筹，高站位布局，高标准设计。通过做好战略谋划、纳入重要规划、挖掘文化价值、引入开发主体四个方面举措，推动团山村建设农文旅融合发展先行区。

一是加强战略谋划，促进融合发展。一方面要抓住乡村振兴机遇，依托现有基础，整合农业、文化、景观资源，大力发展观光农业、休闲农业、创意农业；深入挖掘宗族文化、屯兵文化；重点开发历史遗存、自然景观等，促进农业、文化、旅游景观有机结合，进一步发展生态型景区景点依托型、科普体验观光型、民族民俗型等特色旅游。另一

---

① "三社"，即信用社、春晖社、合作社。

方面要创建产业融合发展协会，建立农文旅产业融合发展协会，定期组织举办农文旅融合发展论坛，邀请政府和相关部门负责人、企事业单位负责人、专家学者、相关产业发展领军人物等，围绕农文旅融合发展中的新问题、新亮点、新机遇、新思路等，进行研究讨论，解决农文旅融合发展中的相关问题。

二是挖掘文化价值，强化旅游支撑。如果没有文化作为核心，仅仅依靠山水资源，固然可以打造风景秀丽的自然景观，但归根结底还是缺乏内涵、缺少核心。因此，在开发过程中，首先要引起政府重视，对屯兵文化、宗族文化进行更深层次的挖掘，对民俗风情进行开发利用，丰富文化内容及形式。其次要讲好历史文化故事，不但要古为今用、推陈出新，而且要去芜存菁、去伪存真，挖掘文化故事，寻找更

2018年10月24日，调研七组走访退休干部王锡木，了解团山村史和屯兵文化。

多文化支撑，把中华民族优秀思想与社会主义核心价值观结合起来，将文化故事与景观结合，赋予景观文化内涵，讲述感动人心的传奇故事，如将与吴三桂相关的历史故事与当地历史遗存建立联系。最后要形魂融合，魂形兼备，通过宗族文化、屯兵文化、历史遗存以及自然景观的有机统一，使景观有魂、文化有形，使团山村在农文旅融合的道路上打出品牌、做出效应。

三是做好评估研究，纳入重要规划。秉持"念好山字经、做好水文章、打好生态牌，奋力创建绿色发展先行示范区"的战略定位，坚持原生态、不搞大开发、做好生态保护的基本原则，加强对自然景观、地热资源、旅游开发、市场价值等评估。秉承农业产业、宗族文化、屯兵文化与自然资源等有机融合的基本理念，推动与市级或区级相关规划相衔接，在整体框架下编制团山村农文旅融合发展规划，划定空间范围、明确功能定位、明晰发展方向。此外，团山村周边景区数量较多，名气较大，与团山村的优势资源是互补关系，完全可以共享客流资源，突出特色，从而实现联动发展。要注意与周边景区联动发展、差异化发展。

四是优化营商环境，引进开发主体。团山村农文旅一体化发展必须坚持政府引导、市场参与的方式，设计大项目、引进大企业。首先要切实优化营商环境，解决开发主体后顾之忧，政府要从政策保障、加快审批等方面下功夫，使市场资本敢来、愿来、不走。其次要争取政策支持，通过土地流转补贴、税收优惠、前期开发支持等方式，鼓励支持开发主体。最后要创新开发模式，探索集体资产入股、村民利益联结等利益机制，降低市场主体成本，构建利益共同体。

参考文献

1. 何宝生：《种养结合 生态循环》，《湖南农业》2017年第6期。

2. 江全明、郭晓明、郑丰生、张元辉：《生态农业养殖模式的探索——种养结合、立体养殖、循环利用》，《农业工程学报》1992年第2期。

3. 敖铭建：《"三社融合"促"三变"——播州区三合镇马坪村农业供给侧结构性改革助力精准扶贫初探》，载《第二届哲学社会科学智库名家·贵州学术年会暨文化扶贫学术论坛论文集》，贵州大学出版社，2017。

4. 曲红光：《全域旅游视域下的休闲农业和乡村旅游发展路径》，《旅游纵览》（下半月），2018年第10期。

5. 华文逸：《文旅融合怎么融》，《赣南日报》2018年8月5日。

柏油路下面，是曾经的泥泞，它的坑坑洼洼，载着整个岁月的光辉。

蹉跎岁月流转于弹指之间，沉睡的老屋任凭风霜雨雪的欺凌，依旧巍然于属于自己的位置，等待着归人。

离开喧嚣的都市，来到宁静的乡村，绿油油的小青菜，是否已将你的思绪带到了久远的过去——成群结队的伙伴争先恐后地在田埂上挖野菜的情景，忆起曾经那些年吃野菜的时光，依旧唇齿留香！

"讲"出新动能 "习"出新作为

——大龙村调研报告

2018年10月17~19日，铜仁市万山区转型可持续发展大调研第七小组赴鱼塘乡大龙村开展实地调研。调研以召开座谈会、实地考察、深入专访、走访交流、问卷调查形式展开。鱼塘乡党委委员、纪委书记饶维圣，鱼塘乡大龙村驻村干部杨睿，鱼塘乡大龙村村委会主任聂改运等陪同调研。调研过程中，调研小组先后对鱼塘农业园区中的甘露源生态农业有限公司种养殖基地、大龙村鱼腥草基地进行了实地考察。座谈会上，调研组首先就此次调研背景与目的、调研任务做了简要介绍，大龙村驻村干部和村"三委"班子向调研小组重点介绍了大龙村的基础设施建设、易地搬迁、产业发展、医疗救助、教育扶持、小额信贷、乡村治理和农村电商等情况，以及近年来大龙村的发展变化。最后，对调研行程、访谈对象、走访对象等做了进一步交流明确。包村领导饶维圣书记、驻村干部杨睿、驻村干部黄小培，以及村"三委"班子、村民代表等13人参会并发言。调研小组先后深入专访了鱼塘乡大龙村驻村干部黄小培、鱼塘乡大龙村监督委员会主任杨长平、鱼塘乡大龙村村医聂征云、生态护林员聂松木、脱贫户胡荣等五位代表；入户走访了鱼塘乡大龙村脱贫代表聂文生、聂君、张爱云、聂国发、杨长海、杨玉海和聂林宝，老党员杨天运，村民代表聂方国等10户家庭。

调研组通过实地考察、座谈会、人物访谈、入户走访和问卷调查的形式，深入调查研究了大龙村提升基础设施建设水平、改善农村生产生活环境，创新产业利益联结机制、全力促进贫困户脱贫致富，开办新时代农民讲习所、着力打通村民"思想关节"等实践探索；发现并总结出大龙村思想教育和科学技术培训还需进一步加强、农村产业结构需要进一步升级、村集体经济管理制度有待完善等一系列问题；并针对以上问题提出了相关对策和建议。

一、基本概况

（一）基本信息

大龙村位于鱼塘乡中部，距离乡政府所在地3公里，东与本乡牛场坡村相邻，南与玉屏县以及本乡高峰村毗邻，西与本乡团山村、大坪乡的苏湾村相连，北与本乡鱼塘村相近。

大龙行政村辖区面积8.47平方公里。辖18个村民小组，包括麻立坪组、张海屯组、雄鸡屯组、对门寨组、下湾组、上湾组、对门园组、下寨一组、下寨二组、上寨组、坳田组、青年一组、青年二组、老年组、上田湾组、下田湾组、瓦湾组、山下组等。民族以侗族和苗族为主。姓氏主要集中在聂、张两姓。

全村共有733户2333人。2014年农村户籍人口共492户2356人，60岁以上老人52人，其中空巢老人25人，留守儿童17人，有低保户95户

179人，有五保户4户4人，重病户3户3人，残疾人58户58人。

（二）基层组织

大龙村驻村干部杨睿，系区农牧科技局工作人员，于2017年下派大龙村驻村帮扶。大龙村村"三委"班子于2016年通过村干部换届选举而组成，村"三委"班子由9人组成，分别是村支部书记张土坪，村支部副书记张新翠，村委会主任聂改运，村委会副主任聂文权，支部委员聂天顺，村委委员张见录，村监督委员会主任杨长平，村监督委员会成员张照应、张见水。其中，大龙村村支书张土坪，系本村村民，是本村致富带头人，2016年底至今任党支部书记；大龙村村委会主任聂改运，系本村村民，也是本村致富带头人，2016年底至今任村委会主任；大龙村支部委员聂天顺，系本村村民，2013~2015年任大龙村村委会主任，于2016年底至今任大龙村支部委员；村监督委员会主任杨长平，本村致富带头人，于2016年选为区人大代表。

（三）乡村特色

大龙村地貌以丘陵为主，山体雄伟挺拔，峰峦叠嶂，远青近绿，古木参天，树木幽深、层次分明，奇幻而壮观。大龙村属亚热带季风性湿润气候区。年平均气温15℃，年降雨量1300~1400毫米，其气候特点是：春温多变、夏季炎热、秋温速降、冬季低温，四季分明。全村水资源特别丰富，有山塘6口，占地130亩，有丰收水库，灌溉面积300亩。有村级公路23公里，有山林面积共计8140.2亩、耕地面积3417亩，目前流转土地共计1100亩。

2018年10月17日，调研七组与大龙村领导干部一行召开座谈会。

二、基础条件和优势特色

（一）基础设施

全村有集中式安全人饮供水点7个，覆盖全村18个村民组所有农户。全村所有农户均已接入国家农电网，享受全国同网同价电力资源，已完成农电网全面改造。全村已实现"组组通"硬化水泥路，连户路硬化率100%。全村实现移动、电信信号和4G网络无盲区全覆盖。户户实现100%安全住房，按户配备灶和卫生厕所，实现所有主要居住房屋室内外全硬化。全村拥有300平方米的农民文化综合广场1个，建有设施完备、功能齐全的村卫生室1个，已安装太阳能路灯30盏，拥有256平方米的村级活动室1个。

（二）公共设施和公共服务

鱼塘乡大龙村有一个卫生室，建成于2014年，建筑面积60平方米，设有治疗室、药房、诊断室、处置室、健康教育室。配备乡村医生2名。实施基本药物零差价销售，门诊甲类药品报销比例60%，居民就医负担明显减轻。开展家庭医生签约服务。规范建立居民健康档案，对重点人群管理、随访，免费年度健康体检、健康状况评估等。实施乡村一体化管理。实施"六统一""两独立"[①]管理。

鱼塘乡大龙村有1个小学，坐落于大龙村麻立坪组，交通便利，周围环境优美。学校创办于2002年8月，总建筑面积2792平方米，现有教室12间，有1个学生食堂。学校现有在职教师3人，临时志愿者3人，另配门卫1名。现有在校学生67人，7个教学班，幼儿部入园儿童29人，分4个幼儿班。大龙村小学配备了远程教育设施1套，34英寸彩电1台，活动广场1个，在此基础上，大龙村小学逐步改善教育教学环境，并积极开展丰富多彩的课外兴趣小组活动。

（三）产业发展和集体经济

大龙村始终把产业发展作为脱贫攻坚的重中之重，依托山区资源，发挥生态优势，发展种养殖业，种植业以种植蔬菜、葡萄和桃子等蔬菜林果以及油茶为主；养殖业以养殖猪、牛、羊、鸡等畜禽为主。重点打造一批"短平快"的特色产业项目，形成"村村有精品、一村一特色"的产业发展格局。

---

① "六统一""两独立"管理，即"统一行政管理、统一人员管理、统一业务管理、统一药械管理、统一财务管理、统一绩效考核"和"村卫生室的财务核算独立、责任独立承担"。

大龙村村集体经济收入为3万元，主要依托众利专业立体合作社发展，已建设育苗基地2个，其中建设完成的大棚已种植辣椒、黄瓜、西红柿等蔬菜。同时，合作社与铜仁市福霖餐饮有限责任公司签约，完成土地流转400亩。建有简易大棚102个，占地面积51亩。联栋大棚10个，占地面积22.5亩。露天无公害蔬菜种植面积326亩。一个占地300平方米、容积900立方米的冷库项目正在筹建之中。

（四）乡村治理

为进一步加强农村精神文明建设，大龙村村民委员会于2016年围绕社会治安、乡风民俗、乡邻关系、婚姻家庭等方面，制定《大龙村村规民约》，旨在鼓励村民自行化解矛盾，以村规民约来自我约束，营造和谐、健康、文明的良好风气。

为进一步化解群众矛盾纠纷、维护社会稳定，驻村工作队多次联合包村干部、村"三委"于2017年成立调解委员会，化解村内矛盾纠纷问题，解决群众实际困难和问题，最大限度消除各种不稳定因素，把问题化解在基层、消除在萌芽状态，努力实现小事不出村、大事不出乡。2018年以来，共受理民事纠纷10起，调解成功9起，调解成功率达90%，防止纠纷激化2起，接待法律咨询36人次。

为进一步提升党员群众的思想道德水平，开展一季度一评比的"村民与村民之间比勤劳、家庭与家庭之间比卫生、农户与农户之间比孝道"的"最美农户"评选活动。该活动紧扣脱贫攻坚主题，立足群众身边的先进典型，按照党员群众代表推荐、"最美农户"评选组委会会议评议、评议小组评议等方式，评选出一批"卫生清洁户""勤劳致富户""尊老爱幼户"等系列先进典型，在各村村民活动集中的地方张贴

"最美农户光荣榜"，以提升党员群众的思想道德水平。据大龙村麻立坪组聂方国介绍，自己在2018年3月被评为大龙村麻立坪组"勤劳致富户"，同时在麻立坪组，聂鹏被评为"卫生清洁户"，聂文权被评为"尊老爱幼户"。

三、实践探索和经验模式

（一）提升基础设施建设水平，改善农村生产生活环境

大龙村深入推进脱贫攻坚，持续实施乡村振兴战略，统筹整合使用财政涉农资金，通过"一事一议"，大力实施"五改一化一维"等基础设施建设项目，全面开展"四在农家·美丽乡村"小康行动，彻底改变本村村容村貌。随着道路拓宽、污水处理、路灯亮化、垃圾收集、庭院硬化等项目的建成完工，全村的基础设施更加完善，村庄品位不断提升，全村733户2333人的居住环境得到全面改善，幸福感进一步提升。走访中，调研组在了解大龙村的变化时，麻立坪组村民张爱云激动地告诉调研组："以前的路是坑坑洼洼，现在的路，出门都不会脏脚……以前喝水都是一早起床去清水塘那边挑，现在每家每户都是吃自来水。"

（二）创新产业利益联结机制，全力促进贫困户脱贫致富

为持续加强对贫困户的精准帮扶工作，强化对脱贫户的后续扶持，使脱贫退出更具稳定性和可持续性，大龙村按照"政府引导、公司和合作社带动、项目支撑、企业搭台、农户参与"的发展思路，整合各级财政资金，引导农民将资产、资金、技术等人力资本入股农业经营

主体，建立利益联结机制，让农民手中的资源变资本、资产变股金、自己变股东，参与分红。目前探索形成以下四种运作模式。

"龙头企业＋合作社＋基地＋农户"运作模式。以九丰农业综合体为龙头，在大龙村建一个蔬菜大棚基地，村集体通过合作社形式把专项扶贫资金作为贫困户股份投入大棚建设，由九丰现代农业科技有限公司分区域确定农产品的品种、规模和标准，统一种苗、统一技术管理、统一回收。

"公司＋合作社＋精准扶贫户"运作模式。2018年通过招商引资，引进铜仁市福霖餐饮有限责任公司，将投资1200万元在大龙村建设种养殖基地，农户用土地入股，村集体用大棚入股，建成后可带动精准扶贫户15户40人脱贫致富。此外，全村共有养殖场、合作社、公司11家，大龙村其他合作社、养殖场也按照同样模式带动贫困户增收致富，助

2018年10月17日，鱼塘乡纪委书记饶维圣陪同调研七组实地考察大龙村大棚蔬菜基地。

推脱贫攻坚，逐渐形成资源变资产、资金变股金、农民变股东的新格局。

"公司＋基地＋农户"运作模式。大龙村兴隆粮油有限公司总投资9000万元，年产值达1400万元，以"公司＋基地＋农户"的运作模式，带动大龙村、江屯村、高峰村、登峰村种植水稻、油菜等农作物增收致富，解决劳动就业岗位40个。

"龙头企业＋合作社＋基地＋家庭农场＋农户"运作模式。整合各级财政资金，引导村集体和农民将资产、资金、技术等资本入股农业经营主体，成为股东，参与分红。在农村集体资产评估量化、资金量化、合理划分股权结构的基础上，合理确定入股主体和承接经营主体所占股比及收益分配办法。对贫困农户的股金分红，则采取纯利润的60%用于贫困户、20%用于村级积累、20%用于管理人员奖励的精准扶贫"622"分配机制，将扶贫项目与贫困户的利益紧密联结，形成了对扶贫对象和管理人员的正向激励。

（三）开办新时代农民讲习所，着力打通村民"思想关节"

大龙村积极开展新时代农民讲习所培训和讲习活动，通过"讲"与"习"，真正做到用习近平新时代中国特色社会主义思想武装头脑、指导实践、推动乡村振兴工作，"讲"出干部群众的新动能、新状态，"习"出干部群众的新作为、新成效。在与调研组聊到群众思想的变化时，驻村干部黄小培激动地说："我在给村民培训的时候，首先是要给群众'洗脑'，把他懒惰的思想给洗了，勤劳的思想把它摆上来。"大龙村利用新时代农民讲习所，不仅为全村群众指导农业技术，宣传国家优惠政策，更是去除了群众懒惰思想，激发勤劳致富内生动力，把传统的"三费"（费力、费时、费资金）改变为科学生产，促使群众"小农意识"向"经济意识"转变。截至目前，大龙村共开展讲习活动120余场次，培训群众200余人次。

四、存在问题和工作难点

（一）思想教育和科学技术培训需要进一步加强

不论是与驻村干部杨睿交流，还是与村支书张土坪交谈，都有一个统一的观点：人才的缺乏是制约大龙村经济社会发展的关键因素之一。优秀人才的返乡创业，有力地推动了当地经济的发展，但在政策实施过程中，也存在一定的问题需要解决。如政策不完善、不知晓、不落地问题依然存在。创业人员还面临着融资、用地、服务、人才、风险应对等难题。在访谈过程中，也有不少小孩在外地读书的村民表示，还是更希望能在外地工作，认为外出才能成就大事业。主打乡情牌是吸引各地返乡人才创业的主要方式，但是这种引才方式比较单一，还有需要完善的地方。返乡人才创业的地点大多在农村，农村的创业环境不如城市，也一定程度上阻碍了返乡人才创业的步伐。

（二）农村产业结构需要进一步升级

大龙村龙头企业、专业合作社或能人大户带动和辐射作用发挥有限，持续增收能力不是很强。实地考察发现，目前大龙村大多数村民在发展种养殖业方面，依然采取的是单纯粮食种植和单一的小规模养殖。其结构基本上是属于"粮食作物－经济作物"的二元生产结构，甚至一些还是处于一元化生产结构，根本没有向"种植业、养殖业和以农畜、水产品为原料的加工业（包括贮藏、保鲜、包装、运输等）"

的三元结构体系转变。调研组在了解大龙村1500亩葡萄的产销情况时，村主任聂改运表示："目前还没有达到盛产期，基本上是零售，附近一些村子的人也会开车过来买，暂时不存在滞销问题。"葡萄季节性强，上市周期集中，但存在不易保鲜、易腐易损等问题，大龙村上千亩的葡萄是一个较大的基数，若仅仅只通过零售的模式，必然产销不对称，最终产生滞销现象。如何升级产业，形成多元产业结构体系，是当前大龙村面临的主要问题之一。

（三）村集体经济管理制度有待完善

大龙村为引导本村贫困户脱贫致富，提高本村整体经济水平，成立了众利专业立体合作社，充分利用当地良好的生态环境和气候优势，按照"合作社＋基地＋农户＋科技"的产业化经营模式，开发种植在

2018年10月18日，调研七组走访大龙村雄鸡屯组脱贫户杨玉华、杨长海。

市场上具有竞争优势的农产品。调研组实地考察发现，虽然村级集体经济收入有所增加，覆盖面也有所扩大。但是，由于经济合作社作为农村集体经济组织向现代企业转变过程中的一种过渡形式，其制度本身还存在一定的局限性。部分经济合作社内部民主管理没有到位，作为集体经济管理的重要内容，其资产经营的积极性、公开性、公正性有待提高，特别是对建设项目的管理需进一步规范。外部监管制度也需进一步完善，村账乡管、审计监督等兄弟城区行之有效的监管手段未能充分使用。

五、对策与建议

（一）厚植"归巢创新创业"沃土，提高引智引才综合环境

　　强化引才政策，在政策、资金上给予支持，分批"回引"眼界宽、思路活、资源广、有一定资本的优秀青年、乡贤、致富能人回村发展。强化平台引才，以"贵州人才博览会"为招才引智平台，围绕乡村规划、乡村建设、乡村旅游等重点需求，继续实施特岗计划、西部志愿者专项引才计划。优化政务环境，建立乡村文化服务点，认真落实一次性补贴、贷款及贴息等资金和信贷扶持，推进注册登记、创业指导、优惠政策兑现等"一站式"服务。建立有效的激励机制，增强乡村对人才的吸引力、向心力、凝聚力，促进各类人才到农村创新创业。以乡愁为纽带，深入实施春晖行动，激励各类人才在农村广阔天地大施所能、大展才华、大显身手。鼓励返乡下乡人员依法通过入股、合作、租赁等形式使用农村集体土地发展农业产业，依法使用农村集体建设用地开展创业创新；支持返乡下乡人员依托闲置农房院落发展农家乐，开展乡村旅游。

（二）培育新型农业经营主体，提高农业产业化水平

培育发展龙头企业、农民专业合作社、村集体经济组织和家庭农场，支持小农户发展生态农业、设施农业、体验农业、定制农业，带动小农户专业化、标准化、集约化生产，与小农户建立契约型、股权型利益联结机制，提高产品档次和附加值，拓展增收空间。支持新型农业经营主体带动普通农户连片种植，并提供专业服务和生产托管等全程化服务，提升农业服务规模水平。引导新型农业经营主体集群集聚发展，组建农业产业化联合体，参与全域结构调整，促进农业专业化布局、规模化生产，建设形成一批"一村一品、一乡一业"等特色优势产业和乡村旅游基地。加大财政、土地、信贷、保险等政策对新型经营主体的支持力度，落实税收支持政策，扩大新型经营主体承担涉农项目规模，加快建立新型经营主体信用评价体系。

（三）探索农村电商发展路径，促进传统农产品电商化

加快农村电商经营主体建设，健全农村电商网点体系，加快区级农村电商运营服务中心以及乡、村两级电商便民服务店建设，推进"村淘创富"示范点建设。结合市级电商聚集区的建设，形成市、区、乡、村四级联动发展模式，壮大电商产业新生态，开展鱼塘乡农村物流试点，在建仓运营及物流配送上给予支持，加快从村到乡（镇）到区的物流体系建设，打通"农产品进城"和"工业品下乡"双向通道。加强传统农业产业与电子商务融合发展，大力推进传统农产品生产企业、农民专业合作社电商化进程，探索"企业＋基地＋网店"或"协会＋合作社＋网店"模式，不断壮大电商队伍，带动电商创业。继续开展农村电商人才培训和普及教育，切实做好"万名农业专家服务三农行

动"工作，积极开展农村电商技能等主题培训，落实好电商企业人才需求定向培训，建立校企联合互动机制等，鼓励引导大中专毕业生、个体工商户、下岗职工、大学生村官开办网店。

（四）加强管理服务能力建设，提升经办服务水平

探索村集体经济有效组织形式、经营方式和发展路径，加快推进村级集体经济管理体制、运行机制、发展模式创新。大力发展农民合作经济组织，加快建设生产合作、供销合作、信用合作"三位一体"的新型合作组织，引导农民建立以家庭农场、合作经济组织、村集体经济组织、龙头企业等为主的农业复合经营体系。鼓励农民以土地、林权、资金、劳动、技术、产品为纽带，开展多种形式的合作与联合。强化资本运作，积极探索资源开发型发展模式，注重发挥地区特色和资源优势，开发一些自建和合建的双赢项目，使资源优势转化为经济优势，不断激活村级集体经济发展活力。同时，在监督和管理方面，进一步完善"群众民主监督、会计核算监督、上级审计监督"三位一体的监督体系。积极探索实施经济合作社会计集中办公制度，在坚持村级经济合作社集体资产所有权、管理权、审批权和民主监督权不变的原则下，探索有效方式，加强股份经济合作社财务的监督和管理。

参考文献

1. 中共中央、国务院 :《中共中央国务院关于实施乡村振兴战略的意见》(中发〔2018〕1号)，新华社，2018年1月2日。

2. 中共贵州省委、贵州省人民政府：《中共贵州省委 贵州省人民政府关于乡村振兴战略的实施意见》（黔党发〔2018〕1号），2018年3月17日。

3. 铜仁市人民政府办公室：《铜仁市人民政府办公室关于印发铜仁市县域医疗服务共同体建设工作实施方案的通知》，2018年1月11日。

4. 《利益联结关键在于破痛点建机制——八论农村产业革命"八要素"》，当代先锋网，2018年4月24日。

大地是母亲，播种，就长出希望。白菌，绿叶，自然而然。

　　曾记否，儿时的小溪——是嬉戏、是捉鱼、是抓螃蟹；屋前的弓形小桥，虽早已杂草丛生，却送回了无数的晚归人儿；崭新的学校，早已不见弹珠的痕迹。

秋天的田野，没有春天的绿，没有夏天的晴朗，也没有冬天的纯洁，放眼望去，是丰收、是美好、是幸福。

"水电"驱动大发展
"头雁"回归带乡民

——大坡村调研报告

　　2018年10月22~23日，铜仁市万山区转型可持续发展大调研第七小组对鱼塘乡大坡村开展深度实地调研，调研以实地考察、座谈会、人物访谈、入户走访和问卷调查的形式展开。调研组先后对毅荣生态养殖有限公司、凯盛水产养殖有限公司、永泰成农业科技发展有限公司和羊角洞发电站等进行了实地考察，并在村委会办公室召开了座谈会。会上，调研组对调研目的和调研任务向村"三委"做了说明，驻村干部杨继明向调研组介绍了大坡村的行政区划、产业结构、脱贫攻坚、社会治理、乡风民俗等情况；之后，调研组专访了大坡村驻村干部杨继明、田树昌支书、上寨下组村民唐永宝、下寨组村民周安培、大坡村小学老师周明生等5人；入户走访了大坡村杨元珍、池维春、姚金香、周俊平、黄世建、张凤菊、周涛等10户村民，填写了1份《大坡村调查表》，收集了《大坡村村庄规划说明书（2018~2035）》《大坡村脱贫攻坚迎检资料》《大坡村2017年脱贫攻坚帮扶方案》《大坡村2017年脱贫攻坚帮扶总结》等资料。

调研组通过实地考察、专访和走访，总结出大坡村在发展过程中存在以下问题。一是养殖产业散而全，没有做到科学规划、协调发展；二是养殖场的配套设施不完善，一定程度上制约了畜牧养殖业的快速发展；三是环保设施亟须改善，存在影响生态环境的潜在问题。现将调研内容进行初步梳理，形成以下报告。

一、基本概况和历史沿革

(一) 基本概况

大坡村位于鱼塘侗族苗族乡东北部——北纬27°36′，东经109°05′，东与槐花村交界，北与挞扒洞村相邻，西抵金盆村，南接旗屯村，村委驻地与乡政府所在地相距10公里。辖区面积8平方公里，森林面积8500亩，耕地面积1800亩，平均海拔高度为460米，气候温和，年平均气温21℃，属万山区打造的18个同步小康示范村之一。

大坡村辖4个自然村寨，10个村民组共433户1727人，以田姓、周姓和唐姓为主，属于土家族、苗族和侗族等多民族杂居村落；全村现有建档立卡贫困户76户237人，包含五保户5户5人，未脱贫户9户21人，其中60岁以上老人有104人，90岁以上有4人。贫困发生率由2014年建档立卡之初的14.46%降至2017年的1.22%，属于非贫困村。[①]

(二) 基层组织

基层组织是党执政的最前沿，同时也是党的路线、方针、政策

---

① 资料来源：鱼塘侗族苗族乡人民政府所提供《大坡村基本情况》，2018。

2018年10月22日，调研七组与大坡村村"三委"班子召开座谈会。

的执行者和落实者，是农村发展的"发动机"。大坡村现任驻村干部为万山区计划生育协会干部杨继明；村"三委"班子里，现任党支部书记为致富带头人田树昌，2017年1月开始任职；村委会主任钟世坤，2017年1月开始任职；村监督委员会主任黄世建，2017年1月开始任职。目前，全村现有党员48名（含1名预备党员）。针对基层组织在新时代乡村振兴战略上起到的作用，大坡村党支部书记田树昌说："作为基层组织，首先得明确'一个定位、两个主题'，即明确定位本村的发展目标以及工作和服务两大主题，才能不会让群众骂你。因为大坡将正式划归万山区丹都街道，而未来丹都街道是万山区重点打造的旅游文化核心区，所以我们给大坡的定位就是'农旅融合'。至于工作和服务两个主题，就是用心做好群众的大事小事，为群众服务。"

（三）历史沿革

大坡村的历史，据村里老人介绍，可追溯到清朝，村里下寨组那间拥有200多年历史的老房子，就是最好的见证。

1952年土地改革，当地村委会建在大坡老（山名，又为小地名）的山脚下，故取名为大坡村。1956年大坡村成立"互助组"，由新江上组、新江下组、和平上组、和平下组、黄家组、上寨组、下寨组、寿坪组和大坡老组9个组组成。1957年，大坡村改名成立初级社（初级农业生产合作社）。到1958年，由原来的"初级社"增加一个黄连溪组（现茶店镇红岩村黄连溪组）成立"高级社"。1960年，由现在的大坡村、旗屯村、文基村、金盆村和新龙村合并成立"老羊坪人民公社"，大坡村改名为大坡大队。1992年国家进行"撤区并乡"改革，原黑岩、老羊坪、牛场坡三乡合一，成立了鱼塘侗族苗族乡。2008年，大坡村和旗屯村合并，成立旗屯村；由于村民居住分散，村民办事和生活存在诸多不便，2016年，原大坡村与旗屯村分离，成立现在的大坡村，辖新江上组、新江下组、和平上组、和平下组、黄家组、上寨上组、上寨下组、下寨组、寿坪组和大坡老组。[①]

二、基础条件和优势特色

（一）基础条件

大坡村抢抓转型可持续发展机遇，全村已实现"组组通"硬化水泥路，连户路硬化率100%；并且村民自筹资金修建环组路，目前实现

---

① 资料来源：《大坡村党支部副书记唐永宝笔记整理》，2018。

新江片3个组一条6米宽柏油路建成通车。大坡村有集中式安全人饮供水点3个，覆盖全村10个村民组所有农户；所有农户均已接入国家农电网，享受全国同网同价电力资源，已完成农电网全面改造，移动、电信信号和4G网络无盲区全覆盖。同时，全村达到农村"教育、医疗、住房"三保障要求，户户实现100%安全住房，并且按户配备灶和卫生厕所，实现所有主要居住房屋室内外全硬化。

（二）公共服务

大坡村拥有一所村级完全小学，学校占地面积2329.6平方米，建筑面积522平方米，有学生食堂、保安室、舞台和10套教师公租房，配备了科学实验器材、音体美器材、"班班通"设施和监控等设备。学校本期共有8个班级124人，其中，幼儿园2个班41人，一至六年级各1个班共83人；学校有教师10人，职工6人，其中幼儿教师2人、小学教师8人、食堂工人3人、幼儿园保育员2人和保安1人。

由于大坡村2016年从旗屯村分离后新成立，因此医疗卫生设施、体育建设设施和文化图书活动室正在逐步配套完善，计划在村委会旁修建不低于80平方米卫生计生室和150平方米的文化活动广场，在杉木冲片区（上寨上组、上寨下组、下寨组）、和平组（上组、下组）、大坡老组和新江组（上组、下组）规划设置6套健身设施，其中杉木冲3套，其他3个寨子各1套，每处用地面积不低于200平方米。①

---

① 资料来源：《鱼塘侗族苗族乡大坡村村庄规划（2018—2035）（送审稿）》，2018。

（三）集体经济

大坡村有着丰富的水资源，在距离新江下组400米的盆水泷（地名，属于旗屯村）有一口天然泉眼，常年流量平均在3.5立方米每秒[1]；同时，发源于大坪侗族土家族苗族乡炉山的木杉河[2]流经大坡村，与盆水泷泉水合流，流入挞扒洞村。2017年，大坡村通过请示鱼塘侗族苗族乡人民政府，协调对接区供电局，将新江下组羊角洞废弃18年的发电站重新修复发电，有效开发利用了水资源，让村级集体经济每年增收7万元。大坡村羊角洞发电站所发之电直接输送南方电网，且冬季枯水期每小时发电量为100千瓦时，夏季丰水期每小时发电量为300千瓦时。

（四）主要产业

大坡村主要以水电产业为龙头，以养殖业为特色。中华鲟是主要特色产业，铜仁市凯盛水产养殖有限公司位于大坡村新江下组，该公司有一套鲟鱼（中华鲟）和虹鳟鱼的人工驯养与繁育技术规程，能够独立完成孵化、繁殖等技术的实施和推广，享有"国家健康养殖示范场""科技示范单位""市级龙头企业"等荣誉称号。大坡村还养殖娃娃鱼、猪、牛、羊等，其中毅荣生态养殖有限公司生猪年出栏量5000余头。

（五）环境治理

环境卫生是村寨文明和社会进步的重要标志，也是乡村振兴战略

---

① 资料来源：《鱼塘侗族苗族乡人民政府水务站汇报材料》，2018。

② 资料来源：《铜仁市万山转型发展志》，2018。

2018年10月22日，调研七组实地考察大坡村冷水鱼（中华鲟）养殖基地。

规划的关键环节。大坡村对环境保护非常重视，大力实施"厕所革命"，目前已全部完成旱厕改水厕。全村生活垃圾按照"村收集、乡处理"的原则，垃圾收集箱实现村组全覆盖；同时创新机制，制定村规民约，让每一个村民都是卫生管理员和环境卫生监督员，用实际行动参与环境卫生集中整治，倡导礼貌新风，美化大坡村环境，提升大坡村品位，助力乡村振兴。

三、创新实践和发展模式

自2008年万山区经历百年未遇的雪凝灾害后，大坡村外出赤子逐渐返乡，利用本村自然优势，结合自己在外所学技术，带动乡民发展特色产业，在农村发展的创新实践中，逐步形成了大坡村的发展模式，激发了群众内生动力，奠定了乡村振兴发展基础。

（一）"水电"驱动大发展

水资源是自然馈赠给人类最美丽、最纯洁的财富，水资源开发利用，其目的是发展社会经济。大坡村利用自己独有的水资源，修建水力发电站，让全村人民比其他乡镇村民提前五年甚至十年告别油灯时代。"我们大坡村是整个鱼塘乡最先用上电的。"大坡村党支部副书记唐永宝自豪地告诉调研组。

羊角洞水力发电站占地面积2.2亩，是1973年由鱼塘片区牛场坡公社和黑岩公社牵头、由两个公社村民出工出力修建的。该电站一直陪伴着大坡人民，直到全国电网实现统一改造，才退出了历史舞台。虽然羊角洞发电站中途停运了18年，但大坡人一直有一个共识，境内朝夕可见的木杉河是不可多得的"宝藏"。2017年，大坡村村"三委"通过多方努力，再次将羊角洞发电站利用起来，让村级集体经济每年增收7万元。目前羊角洞发电站所发之电，已输送南方电网，这将是陪伴大坡人民的又一个里程碑。

（二）"头雁"回归带乡民

群雁回巢、百鸟归林，大坡村正兴起一场"群雁回归"的热潮。"群雁"为什么要回归，回归的原动力是什么？除了商机、投资环境，从根本上说，他们回归的原动力是致富思源的家乡情结，是创业创新、团结兴业、报效桑梓的精神。

谁言寸草心，报得三春晖。大坡村现任党支部书记田树昌可以说是"一号领头雁"，不仅自己回来带动村民发展养殖业，还给大坡村带来了一个山东人——王万明。田树昌支书自高中毕业后，就一直在外面跑工程，以建筑工程为主；2009年，他毅然决然地带着自己多年打拼的500余万元回到家乡，带领村民开沟修渠，建设成立了铜仁市万山区新江大鲵亲本培育繁殖基地，2013年被评为国家农业综合开发饵料养殖基地和铜仁学院实践教学基地。调研组在问到他为什么会回到大坡村，带动乡亲们养殖大鲵（娃娃鱼）时，田树昌支书只简单地回答了"我是这里的人啊"。简简单单的七个字，尽显了田树昌回报家乡、造福桑梓的情怀。奈何事不随人愿，正处于蓬勃发展的娃娃鱼养殖基地在2016年被一场大洪水全带走了，昔日的基地早已风光不再。

富而思源，回报桑梓。2015年10月，在外打拼23年的新江下组的田树明带着所有积蓄回到了生他养他的大坡村，通过选举，他挑起了村民组长的担子，并兼任村里的监委副主任。2016年6月底，在田树明的带领下，新江下组开工建设了永久性的自来水工程。没有钱，田树明就自垫50万元买来各种材料和设备，经过4个多月的艰辛努力，建起了封闭式的取水泵房一座，铺设了入户自来水管7000米，并在他家的自留山上建了一座蓄水池，让全组143户432人常年用上清洁卫生的自来水。[①]

（三）好水引来"中华鲟"

盆水泷的那一口天然泉眼，可以说是大自然赠予大坡村人民最宝贵的财富之一。"2009年，我回到这里，蹲在那出水的地方，想着除了养娃娃鱼，还可以搞哪样呢！ 2010年，我认识了王万明，把他带到这

---

①　资料来源：《万山区农民田树明回乡带领乡邻脱贫忙》，2018。

里来看，谁知道他来了就不走了，哈哈……然后通过村里面，帮他在新江组协调了50亩地，就有了现在下面那个冷水鱼养殖场了，也就是我们大家常说的铜仁市凯盛水产养殖有限公司。"大坡村党支部书记田树昌笑着对调研组说道。

调研组在实地考察铜仁市凯盛水产养殖有限公司时，特地拜访了公司老总王万明，在问到王总为什么会从山东来这里养鱼时，他微微地笑着说："这里水好……"目前，该公司主要养殖中华鲟和虹鳟鱼，年产优质中华鲟300余吨、虹鳟鱼50余吨，鱼苗、鱼种100万尾，年产值1500万元，成为万山区最大的冷水鱼生产基地[1]，成功带动大坡村7个村民固定就业，6户贫困户入股分红，每户每年分红1000元。

（四）养猪走出"脱贫路"

大坡村借区委区政府出台的优惠政策，探索"公司＋大户＋贫困户"模式发展养殖业，把产业发展和脱贫攻坚有机结合，打造龙头企业毅荣生态养殖有限公司，主要为铜仁市武陵发展有限公司代养生猪，带动25户贫困家庭通过产业扶贫资金入股分红，推动脱贫致富。两个公司的合作模式为典型的"代养包销"——武陵发展有限公司负责提供养殖场图纸、养殖技术、幼猪、饲料，以及后期的生猪收购；毅荣生态养殖有限公司则是负责出地、出资、出人，按照图纸标准修建养殖场和代养生猪，直到可以出栏后，由武陵发展有限公司统一收购。

产业发展与精准扶贫的结合不仅带动了大坡村产业的发展，更重要的是有效助推了建档立卡贫困户的脱贫进程，为全面打赢脱贫攻坚

---

[1] 资料来源：《铜仁市凯盛水产养殖有限公司宣传画册》，2018。

战奠定了良好基础。大坡村下寨组脱贫户周权平笑着说："现在国家政策好啊，我每月在这儿（毅荣生态养殖有限公司）打工，包吃包住每月还有3500多块钱的收入，而且每年分红还有1500块钱呢，生活比以前好多咯。"

四、存在问题和工作难点

总体来说，随着脱贫攻坚战役的不断向前推进，大坡村养殖业发展迅速，取得了一定的成绩，但从长远发展来看，仍存在着一定的问题，制约了养殖业可持续发展。

（一）养殖产业散而全

目前，大坡村养殖业呈现出多头并进、散而全的发展态势，整个村寨有养鱼的、养猪的、养牛的、养羊的，等等。在空间布局上，冷水鱼养殖在山脚下，猪、牛、羊养殖在山顶上。看似合理，但养殖排泄物一旦处理不好就会污染水源，就会影响到冷水鱼养殖。究其原因，还是由于正处于发展之初，没有制定养殖业发展规划，没有统筹考虑环境承载能力、养殖规模和养殖污染防治要求，也没有科学确定养殖规模、总量，更没有对养殖场进行科学选址和严格控制大型规模养殖场的数量。

（二）配套设施功能不完善

养殖业想要形成规模化发展，需要大量的资金投入。对于大坡村来说，生态养殖业已经初具规模，但由于没有从长远规划，且苦于资金短缺，目前只能放慢发展脚步，采用小步慢跑甚至原地踏步的发展模式，更甚地说，已经开始走下坡路了。调研组在毅荣生态养殖有限公司与其村民股东唐永来交谈公司发展中遇到的困难时，他说："说没有困难，是不可能的，你们上来也看到了，那条路至今没钱硬化，那边的3个篷（每个长53米，宽16米），现在还是闲置的；而且听说整个我们大坡这里明年要划归丹都街道，以后作为湿地公园来打造，养殖这块可能不让搞了。"调研组实地考察还发现，整个养殖场的配套设施并不完善，四周大部分面积没有实施硬化，而且生猪的粪便与尿液也没有被分离，而是采取人工用手推车将粪污运送至堆积池。

（三）养殖污染不容忽视

自党的十八大以来，生态文明建设对资源和环境保护的要求提到

2018年10月23日，调研七组实地考察毅荣生态养殖基地。

前所未有的高度，与传统追求经济效益的养殖生产方式有一定冲突。调研发现，大坡村凯盛水产养殖有限公司现有32个养鱼池，平均每300立方米养殖2万斤中华鲟，属于典型的养殖过密且品种单一，而且在给排水上，无任何处理设施。新江组村民黄世和对调研组说："现在都不敢下河洗澡了，全是鱼腥臭……"另外，毅荣生态养殖有限公司由于资金方面的原因，基本没有粪污处理设施，只是在距离养殖场100米的地方就地挖了两个100平方米左右的坑，且完全没有硬化处理，用来堆放2000头生猪的粪污，而且粪污也未经过粪尿分离处理。调研组专访大坡村小学教师周明生时，他说："养猪场虽然带动了村里20多户贫困家庭脱贫，但长期下去也不是办法，它建在山顶上，我们住在这下面，肯定对这边几个组的饮水有影响，而且有人说，那个污水已经开始渗透了。"

2018年10月22日，调研七组专访大坡村下寨组脱贫代表周安培。

五、对策与建议

（一）加强规划，优化养殖产业布局和结构

面对养殖产业散而全、布局不合理、结构不优化的现状，大坡村要结合地理地形、山势风向、水溪流向等特征，加强对养殖场布局、规模、结构等进行规划调整的力度。该留则留、该迁则迁，该大则大、该小则小，该调则调、该优则优。

（二）加强评估，推动优势产业改造升级

当前，大坡村整个养殖业已经处于负面影响逐步显现的阶段，特别是在冷水鱼（中华鲟）养殖场面临水污染、水污染处理配套设施功能不完善等问题，以及山顶的养猪场面临环保处理是否达标、选址是否合理、是否需要搬迁等质疑的情况下，应加强监管和评估。对冷水鱼养殖场要提出整改方案，加强技术改造，完善功能设施，推动产业升级。

（三）加强治理，把养殖污染问题作为重中之重

守住生态环境，就是守住金山银山。当前大坡村养殖业面临的污染问题是发展养殖业面临的普遍问题，要避免重蹈先污染后治理的覆辙，高度重视，加强治理。对于水产养殖，要把排放水质是否达标作为治理底线。对于生猪养殖，要积极推广"干湿分离、粪污制肥"生态养殖模式，减少对地表水和地下水的污染。

参考文献

1. 李连国、王力：《苍溪县高度重视养殖污染治理》，《中国畜牧业》2017年第23期。

2. 操建华：《水产养殖业自身污染现状及其治理对策》，《社会科学家》2018年第2期。

3. 陈茜迪：《福州市畜禽养殖业污染现状及防治措施研究》，硕士学位论文，福建农林大学，2013。

　　崎岖不平的石子路，延伸到每个角落，像一条纽带，把人们紧紧地连在一起。多少年来，是你依旧低唱着古老的乡音，承载着幸福的人们的日出日落，感叹着这曾经的路，曾经的人。

斑驳的墙壁，残余的粉笔，记忆里的教室，方寸间书写人生。仿若听到了书声琅琅，朝气蓬勃；仿若看见了笑意满满，天真无邪。小小教室，通往大大世界；小小身影，承载大大梦想！

你是否还记得，那啥菜都有的一方田土？还有在土地里抛撒了一辈子岁月的父亲，那双布满老茧的手对土地是那样痴情和热爱。你可曾有一个愿望——世界那么大，只想守候田土一方？

提高自我造血发展能力
做好文化建设和环境整治工作

——槐花村调研报告

2018年10月19~21日，铜仁市万山区转型可持续发展大调研第七小组赴鱼塘乡槐花村开展深度实地调研，调研以实地考察、座谈会、人物访谈、入户走访和问卷调查的形式展开。万山区鱼塘乡综治办主任姚代新、万山区鱼塘乡槐花村驻村干部李东、万山区鱼塘乡槐花村村主任徐先军、万山区鱼塘乡槐花村支书陈开送陪同调研。调研期间，对槐花民族小学、堕河坡生态专业合作社大棚蔬菜基地、吊井水库等进行了实地考察；在村委会办公室召开了一场座谈会，包村领导姚代新、驻村干部李东，以及村"三委"负责人、村民代表等参加会议；对槐花村驻村干部李东，槐花村村主任、致富带头人徐先军，槐花村支书陈开送，槐花村原小学校长谢洪福，槐花村脱贫之星、村民组组长杨应昌等5位进行专访；入户走访了槐花村10户家庭（包括精准扶贫户等）。

调研组以实地考察、座谈会、人物访谈、入户走访和问卷调查的形式，深入调查研究了槐花村推进产业脱贫的工作：从干部政策帮扶到村民自主脱贫；丰富精神文化生活，从乡情逐渐淡漠到增进乡邻情感；加强生活环境保护，从干部榜样带动到村民自发参与等实践探索。发现并总结出槐花村基础设施建设有待提升完善、种植业相关知识培训亟待加强、村集体经济需进一步发展壮大等一系列问题；并针对以上问题提出了相关对策和建议。

一、基本概况与区划变革

（一）基本信息

槐花村东邻茶店办事处梅花村，北与旗屯村相接，西抵鱼塘村，南与牛场坡村相连。据介绍，槐花村分为上片、中片、下片，村委驻地的槐花坪组位于中片，临近主干道，距离铜仁市区33公里，距离鱼塘乡11公里。海拔高度为760米，气候温和，年平均气温19.5℃，土地总面积2098亩（其中耕地面积973亩，林地面积1125亩）。

槐花村辖12个村民小组，包括老院子、堕河坡、菜花墙、坡墙上、下岩龙、槐花坪、木塘、吊井、中心、将军岩、龙木石、杨家湾（见表1）。民族以侗族和土家族为主。姓氏主要集中在徐、谢、彭三姓。其中，徐姓集中在吊井、中心、龙木石村民组，谢姓集中在下岩龙、木塘村民组，彭姓集中在菜花墙、老院子村民组。

全村共有479户2123人，有党员52人，外出务工的687人（其中贫困户外出务工26户30人）。在校学生684人，留守儿童3人，60岁以上老人78人，空巢老人54人，精神病人4人，低保户58户88人，五保户4户4人，危改户44户117人，重残11人。属于非贫困村，2017年脱贫，建档立卡贫困户54户147人，已脱贫46户124人，未脱贫8户23人。

（二）基层组织

鱼塘乡槐花村驻村干部李东，系铜仁市第六中学初中教师，于2017年9月赴槐花村驻村帮扶。村"三委"班子于2016年底通过村干部换届选举而组成，村"三委"班子由8人组成，分别是村党支部书记陈开送，支部委员徐先财；村委会主任徐先军，村委会副主任谢洪旗，村委委员陈丽琴；村监委主任张羽，委员杨世权、潘木兵。其中，槐花村支书陈开送，2014~2016年任牛场坡村党支部副书记，2016年底至今任槐花村党支部书记；槐花村村主任徐先军，1986~1988年任槐花村民兵连连长、青年团支部书记，2016年底至今任村委会主任；村监委主任张羽，返乡创业者，召集堕河坡组村民创业，组建堕河坡生态专业合作社，带动村民发展种植业增收致富。

（三）乡村特色

据介绍，槐花村是从鱼塘村、牛场坡村析置而来，是鱼塘乡的新村，建村仅一年多（目前村委会办公室设在槐花民族小学教室，村委会办公楼正在修建）。槐花村有百年历史，出于历史原因，在2008~2016年槐花村分属于牛场坡村、鱼塘村管理，后因槐花村村民希望能重整槐花村而提出申请，经上级批准，2016年进行村干部换届选举，2017年槐花村建村完成。

槐花村共有9个自然寨，自然寨之间有一定距离，村寨依山就势，山、田、寨和水库相互交错。槐花村地势平坦，全境地貌以中低山地丘陵为主。森林面积1125亩。水资源丰富，有小型水库1座——吊井水库（水容322万立方米），小山塘3口。全村总面积12.4平方公里，总耕地面积973亩，产业以农业为主，主要种植水稻、玉米、大豆、花生等，养殖有清水鱼、猪、牛、羊等。

蓦锣文化是万山侗族人民600多年来流传、积淀下来的最为宝贵的文化遗产，因鼓锣文化是中华民族民间文化的重要组成部分，故有"北有威风锣鼓，南有万山蓦锣"之说。蓦锣以锣、鼓为主，辅之以其他乐器和用具。侗乡人民共演练成闹年锣、喜庆锣、敬神还愿锣、辞诵锣、充锣、丧锣、"三锤锣"、"九锤锣"、"两头忙"、"三道齐"等60余种不同形式和曲调。2005年12月25日，"蓦锣"被贵州省人民政府公布为第一批省级非物质文化遗产代表作。蓦锣，来源于侗语，就是敲锣比赛的意思。蓦锣主要是看谁的锣响、鼓好、人多；看谁的拍子多、技术熟、调子齐；看谁的气势壮、体力好、毅力强、德行高。蓦锣曾风靡万山全境，目前槐花村组建了一支约有70余人的蓦锣队伍，于2017年参与万山区比赛，获得二等奖。

二、基础条件和优势特色

(一) 基础设施

槐花村紧邻铜玉高速，交通基础设施较好，境内交通四通八达，有茶店乡至大坪乡直抵江口县公路横穿。目前已实现通村公路（宽6米）、通组路（宽4.5米）、连户路（宽1.5米）全硬化，硬化率100%；村庄已完成人饮安全工程，有集中式安全人饮供水点6个，覆盖全村12个村民组所有农户，每个居民点都修建有蓄水池，水源为地下水和地表水结合；全村所有农户均已接入国家农电网，实现一户一表，享受全国同网同价电力资源，已完成农电网全面改造；全村实现移动、电信信号和4G网络无盲区全覆盖，20M光纤已接到村庄；户户实现

100%安全住房；按户配备灶和操作台，实现所有主要居住房屋室内外全硬化；每个村组设置有移动式垃圾收集箱和垃圾桶，未设置生活污水处理设备；村内无工业项目，没有污染源排放，村路两旁绿化美化，空气质量良好。土壤达标，无农业污染源。

（二）公共设施和公共服务

村庄现有村小学和幼儿园，村委会、广场和养老院等都位于集镇，目前能够满足全村需求。

槐花村村委会行政办公楼正在建设中，设有便民服务站，兼具文化图书室、活动中心功能。

教育方面，建有槐花民族小学1所，槐花村的适龄儿童大多就读于该校，目前该教学点设置了幼儿班以及小学一至二年级。其中，幼儿园学生26人，小学一年级18人，二年级9人，幼儿园老师2人，小学老师4人，建有小学标准食堂1个，周一到周五设置了营养午餐。

养老方面，建有1所"幸福院"，建有老年活动室，目前槐花村多以居家养老为主，基本养老保险已全村覆盖，60岁以上老人可领取养老保险，80岁以上老人可领取高龄补贴。

医疗卫生方面，建有设施完备、功能齐全的村卫生室1个，村民都已参加新型合作医疗保险。

文化建设方面，在槐花坪、木塘、下岩龙和中心建有500平方米的文化活动广场，2017年由区文广局投建，目前已开始使用。另外有篮球场一个，并设有配套健身设施。按照《万山区鱼塘侗族苗族乡槐花村村庄规划（2018—2035）》（以下简称《规划》）要求，拟在中心、堕河坡、菜花壋、木塘、槐花坪、老院子和龙木石规划设置7套健身设施。

（三）产业发展和集体经济

槐花村坚持把产业发展作为脱贫攻坚的根本举措、作为群众增收致富的根本出路，着力巩固传统优势农业、加快发展生态养殖、因地制宜培育新兴产业，积极探索利益联结模式，努力拓宽贫困农户增收渠道。槐花村以农业为主，主要种植水稻、玉米、花生、红薯、蔬菜等，养殖方面以养殖牛、鱼、猪等为主。

槐花村入股的企业主要有：开送养牛场专业合作社、吊井正宗土鸡养殖场。

其中，槐花村集体经济主要依托鱼塘乡槐花村开送养牛场专业合作社发展，目前占地面积2.5亩，存栏肉牛108头，正在发展和扩建中。

2018年10月20日，调研七组实地考察槐花村堕河坡组蔬菜种植基地。

（四）乡村治理

在卫生治理方面，按照《规划》拟对槐花坪、中心（吊井、杨家湾）、菜花墥、木塘（下岩龙）、老院子、堕河坡和龙木石等村民组现有的环卫设施进行升级改造。目前，村庄共8个垃圾收集点，垃圾统一由卫生部门集中收集和清运，生活垃圾主要以地埋无害化的方式处理。同时，为了保护管理好生态环境和维护公共空间环境，还配备了4个生态护林员以及12名保洁员。目前槐花村的"五改一化一维"工程已实施完成（改水、改电、改圈、改厕、改灶、室内和房前屋后硬化以及房屋维修），极大地改善了群众生产生活条件。

在村民自治方面，为提高村民自治水平，按照鱼塘乡"一村一规"的要求，槐花村于2017年，村"三委"召集村民代表，制定并实施了符合本村实际、彰显村域特色、体现民意民愿的《槐花村村规民约》。

在社会治安方面，为了守护全村平安稳定、化解全村矛盾纠纷，槐花村按照"一村一警务助理"模式，配备一名警务助理，有效实现保民安、化民怨、暖民心、惠民生的目标。

三、实践探索和经验模式

（一）推进产业脱贫工作：从干部政策帮扶到村民自主脱贫

槐花村转变"抓扶贫就是给资金"的观念，积极探索"造血型"扶贫，通过龙头带动、创业引导、抱团发展等举措，推动产业扶贫到村、到户、到人，同时，为了鼓励村民自主脱贫，还创建了养殖奖补的模式，形成了"户户有增收项目、人人有脱贫门路"的扶贫格局。2017年，贫困户以每户2万元的扶贫资金入股槐花村开送养牛场专业合作社，带动了贫困户25户，每户分红1000元；贵州金盆农业发展有限公司以"村委会 + 公司 + 贫困户"模式发展蛋鸡养殖，通过农户土地入股、贫困户资金入股、村集体经济入股、公司效益分红的模式带动槐花村7户贫困户，每户分红1000元；旗屯村武陵发展有限公司以"龙头企业 + 贫困户入股"模式发展生猪养殖业，带动槐花村贫困户6户，每户分红1000元；另外，农户还入股了彩虹海、旗屯和鸣制衣厂、苏州帮扶项目生猪养殖等。为了鼓励贫困户通过发展养殖业脱贫致富，吸引更多的贫困户加入生态养殖这一队伍，槐花村给予一定的养殖奖补。目前，槐花村有4户贫困户获得每头牛800元的奖补，10户贫困户获得每头猪300元的奖补，大大调动了村民发展养殖业的积极性，大大激发了贫困户自主脱贫内生动力。曾经的贫困户杨应昌谈到脱贫坦言道："要不是有入股大棚蔬菜、金盆蛋鸡养殖、苏州帮扶项目生猪养殖、彩虹海得到分红，还有养猪得点儿奖补，简直活不出来，还是党的政策好啊！"说到入股分红，"脱贫之星"杨应昌笑呵呵地说："现在入股大棚蔬菜、彩虹海，还有养牛补助，去年年底拿到了5800元，娃娃读书也有3000的补助，现在生活都开始好了，现在脱贫了，要好好地养牛，现在也是村民组组长，要带好头，不能辜负我们书记！"通过产业扶贫、金融扶贫、技能扶贫等为贫困户"造血"，让贫困户主动甩掉贫困的帽子，走上自己增收致富的大道。

（二）丰富精神文化生活：从乡情逐渐淡漠到增进乡邻情感

槐花村在加快经济发展的同时，大力推动文体活动的繁荣。杨应昌自豪地向调研组介绍道："我们现在日子也慢慢过好了，虽然我有残疾干不了别的，但是我还是加入了锣鼓队出去表演，去年还去了朱砂古镇参加全区的表赛，得了二等奖。"村委委员陈丽琴向调研组介绍，锣鼓队成立虽然只有一年多，但是现在槐花村多数男同志都加入进来，现已是一支有80人左右的队伍。如今，蓬勃发展的群众文化，已经成为乡村文化生活中不可或缺的一部分，成了增进人们幸福感的"催化剂"。据驻村干部李东介绍："目前槐花村除了村民自发组织的鼙锣队外，我们还有舞蹈队、广场舞队，都出去比赛，甚至还自编自导地组织了一场农民联欢晚会，还出了专辑可以购买。"近年来，槐花村立足建设农村文化地标、构筑农民精神家园，依托木塘文化活动广场，村民自发组织多种形式的文化活动，极大丰富了村民的精神文化生活，同时更好地增进乡邻和睦的感情，切实提升了槐花村群众的幸福指数。

（三）加强生活环境保护：从干部榜样带动到村民自发参与

　　想到以前村庄的"脏乱差"，再看如今的"洁净美"，村民杨雪艳满意地说："村里和城里一样干净，以前下雨天出门一脚一脚的都是泥巴，现在出门都不会打脏脚。"群众看党员，党员看干部。槐花村的人居环境整治采取的是党员带头、发动群众的路子。驻村干部李东介绍说："刚开始是村干部带领党员到村里为村民打扫，村民看多了也不好意思再多让党员干部打扫，就会自发地开始打扫，并为了维持环境卫生，也慢慢开始养成爱护环境卫生的习惯。"同时，党员干部发挥主动作用，从自家和自家亲朋好友开始，主动清理房前屋后公共空间，把自家里里外外打扫得整齐干净。"这可是百姓看在眼里、记在心里的，干部起了头，事情就好推了。"李东介绍道。通过连续的环境整治，不仅清除了影响镇村环境的"脏、乱、差"现象，美化提升了人居环境，更重要的是通过党员干部的表率作用，对广大群众进行了一次环境卫生和环境提升大宣传、大动员、大教育，进一步提高了广大干部群众的环境保护意识，营造了全民参与村清洁工程的良好氛围，为全村村民创造了清洁文明的生活环境。

四、存在问题和工作难点

（一）基础设施建设有待提升完善

在调研过程中，从木塘组到杨家湾组的路上，其通组路仅有4.5米宽，一边是山壁，一边是陡坡，道路仅容一辆车通过，不能错车、不能掉头，影响群众生产生活，制约产业发展。随着生活条件的改善，私家车的普及度也越来越高，槐花村的道路狭窄、弯度大等问题已经逐渐凸显，无法满足发展的需求，交通便利度还需进一步提高。在走访入户时，面对走访对象家门口的陡坡时，感觉危险系数陡升，姚代新主任还跟开车的徐先军主任说："要不我们走下去等着。"同时，在槐花村的通组路上，面对约30°角弯度时，我们见证了徐先军主任高超的车技，面对这样的路，徐先军主任都说："通组路、连户路都需要扩宽才行，方便车辆通行及车辆错车。"

（二）种植业相关知识培训亟须加强

堕河坡生态专业合作社入股村民张发厚在谈到大棚蔬菜时说："我们的大棚蔬菜倡导的是生态有机，在集市上卖根本供不应求，买菜的都知道我们的菜好，就要我们的菜。但是现在我们规模小，仅仅在市场上就能卖完。"问是否需要技术培训时，张发厚大大感叹："太需要了，今年我们投入的黄瓜，现在就开始蔫了，我们拿其也没办法，就只能看着死掉，准备下一季换个菜种。"从谈话中可以了解到，槐花村的村民虽然从事种植业多年有一定的实践经验，但缺乏理论知识和新科技知识，由于合作社对自身认知的局限，对如何将产业做大做强以及对产品的定位模糊不清，使得对农产品创优的意识较为欠缺，导致槐花村的种植业存在产业规模小、部分优势农产品竞争力不强、传统农产品竞争力下降、中高端农产品供给不足的问题，使得居民日益增长的对高品质商品和服务的需求难以得到满足。

（三）村集体经济需进一步发展壮大

由于槐花村成立于2017年，作为新组建的村，其村集体经济因没有原始积累而相对薄弱，资金来源渠道单一，当前村集体经济项目只有开送养牛场专业合作社，且每年收入仅有3万元；同时由于村级财力基础薄弱，产业资金有限，好项目投入后劲不足，不能有效发展主导产业，对增加村集体收入贡献不明显。再者，槐花村有着丰富的水资源，但目前仅用于灌溉，并没有实现"绿水青山就是金山银山"的转化，其原因在于槐花村还没有把招商引资作为推动当地经济发展的重要抓手，忽略了招商工作的重要性，缺乏围绕主要优势开展招商引资进行资源开发利用的意识，以致无法发展村级主导产业。

五、对策与建议

（一）完善农村基础设施建设，推进槐花经济社会发展

坚持以统筹规划为引领，加速乡村公共交通网络的建设，同时配

合乡村旅游基础设施建设，在此基础上加快推进乡村物流网点建设工作，既有利于农业生产的发展，也有利于旅游业的发展，为传统农村发展注入新的活力提供保障措施。加强农村移动互联网基础设施建设与相关网络平台建设。重视并尽快完善农村移动互联网基础设施建设，为推动农民信息交互进而促进农民增收提供基础。加大相关网络信息平台建设力度，有偿或免费为农民提供生产管理相关知识以及可靠的市场信息，并通过村内张贴、村干部口授等方式在农村对此类信息平台广为宣传，以便打破农民原有的在生产销售中的路径依赖，切实发挥移动通信设备与移动互联网在农村信息交流中的作用，给相对闭塞的农村带来更多促进增收的选择。加大宣传教育力度，培养农民主体意识，构建农村基础设施共谋、共建、共管、共享格局。

（二）加强新型农民教育培训，全面提升村民综合素质

实施新型职业农民培育工程，开展现代青年农场主、新型经营主体带头人、农村实用人才等新型职业农民培育项目，实施"一人一技""一人多技"职业培训。创新培训机制，实施好新型农业经营主体带头人轮训、现代青年农场主培养、农村实用人才带头人培训和农业产业精准扶贫培训等"四个计划"。通过新时代农民讲习所、新型职业农民实训基地和农民田间学校等，开展实用技术和适用技能培训。建立多元培训方式，建设农民远程教育培训信息服务平台，依托重大农业项目开展技术培训。积极引导外出农民工返乡创业创新，鼓励有志于现代农业建设的农村青年、农技人员、大中专毕业生和退役军人等加入职业农民队伍。

2018年10月20日，调研七组查阅《万山区鱼塘侗族苗族乡槐花村村庄规划（2018—2035）（送审稿）》。

（三）推进要素整合机制创新，加快科技成果转化速度

整合产业发展中的技术、人才、资金、政策各要素，努力推进新阶段发展的机制创新。一是创新技术推广机制。积极探索"科技人员＋基地""科技人员＋科技大户＋基地""科技人员＋专业合作经济组织＋龙头企业＋基地"等多种运行模式，鼓励科技人员以技术承包方式到生产一线，以企业化方式管理基地，推广新技术、新品种、新农资，加速科技成果转化为现实生产力。二是创新激励机制。鼓励企业、科技人员及科技示范户、蔬菜大户，利用土地流转政策，进行产业规模化开发，对有贡献的科技人员、企业管理人员、专业合作经济组织及农民科技骨干进行重奖。三是加强招商引资。引进有技术、有实力的农业企业、文化旅游企业，开发槐花村生态农业和文化旅游产业，

重点打造堕河坡生态种植业，中片花卉苗木种植，下片吊井水库环库旅游、高端民宿、休闲垂钓、休闲度假山庄。使全村产业实现规模化、品牌化，增强群众造血功能。

（四）加强完善基层民主建设，大力推进村民自治进程

加强基层民主建设，健全村党组织领导的充满活力的村民自治机制，完善村务公开和民主议事制度，积极开展村务公开民主管理示范活动，切实维护农民的知情权、参与权、管理权、监督权权益。鼓励、引导和支持发展各种农村新型社会化服务组织和农产品行业协会，提高农民自我服务、自我管理、自我发展的能力。引导农户依法、自愿、有偿流转土地承包经营权，发展多种形式的适度规模经营。完善村民"一事一议"制度，健全农民自主筹资筹劳的机制和办法，引导农民自主开展农村公益性设施建设。实行村务公开，加强对村集体资产的监督。围绕主导产业，按照自愿互利的原则，引导建立农民专业合作经济组织和中介服务组织，完善自律机制，增强服务功能。加强农村基层党组织建设，充分发挥基层党组织的战斗堡垒作用。

参考文献

1. 中共中央、国务院：《中共中央国务院关于实施乡村振兴战略的意见》（中发〔2018〕1号），新华社，2018年1月2日。
2. 中共贵州省委、贵州省人民政府：《中共贵州省委 贵州省人民政府关于乡村振兴战略的实施意见》（黔党发〔2018〕1号），2018年3月17日。
3. 铜仁市城乡规划勘测设计研究院：《万山区鱼塘侗族苗族乡槐花村村庄规划

（2018—2035）》，2018。

4. 《憾魂动魄的侗乡鼕锣》，铜仁网，2012年9月13日。

5. 艾昌春：《金盆村里有"金鸡"》，搜狐网，2018年1月31日。

6. 《蒲草塘村生猪代养实现农企双赢》，《贵州日报》2016年9月27日。

半亩方塘、一亩田地，站在春天的阳光里，散落芬芳，洒下种子，播下希望。

踩着家乡蜿蜒的田埂，看着水田里的秧苗，闻着路边青草的芳香，你是否还记得儿时在稻田里捉泥鳅，在草垛里捉迷藏？

村庄里拔地而起的楼房，感受着经风历雨的沧桑，那些日渐斑驳的老屋，无声地诉说着村庄的过往。

"五大抓手"推进精准扶贫
"从上至下"助力生态治理

——文基村调研报告

2018年10月17~19日，铜仁市万山区转型可持续发展大调研第八小组张清、罗荣赴万山区鱼塘乡文基村开展实地调研，调研以座谈会、实地走访、访谈的形式进行。座谈会在文基村村民委员会会议室召开，由鱼塘乡副乡长曾贵发主持，文基村驻村干部吕绍贵、村支书徐华兵、村支部副书记杨英华、村支部委员兼主任陈贵华、村委副主任康卫国、村委委员徐先荣以及村监督委员会主任徐成建，村监督委员会委员杨玉平、杨樾和村民代表杨正军、杨政章、康学、徐先木、向洪定、杨志英、康建成参加会议。本次调研实地走访了铜仁市万山区顺丰竹荪种植基地、鱼塘乡文基村卫生室、万山区杰发种养殖基地。会后访谈了贵州省第十一届和第十二届人大代表、鱼塘乡副乡长曾贵发，鱼塘乡文基村低收入困难户龙银仙，鱼塘乡文基村文基小学教务主任桂先涛。搜集到《文基村产业发展建设情况报告》《鱼塘乡文基村村庄规划（2018—2035）》《文基村驻村干部吕绍贵工作记录本》，农户杨志和"四卡合一"相关资料，家庭医生签约服务资料，《万山区鱼塘乡文基村完小简介》《文基小学2018年6~7月生均公用经费表》《营养午餐经费表》《万山区事业单位绩效总量及奖励性绩效发放审批表》《鱼塘乡文基村脱贫攻坚相册》等相关资料。本次调研重在了解文基村在脱贫攻坚、生态保护和社会治理等方面的创新实践和经验模式，并进行理念总结和提炼深化，找寻存在的问题和难点，提出对策建议供政府决策参考。

一、基本概况

文基村位于万山区西南部，距万山区政府47公里，距鱼塘乡政府14公里。总面积19.6平方公里，全村土地面积3450亩，基本农田面积1500亩，耕地面积1256亩，其中水田面积506亩，旱地面积750亩，有效灌溉面积800亩，森林覆盖率达30％。下辖6个自然寨，全村有17个村民组，共有505户2436人。姓氏以杨、康、徐、黄、向姓为主，民族以侗族、土家族为主。其中精准扶贫对象户76户240人。全村有党员52人，有低保户48户70人，五保户12户13人，危房改造户22户，重病人17人，残疾人10人。现有建档立卡贫困户76户249人，未脱贫户8户29人，脱贫户68户220人，贫困发生率由2014年建档立卡之初的14％下降到2017年末的1.2％。

村"三委"班子现有9人。村级基层组织成员有文基村驻村干部吕绍贵、村支书徐华兵、村支部副书记杨英华、村支部委员兼主任陈贵华、村委会副主任康卫国、村委委员徐先荣以及村监督委员会委员杨玉平、徐成见、杨梽等。

村集体经济入股发展产业、项目主要为竹荪、砂石厂、蔬菜大棚、杰发养殖业等。全村"五改一化一维"工程已实施完成。全村

2018年10月17日，调研八组第三小组在文基村村委会会议室召开座谈会，鱼塘乡副乡长、文基村包村干部曾贵发，文基村村"三委"成员，村民代表等参加会议。

有集中式安全人饮供水点6个，覆盖全村17个村民组所有农户。目前全村所有农户均已接入国家农电网，享受全国同网同价电力资源，已完成农电网全面改造。全村已实现"组组通"硬化水泥路，连户路硬化率100％。全村实现移动、电信信号和4G网络无盲区全覆盖。户户实现100％安全住房。按户配备灶和操作台，实现所有主要居住房屋室内外全硬化。

二、基础条件和优势特色

（一）基础条件

村落分布集中有序。文基村属于低山丘陵区，分为文基坪、槐木、姜坡、船垱、徐坡、荒坪6个自然寨，文基坪为文基村村级服务中心。各村寨依山就势，每个村寨相对集中，山、田、寨相互交错。

基础设施基本完备。文基村实现通村公路（6米）、通组路（4.5米）、连户路（1.5米）全硬化；完成农网提级改造，实现一户一表，基本用电得到保障；完成人饮安全工程，水源为地下水；实现4G网络全覆盖，20M光纤已接入村庄。

公共服务基本到位。现有文基小学（幼儿园）1所，位于文基坪；村委会建筑面积270平方米，旁边建有文化活动广场450平方米；建有设施完备、功能齐全的村卫生室1个，拥有60平方米的村级活动室1个。

（二）优势特色

自然资源环境优越。文基村属中亚热带季风湿润气候，多年平均气温14.8摄氏度。年平均降水量1378.7毫米，年最多降水量1715毫米，年最少降水量954毫米，年平均日照时数1263.7小时。鱼塘乡全乡的水库多，为农作物的灌溉提供了便利。全乡现有大型水库2座，小型水库11座，山塘20口，总灌溉面积24500亩，小水池210口，总容量12084立方米。全乡蓄水总库容650余万立方米，有效灌溉面积19830亩，旱涝保收面积15375亩，占全乡耕地面积的71.59%。

农业产业发展良好，发展有竹荪40亩、蔬菜30亩，养鸡15000羽等。

村庄风貌特色凸显。建筑特色为黔东北侗家民居，主要是"一户一宅"的一字院、三合院、转角院，建筑色彩以砖灰、木黄色为主色调，自然景观呈现"田园与绿寨相拥"的景观意象。

乡村治理规范有序。文基村人居环境明显改善，每个村寨设置有移动式垃圾收集箱和垃圾桶，环境基本干净整洁有序。村民环境与健康意识普遍增强，2018年6月12日，经全体村民代表开会研究讨论，同意制定《文基村村规民约》。

三、创新实践和经验模式

（一）"五大抓手"推进精准扶贫

在脱贫攻坚工作中，文基村从群众最关心、最需要解决的现实问题入手，突出抓好精准扶贫工作，精准施策、因户施策，促进贫困群众增收致富。

一是抓"五改一化一维""换穷颜"。围绕"五改一化一维"工程全面改善贫困户及未达标农户家庭的厨房、厕所、饮水、圈舍和房前屋后硬化维修，提升了人居环境和生活质量，提高了群众的获得感和满意度。文基村建档立卡贫困户实施危房改造22户，其中2014年实施5户，2015年实施5户，2016年实施8户，2017年实施4户。

二是抓易地安置"挪穷窝"。按照"两不愁、三保障"原则，把国家政策讲清、把生活成本算细、把未来困难估足，切实解决贫困户搬迁后的生产生活、子女就学等方面的问题，确保贫困群众"搬得出、稳得住、能致富"。文基村建档立卡贫困户易地扶贫搬迁5户17人，其中2016年搬迁3户11人，2017年搬迁2户6人。

三是抓教育医疗扶贫"拔穷根"。坚持"扶贫"与"扶智"相结合，加大学前教育免费力度、中等职业学校困难学生资助力度，全面落实义务教育阶段贫困学生资助政策，切实解决贫困学生上不起学的问题。文基村建档立卡贫困户有31户50人享受教育资助共计65500元。抓好健康扶贫，在文基村建档立卡贫困户中，2017年产生医疗费用76户，共补偿172994.89元。

四是抓精准施策"摘穷帽"。立足精准破解贫困户突出问题和促进贫困群众脱贫增收并重，大力实施脱贫攻坚工程，建立"片为重点、工作到村、扶贫到户"的工作机制和党政一把手负总责的扶贫工作责任制；通过大走访、召开院坝会和群众代表会，清退不符合条件贫困户和新增"穷二代、穷三代"贫困户；按照"全覆盖、不漏户"的要求，扎实开展"5321"结对帮扶活动，选派帮扶干部、"第一书记"（驻村干部），明确贫困户帮扶责任人，实现包村包户全覆盖。同时，组织党员干部、致富能人、种养大户、回乡创业人员等有帮扶能力的个人和贫困户开展结对帮扶。目前，文基村建档立卡贫困户享受"精扶贷"信贷共7户，共计23万元。建档立卡贫困户就业情况为：在区内务工共有15人，在区外务工共有32人。文基村共有76户建档立卡贫困户，其

2018年10月17日，调研八组与文基村驻村干部吕绍贵进行访谈交流，了解村基本情况。

中区交通运输局、区水务局、区卫计局由27个帮扶责任人帮扶57户建档立卡贫困户，乡政府4个帮扶责任人帮扶19户建档立卡贫困户。

五是抓产业发展"改穷业"。以建档立卡贫困户入股憬闲云、彩虹海、杰发养殖合作社、文基顺丰竹荪种植专业合作社等为依托，按照"先试点、再推开，先平台公司进入、再带动合作社，先党员干部带头、再发动群众参与"的原则，紧紧围绕"农民专业合作社 + 基地 + 群众"的模式，因地制宜、因村施策，切实做大做强蔬菜、竹荪等特色种植产业和养殖业，变"救济式"扶贫为"造血型"扶贫。目前，全村产业扶贫75户，享受入股憬闲云有60户，每户每年分红200元；享受入股杰发养殖合作社35户，每户每年分红800元；享受入股文基顺丰竹荪种植专业合作社4户；享受入股旗屯曾氏养殖合作社20户，每户每年分红1000元；享受政府奖补产业扶贫22户。基本形成了"村村有合作社、户户搞产业、人人当股东"的产业发展模式。

(二)"从上至下"助力生态治理

利用"河长制"压实村级河长责任。文基村坚持以问题为导向，以整治为重点，全面推进河长制工作，做好"一河一策"方案，实现"水清、河畅、岸绿、景美、鱼欢、人和"。

一是加强领导，压实村级河长责任。明确工作目标和任务，扎实有序推进"河长制"工作，全面落实乡、村级河长责任，每段河流的保护责任落实到责任人，领导干部带头做好"河长制"工作，认真履行好河长职责。

二是加大宣传，有效保护。组织宣传教育活动进村、进寨、进户，制作"河长制"公示牌，确保农民卫生意识明显增强、农村环境面貌焕然一新，营造良好氛围，让农民认识到保护河流、水库的重要性并积极参与其中，最有效地推进"河长制"工作，实现"河长制"目标。

三是加快整治，沿河清理。整治河道管理范围内的乱搭乱建，清理堤防、岸边垃圾，清理水面漂浮物，清理水中障碍物，清理非法围网养殖；对污染严重的河段进行重点清淤和整治，全面落实河道长效保洁机制。按照"治旧控新"的原则，重点对农业畜禽养殖污染、农村生活污染、安全隐患等进行重点整治。完成主河道沿岸重点村庄的农村生活污水和生活垃圾治理任务；实行全境全年禁渔制度，各村制定禁渔村规民约，将禁渔制度执行到位，水质达标率明显提高。

按照《省林业厅省财政厅省扶贫办关于印发〈贵州省建档立卡贫困人口生态护林员工作实施〉的通知》（黔林资通〔2016〕193号）要求，文基村在全面做好生态护林员管理培训工作的基础上，通过购买服务、专项补助等方式，在贫困户中选择一批能胜任岗位要求的建档立卡贫困人口，为其提供生态护林员岗位。目前文基村共有5名生态护林员。天干晴朗的时候、炎热的夏季、清明时节、春节期间等都是生态护林员巡山护林的关键时间。生态护林员的日常巡山成为生活习惯，清扫山林的垃圾，遇到紧急情况及时报告灾情。这份工作每个季度2400元的报酬可让困难户用来补贴家用。

（三）"三进"宣传创建"无毒害"村寨

文基村通过全面推进"无毒害"村寨创建活动，实现全村基本无吸毒、无贩毒、无种毒、无制毒。全村村民对毒品及其危害的认知能力不断提高，禁毒意识普遍增强，毒品问题得到有效遏制，形成全体村民共同参与的禁毒工作局面。

一是广泛宣传，大力营造创建氛围。大力宣传关于禁毒工作的政策、部署及重要举措，昭示全村对毒品违法犯罪"零容忍"，以向毒品全面宣战的决心、态度和做法，通过各种形式向全社会展示禁毒工作取得的战果、涌现出来的先进集体和个人事迹，形成禁毒工作常态化宣传，多角度、高层次、持久地为村禁毒工作营造浓厚的舆论氛围。

强力推动禁毒预防宣传教育"进村寨"。将禁毒教育纳入重要议事日程，根据工作实际，在全村举办不少于一次的禁毒知识集中宣传，确保广大人民群众对禁毒知识知晓率达90%。

带动禁毒预防宣传教育"进家庭"。充分发挥村"三委"成员职能，立体化、全方位地开展禁毒宣传教育。采取入户发放禁毒宣传资料、禁毒宣传手册等形式开展禁毒预防教育宣传，确保本村居民家庭对禁毒知识知晓率达90%。

全面发动禁毒预防宣传教育"进场所"。采取悬挂禁毒海报、展览禁毒图片、散发宣传资料、现场咨询等方式，向外出务工返乡人员、离校回家大学生和探亲访友的广大群众宣传毒品防范和禁毒知识。向过往群众讲解毒品的危害，全面开展禁毒宣传活动，扫除禁毒宣传盲区和死角，培养文明健康的生活情趣，养成积极向上的生活方式，使群众提高认知和抵御毒品的能力。

二是深入排查，切实掌握毒情底数。发挥创建活动的载体作用，以低保入户排查为契机，深入各村组进行走访细查摸排，进一步掌握现有吸毒人员的情况，及时掌控人员信息，切实增强创建工作的针对性。集中整治，综合治理，遏止吸毒群体的扩大，减轻毒品危害。

三是加强协作，全面净化社会环境。积极联系禁毒成员单位，大力支持配合公安派出所作为禁毒工作的主力军稳、准、快、狠地打击各类涉毒违法犯罪活动，坚决抑制毒品消费市场，最大限度地减少毒品的"传染源"，净化社会治安环境。

（四）村规民约实现村民"自治"

村规民约成为村民日常行为规范。文基村经全体村民开会研究讨论，结合国家的法律法规，制定了爱国爱党、孝敬老人、讲究卫生、尊老爱幼、崇尚科学、爱护公共财物、勤俭节约、男女平等、尊重劳动者等内容的村规民约，建立了规范惩戒机制。对违反规定者实施罚款，以户为单位，第一次口头警告，第二次书面警告，第三次从重处罚并列入黑名单管理，管理期为一年，在管理期内，农户不得享受国家任何优惠政策。村委会对该户任何手续停止办理，直到考察合格后，并取消黑名单，才能恢复普通村民政策享受的权利。村规民约经过村民的民主讨论决定，认同度高，操作性强，对村民的行为具有一定的约束力，对统一思想观念具有凝聚力，对于统一思想认识、改变落后观念、营造良好的文明乡风、改善村容村貌、推进乡村社会治理具有积极作用。

"院坝会"破解干群联系的"最后一公里"。文基村"院坝会"已成为解决问题的场所，以及体察民情、温暖民心的平台。"院坝会"不仅能贴近群众，也更能了解群众最真实的诉求，还能将最棘手的问题矛盾解决在基层第一线。院坝会的召开地点没有专门的会议场所，就在农民的自家晒坝，使用的都是八仙桌和长条凳，参加的人都是本乡本土的农民群众，组织的人是乡镇一级的党员干部、村一级的党员干部。

"院坝会"拉近了党员干部和群众之间的距离，能更直接地倾听到最基层的声音，以摆家常的形式来收集问题，群众更容易接受。改变了一级级上报、一级级反映的模式，杜绝了村一级干部在传话的过程中有删改、遗漏，甚至瞒报、不报等情况，让乡镇及以上部门的党员干部能更直接地收集群众的问题诉求、矛盾纠纷，也让来自中央和地方党委的政策、精神等能够更加直接地传达到群众，让群众能够更加清晰地了解到党政方针、会议精神，避免了层层传达中出现的政策遗漏和理解偏差。"院坝会"能够最快速地解决群众最紧迫的问题。到群众身边召开"院坝会"，除了"零距离"走进群众以外，还能"最直接"了解问题矛盾真相、"微腐败"线索，能够"最快速"解决群众身边的生产、生活问题以及群众之间的矛盾纠纷。

四、突出问题与难点

(一) 思想观念亟待转变

　　文基村近年通过危房改造、易地扶贫搬迁、健康扶贫、教育扶贫、产业扶贫、小额信贷扶贫、就业扶贫、结对帮扶，脱贫攻坚工作取得显著成效，贫困发生率明显降低。但通过走访调查，发现文基村仍有部分村民"等靠要"思想严重，对脱贫攻坚形势和扶贫政策内容认识不够、了解不足。同时部分村民自身对产业发展和就业创业漠不关心，思想观念较为陈旧，把更多的财力投到建造房屋上，对下一代的教育发展也不够重视。

(二) 产业发展能力较弱

　　文基村的村集体经济产业、项目主要有竹荪、砂石厂、蔬菜大棚、

2018年10月17日，调研八组实地了解铜仁市万山区顺丰竹荪培育情况。

杰发养殖业等，存在的问题突出表现为产业发展资金欠缺，招商引资力度不够，可持续发展能力较弱。一方面产业结构较为单一，以种植养殖业为主。另一方面砂石厂和养殖场都对农村环境造成一定的污染，尤其是养殖场的牲畜粪便的排放，对农村人居环境造成较大污染，砂石厂则造成噪声污染和粉尘污染等。

（三）公共服务设施缺位

文基村支部副书记杨英华指出，目前文基村老年人的文化活动场所较少，主要道路的路面亮化、绿化不到位，路灯尚未安装，未设置生活污水处理设备等。尤其医疗设备不够完善，文基村目前只有唯一的一处村卫生室，要为全村17个村民组2436人提供基础性全方位、全周期的健康服务。但该卫生室目前的状况却是空置的，未能真正启用和发挥功用，医疗设备陈旧、药品不齐全。调研组在实地考察中发现，该卫生室正在进行重新布置和装修。

（四）人力资源支撑不足

农村的空心化使得农村经济发展欠缺充足的人力资源。目前文基村存在的普遍现象，为了改善家庭经济条件，青壮劳动力大多在附近的万山城区和铜仁市区务工，甚至是北京、上海、广州、深圳一线及沿海城市，家里留下的大多是老弱病残者和部分留守儿童，没有劳动能力，对农村经济和产业发展缺乏支撑力。

五、对策与建议

（一）转变陈旧思想观念，重视农村教育发展

重点要转变村民"等靠要"的思想。针对有产业发展意向、参与改造工程的农民，抓好新技术、新品种、新农资教育培训，提供种植、养殖技术保障，强化安全生产意识，切实增强内在发展动力，增强农民干事创业本领。正如鱼塘乡副乡长曾贵发所说，"农村只有富裕了，矛盾才会少"，"农民要转变观念，搞好产业发展，壮大集体经济，为全面小康努力奋斗"。文基小学教师桂先涛认为，"教育要从娃娃抓起，兼顾公平，关注每一个孩子的成长"，"政府要更多关注国民教育的发展，多关注孩子的成长"。为此，要大力实施政策宣讲和媒体宣传，树立正确的"三观"，促进农村教育观念的根本性转变。重点要以政府为主导，加强技术服务和管理培训。

（二）坚持产业化、规模化，提升发展质量水平

产业是农村脱贫攻坚的"重器"，是贫困群众增收致富的不竭源泉和坚实依靠。正如曾贵发副乡长所说："经济发展要看高一点，看远一点，发展产业要走规模化、精品化、品牌化道路。"一是根据文基村气候、土壤等自然环境条件，考察适合文基村发展的相关产业，加大招商引资力度。鼓励企业、科技人员、致富能人利用土地流转政策，进行产业规模开发。二是积极探索"公司＋合作社＋贫困户＋基地"、"公司＋龙头企业＋贫困户＋基地"、村企合一等以股份合作为主要形式的集体经济模式，完善农户、企业、集体的利益联结机制，集聚闲散资金，让分散贫困户抱成团，进行项目捆绑，形成投入合力，发挥整体经济效益。三是积极向上级部门申报立项专项资金，鼓励农民通过小额信贷增加产业投资。围绕主导产业，引导农民自愿自利建立专业合作经济组织和中介服务组织，完善自律机制，增强服务功能。四是优化农村产业链条，发展农村种养殖循环经济，实现资源的最大化利用，有效降低生态环境污染，产生良好的经济效益和社会效益，促进产业可持续发展。五是建立生态补偿机制，加强对村庄周围山体、水体、绿化植被等环境景观要素的管理，重点引导居民使用电能、太阳能、液化气等清洁能源，促进生态稳定、健康、可持续发展。

（三）完善公共服务配套，改善农村人居环境

一是加强农村基层党组织建设，明确乡党委政府为乡村建设的责任主体，以政府投入资金建设为主导，充分发挥村"三委"作用，最大限度调动村民积极性。二是完善村民"一事一议"制度，健全农民自主筹资筹劳的机制办法，引导农民自主开展农村公益性设施

2018年10月19日，调研八组与贵州省第十一届和第十二届人大代表、鱼塘乡副乡长曾贵发进行访谈交流。

建设。完善村务公开制度，切实维护农民的知情权、参与权、管理权、监督权等权益。三是以环境整治为重点，改造提升农村人居环境。实施公共服务提升工程，合理利用现有村委会空间场地，增设农村电商服务站，设置农民技能培训学校，增设运动健身设施，新增村级文化广场（老年活动中心）等，完善现有村卫生室的医疗器械设备、药品，为村民提供基础性、全方位、全周期的健康管理服务。实施亮化绿化工程，政府提供树苗、农户出力植树，对村庄道路两侧进行绿化；增设安全防护设施，在交叉路口安装摄像头；对电力设施进行提档升级，安装太阳能路灯，实现智能化亮化。对古树名木编号建档、立牌标识和设护栏维护。实施垃圾污水治理工程，对现有环卫设施进行升级改造，采用地埋式智能垃圾收集点，设置分类垃圾箱，引导村民进行垃圾分类和垃圾资源化利用。四是鼓励、引导和支持发展多种新型农村社会化服务组织，提高农民自我服务、自我管理、自我发展的能力。

（四）吸引能人回乡创业，激发创新发展活力

文基村调研过程中，实地走访了铜仁市万山区顺丰竹荪种植专业合作社竹荪种植基地和大棚蔬菜种植基地。致富能人杨通军基于竹荪营养价值高、市场需求量大、管理和技术水平要求低、气候海拔湿度自然条件适宜等原因选择创办竹荪种植专业合作社。从2016年8月正式成立至今，24户村民以户为单位进行资金入股，每年每户分红2500元，目前已带动20多户贫困户脱贫。由此可见，能人创业带动对农村脱贫致富起着关键性作用，是农村产业发展的直接动力。为此应引导农户依法、自愿、有偿流转土地承包经营权，发展多种形式的适度规模经营。通过整合产业发展的政策、技术、资金、人才等要素，积极探索"科技人员＋基地""科技人员＋致富能人＋基地""科技人员＋专业合作社＋龙头企业＋基地"等多种运行模式，吸引致富能人回乡创新创业，孝敬家里老人，陪伴孩子成长，促进农村产业发展，助力农户脱贫致富。

参考文献

1. 中共中央、国务院：《乡村振兴战略规划（2018—2022年）》，2018年9月26日。
2. 铜仁市政府办：《铜仁市人民政府办公室关于印发铜仁市2017年林业生态补

偿脱贫实施方案的通知》(铜府办发〔2017〕69号), 2017年4月15日。

3. 鱼塘乡文基村:《驻村工作半年述职报告——钟作金》, 2017。

4. 鱼塘乡文基村:《文基村基本情况》, 2018。

5. 铜仁市城乡规划勘测设计研究院:《铜仁市万山区鱼塘侗族苗族乡文基村村庄规划 (2018—2035)(送审稿)》, 2018年6月1日。

6. 刘开鸿:《"五军"集结会战"四大战役"》, 万山网, 2017。

7. 解晋:《鱼塘乡"五大抓手"齐头进发"斩穷根"》, 万山网, 2017。

　　青山绿水，山环水绕，空气清新，民风淳朴。到这里来品山泉，静心灵，忆乡愁，甘甜的自然环境和富足的人民生活，是现代人们品味乡村气息的最佳场所。

落日的余晖里，沐风远眺，村庄依旧静谧如初，入眼便忆起它年轻的身影。房前屋后的小菜地，倾诉着对村庄的留恋不舍。与在风中摇曳的野花一起，守护着永远的村庄。

斗转星移，物是人非，200多年的古樟树依然静寂地独守在村头，摇曳着它的枝叶，任凭风吹日晒雨淋，默默地坚守着村庄。古树还在，村庄依旧，曾经的放牛娃，何时是归期？

八大措施助力产业扶贫
能人带动引领乡村发展

——牛场坡村调研报告

2018年10月22~23日，铜仁市万山区转型可持续发展大调研第八小组张清、罗荣对万山区鱼塘乡牛场坡村进行调研，实地走访了铜仁市万山区英德畜牧有限公司生猪养殖基地。在牛场坡村村委会会议室举行了调研座谈会，牛场坡村驻村干部刘江敏、乡人大副主席（牛场坡村包村干部）郑飚、村支部书记潘水银、村支部副书记代世友、村主任黄顺华、村副主任潘天堂及村民代表代志洪、代彩及、潘彩华、潘令参加会议。会上，调研组介绍了本次调研的行程安排和成果形式，驻村干部刘江敏汇报了脱贫攻坚工作的开展情况，村民代表代彩及分享了自己对转型发展的真切感受。会后，调研组对乡人大副主席（牛场坡村包村干部）郑飚、驻村干部刘江敏、村党支部书记潘水银、村主任黄顺华及脱贫户代表代一飞、代世学进行了访谈。搜集到《铜仁市万山区鱼塘乡牛场坡村脱贫攻坚工作开展情况报告》《鱼塘乡牛场坡村村庄规划（2018—2035）》《牛场坡村村规民约》《铜仁市万山区英德畜牧有限公司自繁自养及商品猪养殖项目可行性报告》《铜仁市万山区英德畜牧有限公司简介》等相关资料。本次调研重在了解牛场坡村在脱贫攻坚、产业扶贫、社会治理等方面的创新实践和经验模式，进行理念总结和提炼深化，找寻存在的问题和难点，提出对策建议供政府决策参考。

一、基本概况和历史沿革

（一）基本概况

牛场坡村位于铜仁市万山区鱼塘乡东南部，辖区面积11平方公里，与玉屏县亚鱼乡相邻，海拔高度为760米，气候宜人，年平均气温19.5℃，耕地面积7380亩，林地面积13800亩。目前全村农业发展以种植玉米、辣椒、高山葡萄等经济农作物为主，养殖方面以养殖牛、猪、羊为主。2017年全村集体经济收入3万元。

2014年农业户籍人口644户2930人，以侗族、土家族为主。现全村辖街上组、白水洞组、半坡组、陈家湾组、葛麻坪组、石头寨组、铜盆井组、猪娄山组、菜花铛组、鲫鱼塘组、大麦坨组、情家坡组共计12个村民小组，以黄姓和潘姓为主。目前全村有58名党员，12个党小组，有低保户62户107人，有五保户11户12人，危房改造49户130人，重病人1人，残疾人43人。现有建档立卡贫困户64户176人，未脱贫户5户18人，脱贫户59户158人，贫困发生率由2014年建档立卡之初的29.43%下降到2017年末的0.61%。①

---

① 资料来源：《铜仁市万山区鱼塘侗族苗族乡牛场坡村村庄规划（2018—2035）（送审稿）》，2018。

全村有集中式安全人饮供水点3个，覆盖全村12个村民组所有农户。全村所有农户均已接入国家农电网，享受全国同网同价电力资源，已完成农电网安全改造。全村已实现"组组通"硬化水泥路，连户路、入户路硬化率100%。全村实现移动、联通、电信信号和4G网络无盲区全覆盖。户户实现100%安全住房，实施"五改一化一维"惠民项目，按户配备灶和卫生厕所，实现所有主要居住房屋室内外全硬化。

牛场坡村领导班子健全，有村、支、监"三委"成员9人：村支部书记潘水银，村支部副书记代世友，村支部委员黄勇军，村委会主任黄顺华，村委会副主任潘天堂，妇女主任杨雪萍，监督委员会主任潘新华，监督委员会委员谭小红、黄顺昌。另有包村领导、乡人大副主席郑飚，区食品药品监督管理局下派驻村干部刘江敏。

（二）历史沿革

牛场坡村原名牛长坡村，是一个以侗族为主的传统少数民族行政村，距铜仁市仅27公里，交通便利。20世纪80年代中期前为"牛场坡乡"，后来由于"撤区并乡"，牛场坡并入鱼塘乡。一直以来，以牛市交易闻名于周边县市的牛场坡，牛肉汤锅更是一绝。

2016年将牛场坡村槐花坪组、木塘组、下岩龙组、坡壋上组、菜花壋组、老院子组、堕河坡组与鱼塘村吊井组等地合并成槐花村。

二、基础条件和优势特色

（一）基础条件

区位地理优势明显。牛场坡村地势适中，区域位置较好，位于

2018年10月22日，调研八组第三小组在牛场坡村村委会举行座谈会，鱼塘乡人大副主席、牛场坡村包村干部郑飚，驻村干部刘江敏，村"三委"与部分村民代表参加。

鱼塘乡东部，东紧邻茶店办事处梅花村，北与槐花村相接，西抵鱼塘村，南与大龙村相连，村委驻是地街上组。全村有12个自然寨，其中，大麦坨组、情家坡组、菜花铛组、猪娄山组居民不足30户，自然寨之间相隔一定距离，村寨依山就势，山、田、寨和水库相互交错。

"五改一化一维"工程实施完成。牛场坡村实现通村公路（6米）、通组路（4.5米）、串户路（1.5米）全硬化；村庄完成农网提级改造，实现一户一表，基本用电已得到保障；每个村寨设置有移动式垃圾收集箱和垃圾桶；村庄已完成人饮安全工程，每个居民点都修建有蓄水池，水源为地下水和地表水结合；村庄实现4G网络全覆盖，20M光纤已接到村庄。

（二）优势特色

公共服务设施基本完善。村庄现有村小学和幼儿园，村民委员会、广场和养老院等都位于集镇，目前能够满足全村需求。建有团支部、民兵连、妇联、治保调解、计生等配套组织，拥有农民文化小图书室1个、村级小学1所、村级卫生室1个以及260平方米的村级活动室1个。

农业产业发展良好。产业以农业为主，主要种植水稻、玉米、花生、红薯、蔬菜等，专业合作社养牛100头。

村庄风貌特色凸显。建筑特色为黔东北侗家民居，主要是"一户一宅"的一字院、三合院、转角院，建筑色彩以砖灰、木黄色为主色调，自然景观呈现"田园与绿寨相拥"的景观意象。

三、创新实践和经验模式

（一）"八大措施"并举，产业扶贫成效显著

牛场坡村以"八大措施"并举，推进脱贫攻坚帮扶措施精准到位。

一是实施危房改造。牛场坡村建档立卡贫困户实施危房改造11户，其中2014年实施2户，2016年实施5户，2017年实施4户。

二是易地扶贫搬迁。牛场坡村建档立卡贫困户易地扶贫搬迁14户54人，其中2016年搬迁3户12人，2017年搬迁11户42人。

三是健康扶贫。牛场坡村建档立卡贫困户2017年健康扶贫惠及64户，共补偿到户资金25778.18元。

四是义务教育。牛场坡村建档立卡贫困户中35户66人享受教育资助共计94700元。

五是产业扶贫。牛场坡村的产业扶贫基本做到户户有产业覆盖，

人人有脱贫门路。建档立卡贫困户享受入股贵州憬闲云农牧专业合作社（大棚蔬菜）、彩虹海（贵州省恒海文化旅游置业有限公司）、铜仁市万山区英德畜牧有限公司、铜仁市万山区鱼塘乡牛场坡跑山牛养牛厂，奖补产业扶贫共计5个产业项目享受入股分红及产业奖补惠民政策。其中，建档立卡贫困户享受贵州憬闲云农牧专业合作社（大棚蔬菜）产业扶贫共有54户，每户每年分红200元；享受彩虹海产业（贵州省恒海文化旅游置业有限公司）扶贫共有33户，每户每年分红1600元；享受铜仁市万山区英德畜牧有限公司产业扶贫共有50户，每户每年分红1000元；享受铜仁市万山区鱼塘乡牛场坡跑山牛养牛厂产业扶贫共有5户，每户每年分红1000元；享受政府奖补产业扶贫11户。建档立卡贫困户享受产业资金支持共计327300元。

六是扶贫小额信贷。牛场坡村建档立卡贫困户享受小额信贷（特惠贷）共有4户，用于自主养殖发展产业，增收致富。

七是就业扶贫。牛场坡村建档立卡贫困户在区内务工共有19人，在区外务工共有20人。

八是帮扶责任人。牛场坡村共有64户建档立卡贫困户，其中由万山区总工会、区林业局、万山区公安局、食品药品监督管理局（现市场监督管理局）23个帮扶责任人帮扶50户建档立卡贫困户，鱼塘乡政府5个帮扶责任人帮扶14户建档立卡贫困户。[1]

（二）能人带动引领，"产业＋就业"充分融合

通过对牛场坡致富能人潘水银的访谈，了解到潘水银作为鱼塘乡

---

① 资料来源：《铜仁市万山区鱼塘乡牛场坡村脱贫攻坚工作开展情况报告》，2018。

牛场坡村人，有着万山区第十八届和第十九届人大代表、万山区工商联协会副会长、牛场坡村党支部书记、贵州汞都建设股份有限公司总经理等多重身份。作为全村的致富带头人，他曾经募集资金为村委修建办公场所，扩建牛场坡村街上组道路，实现水电路的全面贯通。为帮助村民脱贫致富，潘水银通过招商引资，引进英德畜牧有限公司发展生猪养殖，农民通过集体经济入股，每人每年分红1000元，带动50户当地村民110多人就业。贵州汞都建设股份有限公司带动了牛场坡村当地100多位村民就业，月均工资收入3500元。除了吸引家乡人返乡就业，每年还组织员工进行技术和管理培训。由此可见，发挥能人引领带动效应，对促进村民脱贫致富、帮扶村民充分就业有重要作用。

（三）特色项目支撑，优化产业发展格局

近年来，鱼塘乡紧扣发展主基调主战略，按照"产业强乡、农业稳乡、生态美乡、旅游活乡"的发展思路和"招商、亲商、富商"的理念，以脱贫攻坚为契机，抢抓发展机遇，盘活扶贫资金，加大招商引资力度，不断优化投资环境，重点打造一批"精、准、快"的特色产业项目，形成"村村有精品、一村一特色"的产业发展格局，助推群众快速脱贫致富。

牛场坡村自繁自养及商品猪养殖项目就是典型案例，是万山区2017年1月招商引资引进来的产业扶贫项目，总投资8000万元，占地约3000亩。预计项目建成后年产值约9000万元，实现年销售收入约2500万元，能够辐射带动全区农业养殖户约100户从事生猪养殖，提高农民收入约5600万元，带动解决辖区内贫困人口约200人就业问题。正如项目负责人徐英德说："之所以选择万山这块土地投资，是因为万山除了

2018年10月22日，调研八组第三小组在对牛场坡村进行调研，这天也正是牛场坡村赶集的日子，图为集市上正在进行农副产品交易。

拥有独特的招商引资优惠政策以外，这里的气候也很好，环境宜人，特别适合养殖项目的发展。"

四、突出问题与难点

（一）农业种养殖业结构单一

　　牛场坡村的种养殖业结构单一，尚未形成产业化、规模化。全村农业以种植玉米、辣椒、高山葡萄等经济农作物为主，养殖方面以牛、猪、羊为主。目前引进英德畜牧有限公司发展生猪养殖。牛场坡村曾经作为铜仁市三大肉牛交易市场之一，当地农民几乎家家户户都养牛，然而由于圈养的方式零散，不成规模，导致市场不景气。

（二）农村环境综合治理较差

牛场坡村农民由于缺乏广泛的宣传教育，再加上自身知识和素质有限，农民的生态环境保护意识较差，未从根本上意识到农业生产环境对其自身健康和生活的重要性。农民未养成良好的生活习惯，集市上随意倾倒生活垃圾，摊位上随意排放生活污水，随意在水井旁洗衣洗菜，容易造成水源污染。同时，猪、牛、羊等家畜随意在道路上排泄粪便，主人懒于清扫，环境卫生遭到破坏。

（三）公共服务设施有待完善

牛场坡村目前完成农网提级改造，基本用电已得到保障，但路灯尚未安装完全；每个村寨设置有移动式垃圾收集箱和垃圾桶，但未设置生活污水处理设备；文体设施方面，还欠缺健身设施，缺乏图书活动室和活动中心；数字建设上，乡村电子商务服务信息系统，包括农村电商、农村天网、数字政务等的建设程度还很低。

五、对策与建议

（一）因地制宜发展农业产业

一是适度发展规模种植，重点发展辣椒、玉米、高山葡萄等种植产业；大力发展猪、牛、羊等养殖业，尤其发展规模化养牛，探索推行"1+N"多模式带动周边农户和贫困户发展生态养殖，大力推广标准化饲养和高效无污染养殖技术，以产业化、规模化振兴肉牛交易市场。二是政府应加大招商引资力度，完善农业产业链，形成集农业种植养殖、农产品加工、农产品运输、农产品电商销售渠道等于一体的全产业链条。大力发展旅游业和现代服务业，探索现代农业与第三产业融合的可持续发展道路。三是邀请种养殖专家入村进行技术指导，根据牛场坡村气候、土壤、自然环境等条件，考察适合牛场坡村发展的种植产业，提高牛场坡村种植产业和土地利用率，对村民加强专业技术培训，指导村民有效地生产种植。

（二）加强农村环境综合治理

一是开展宣传教育，提高生态环保意识。加强生态环境保护宣传教育，通过多渠道、多层次、多形式的生态文明知识宣传，使农民从根本上意识到农业生产环境对其自身健康和生活的重要性，通过提高村民自身知识和素质来改善农村的生态环境。二是推进农村环境综合治理。成立综合整治小组，逐步分工到位，事事到人。加大投资，多

2018年10月22日，调研八组第三小组实地考察牛场坡村卫生清洁户。

方筹资，完善环境设施设备，促进村民养成良好生活习惯。对于生活垃圾的处理，建立垃圾池，集中收集处理，配置保洁员，负责日常卫生的打扫和垃圾的定期清运。推广生物有机肥料，使土壤和水的污染降到最低，采用低毒、高效、低残留的新农药，同时加强基础设施建设，推广使用新能源。

（三）逐步完善基本公共服务

一是重点保护田园、山林等要素，对村庄肌理进行梳理，提高村寨内部及村寨周边绿化水平。二是增设便民服务站。在牛场坡村村委会场地增加便民服务站，在服务站设置文化图书室并兼有活动中心的功能，结合便民服务站建设乡村电子商务服务信息系统，包括农村电商、农村天网、数字政务等，实现乡村数据信息化管理。三是完善体

2018年10月22日，调研八组第三小组走访困户代世学家，图为走访结束后与代世学、姚小妹进行合影。

育健康设施。在村小学旁边新建卫生室，并在街上、葛麻坪、石头寨、白水洞、半坡、铜盆井、猪娄山、情家坡和鲫鱼塘规划设置相应的健身设施。

参考文献

1. 中共中央、国务院 :《乡村振兴战略规划（2018—2022年）》，2018年9月26日。
2. 鱼塘乡牛场坡村 :《铜仁市万山区鱼塘乡牛场坡村脱贫攻坚工作开展情况报告》，2018。
3. 铜仁市城乡规划勘测设计研究院 :《铜仁市万山区鱼塘侗族苗族乡牛场坡村村庄规划（2018—2035）（送审稿）》，2018。

是乡愁让我回到这里，是发展让我看到希望，我将不再留恋于过去，任何挫折都不可能让我放弃奔向那片厚重与幸福的土地。150亩的鱼塘、白岩山组的荷花基地，金盆村产业发展迅速，村民生活愈加富裕。

饮水思源，不忘初心。生长在水塘边的大树弯下腰，好像一位饱经风霜、和蔼慈祥的老人，低头含笑，望着远方，似乎在盼着人们的归期。

明朝时，征战就地寻一洞穴，冶炼火药、兵器，在斗转星移，世事变迁，兵营变商楼，荒蛮遇文明之后，洞穴依然保存完好，名"屯兵古洞"。

聚焦五大重点引领乡村振兴

——金盆村调研报告

2018年10月20日，铜仁市万山区转型可持续发展大调研第八小组贺羽与胡亚男对金盆村进行实地调研。调研以座谈会、访谈、实地走访的形式开展。调研期间就金盆村产业发展、集体经济情况与金盆村包村干部冉茂江、驻村干部姚水平、村支书张应钢、村主任助理何承翠等进行了深入的座谈与深度的访谈。并访谈了贵州金盆农业发展有限公司负责人何桂祥、俞融敏，龙源种养殖农民专业合作社法人张密，金盆小学教师向小艳、刘玲静等，通过访谈了解外地人经商对本地发展的促进作用、返乡创业者回乡创业情况与金盆村教育发展等问题。入户走访了张应笔、张应堂两位已经脱贫的村民。实地考察了贵州金盆农业发展有限公司的养鸡场、龙源种养殖农民专业合作社的鱼塘、白云山蜜桃种植专业合作社的水蜜桃种植基地与花椒种植基地、白岩山组的荷花种植基地以及屯兵古洞。根据调研情况了解，党的十八大以来，金盆村产业发展良好，已具备一定规模，村民居住条件得到了一定程度的改善，但在发展过程中仍然存在很多问题。

一、基础概况与历史沿革

（一）基本概况

金盆村位于鱼塘乡西北部，地理位置位于东经109°03′，北纬27°61′，距乡政府驻地约14公里，距万山县城约35公里。海拔高度500~600米。全村土地面积18.5平方公里，耕地面积3015亩（田1500亩，地1515亩），森林覆盖率为45%。全村共有17个村民组，共716户2713人，以苗族、侗族为主。2017年底共有建档立卡贫困户135户442人，未脱贫户14户51人，属二类贫困村，2016年出列。贫困发生率由2014年建档立卡之初的17.22%下降到2017年末的1.86%。全村共有20个姓，以李、刘、张、罗4姓为主。全村外出务工人员达1400余人；60岁以上老人约400人，占全村人口的14.2%。

（二）民俗概况

金盆村自然风光秀丽，山水互映，舒家原生态石林150亩以及白岩山屯兵古洞都还待开发。金盆村因村委会旁边四座小山形成一个盆状而得名金盆，并在2010年合并了红五村。金盆村的支柱产业主要有养鸡、养鱼等养殖业和蜜桃种植业，农业以水稻、花生、玉米、辣椒等特优产业为主。这里的锅巴饭、腊肉别有风味。金盆村村民热爱文艺活动，金盆村歌舞队组成人员已有20名，他们经常组织唱歌跳舞活动。上了年纪的老人即使无法参加歌舞表演，只要有表演活动就会前去观看，那时村里一派热闹景象。

（三）基层组织概况

金盆村共有党员101名。现任第一书记为何苗，驻村工作队常驻队员有向国勇、冉茂江、杨丰瑞、徐春菊、饶望银。村支书张应钢，已任职八年；村主任助理何承翠，任职半年；村监委主任石显成，任职两年。随着制度的不断完善，村民参与村集体事物的积极性越来越高。

二、基础条件和特色优势

（一）基础设施建设不断完善

全村所有农户均已接入国家农电网，享受全国同网同价电力资源，已完成农电网全面改造。全村已实现"组组通"硬化水泥路，连户路硬化率100%。全村实现移动、电信信号和4G网络无盲区全覆盖。户户实现100%安全住房，按户配备灶和卫生厕所，实现所有主要居住房屋室内外全硬化。全村2017年实施"五改一化"585户，贫困户111户，非贫困户374户，其中改厕378个，改灶315个，改水325处，改圈10户，室内外及房前屋后硬化455户，约37765平方米。安装太阳能路灯75盏。全村有村小1所，建有设施完备、功能齐全的村卫生室2个，拥有220平方米的村级办公场所1个，农民文化综合广场1个。

（二）集体经济发展壮大

金盆村大力发展集体经济，保证每户获得两项集体经济收益分红。其中，贵州省恒海文化旅游置业有限公司（彩虹海）产业扶贫共有60户80人，每人每年分红1600元；贵州金盆农业发展有限公司（养鸡场）

产业扶贫78户90人，每人每年分红1000元；贵州憬闲云农牧专业合作社产业扶贫121户413人，每户每年分红200元；万山聚丰果蔬专业合作社产业扶贫6户25人，每户每年分红1000元；金盆龙源种养殖农民专业合作社产业扶贫20户，每户每年分红500元；金盆白云山蜜桃种植专业合作社产业扶贫8户29人，每户每年分红900元；金盆兴旺农民专业合作社产业扶贫2户，每户每年分红1000元。目前贵州金盆农业发展有限公司已具有一定规模，效益较好。龙源种养殖业农民专业合作社、白云山蜜桃种植专业合作社还在初步发展阶段，发展前景较好。

（三）屯兵古洞传承优秀文明

在金盆村，我们实地考察了屯兵古洞，这个一直被包村干部、村支书提起的神奇地方。在这里，我们通过宣传展板了解了屯兵古洞的历史。明洪武十三年，苗王巴扎刺瓦尔密反叛，朱元璋派大将率三万大军南征，经过三个月的征战，平定叛乱。为保障黔东门户稳定，命就地屯兵。据鱼塘金盆李姓家谱记载：征战时就地寻一洞穴，冶炼火药、兵器，名屯兵洞。斗转星移，世事变迁，兵营变商楼，荒蛮遇文明，"屯兵古洞"依然保存完好。

村主任助理何承翠告诉我们："这里冬暖夏凉，所以村民们都很爱来这里，夏天的时候人更多呢。"站在"屯兵古洞"的门口，就已感到非常凉爽。据了解，"屯兵古洞"主洞长6500米，宽3~50米，高5~90米，面积约30万平方米，有五处火药冶炼点、三处兵器制造遗址。人行通道由大洞入、小洞出，内有多处小洞相连，深不可测，有香炉岩、冶炼火药遗址、莲花台、白玉瀑布、仙人藏娇等两百多处自然景观，千姿百态、栩栩如生。

2018年10月20日，调研八组访谈金盆村村主任助理何承翠。

三、创新实践及发展模式

（一）积极任用年轻人才，加强金盆村基层干部配备

村主任职位空缺，灵活增设岗位。金盆村村干部流动较大，近两年陆续有村干部考上公务员，不在本村任职。调研期间，我们发现金盆村的村主任已考上公务员，村主任岗位空缺。而村干部必须由选举产生，村主任离职时还未到下一任村干部选举时期，出于脱贫攻坚和村行政事务要求的考虑，同时也为给勇于创新的年轻优秀人才创造发挥才能的机会，因此金盆村增设村主任助理一职暂代村主任职务。

优先任用年轻优秀人才，谋划乡村发展。村里决定由年轻有为、敢作敢当的何承翠任该职。当问到为什么选她当村主任助理时，何承

翠说："之前在外做建材生意，但想着荒在家乡的土地，还有对家乡的感情，我回到了这里，自己的土地再加上流转的土地，就开始种植水蜜桃与花椒。我想着收益好的话，可以带动乡亲们一起。村里觉得我积极肯干，也肯为村里人考虑，就找我了。"我们了解到何承翠的丈夫在仁山街道任职，但她为了农村的事业，一直在村里居住。村里需要这样肯干、会干、实干、懂技术、会管理、切实为村里谋发展的年轻干部。

发挥村干部带动效应，谱写发展新篇章。谈到未来金盆村的发展，何承翠想依托村里的自然资源，发展旅游产业。金盆村下一步有发展农家乐的打算，何承翠想利用自己的水蜜桃种植基地发展真正能体验农家生活的农家乐，用自己的力量带动大家一起探索致富的路子，希望能谱写"百姓富、生态美"的金盆村发展新篇章。

（二）加大招商引资力度，推动金盆村经济发展

加大政策倾斜力度——企业"进驻进来"。农村要发展，产业兴旺是重点。近年来，金盆村从自身环境优势出发，通过政策优势加大招商引资力度，实现资金、项目、技术和人才的全方位引进，培育现代农业，延伸产业链条。以引进贵州金盆农业发展有限公司为起点，促成内生引擎，推动产业转型升级，描绘金盆村发展新蓝图。

在去往贵州金盆农业发展有限公司养鸡场的路上，包村干部冉茂江带着自豪的语气告诉我们："这是我们最好的产业了，规模还比较大。"我们到达养鸡场后，直接去到企业负责人何桂祥办公室，办公室宽敞明亮，已经基本做到现代化办公，这在农村是少见的。通过了解，我们才知道贵州金盆农业发展有限公司是由福建省福清市生龙养殖场

股东投资成立，是鱼塘乡金盆村2016年的重点招商引资企业，两位负责人都是福建人。企业主营繁殖饲养无公害肉鸡、蛋鸡、散养土鸡和种植蔬果，占地面积500亩。何桂祥说："之所以会来到这么偏远的地方，就是因为这里空气好、环境好、气候适宜，鸡的发病率就小。养殖业最重要的是防疫，这里四周都是森林，是天然的屏障。更重要的是，养殖业风险较大，这边政策好，政府对我们企业有补助，我们产业的风险值就小一点。"

打造生态养殖基地——企业"发展起来"。贵州金盆农业发展有限公司通过三期工程建设致力打造生态养殖基地。一期工程建有办公楼、饲料加工房、孵化车间、育雏车间、蛋鸡舍、蓄水池、污水池、消毒室等设施。二期工程建成6万羽散养土鸡舍。三期工程发展生态农业，利用公司有机肥种植有机果蔬，实现全产业链贯通，以技术、销售为核心，创建一流生态养殖、循环经济发展基地。

探索互惠共赢模式——企业"带动起来"。落户之后，企业积极探索推行多种互惠共赢路径，打造了"公司＋合作社＋贫困户＋订单"的模式，通过农户土地入股、贫困户资金入股、村集体经济入股、公司效益分红的方式，不仅加快地方现代综合农业规模扩大发展，而且起到了带领周边农民群众脱贫致富的作用。

四、突出问题与难点

（一）产业结构单一带来的人力资源流失严重

本地产业大多以种养殖为主，产业模式较为单一，导致本地就业机会少，外出务工人员达到一半以上。旅游资源也未得到充分利用，村里部分项目有发展意向和规划，但由于地理位置相对偏远、交通设施不完备，项目对投资企业缺乏吸引力，资金落实困难。村级缺乏人脉优质资源，在自筹资金上也乏力。龙源种养殖农民专业合作社法人、返乡创业者张密说："我们这里产业太单一了，机会太少了，留不住人。"产业结构单一似乎不只是金盆村一个村的问题，鱼塘乡的其他村大都存在这个问题。农村产业以种养殖为主，农产品价格低，土地附加值低，再加上农业风险较大，村里的年轻人宁愿远赴北上广，也不愿留在家乡发展。

（二）动力不足造成"引进来、走出去"困难大

"引进来"面临种种问题。包村干部冉茂江说："我们村想重点打造的旅游景点'屯兵古洞'，由于地理位置偏远的原因，很多公司来考察过，最后都还没有投资。现在是白岩山组村民自筹资金修了路，安了路灯，就是为了能让开发商看到项目的初步框架，增加它的投资潜力。"实地考察"屯兵古洞"时，介绍牌中一行字十分醒目——"诚邀有识之士合作"，可见村民们期盼着这里能被更多的人了解与喜爱。

"走出去"同样经历着考验。贵州金盆农业发展有限公司负责人何桂祥说："发展成立之初是计划养殖散养鸡，打造精品蛋，但实际发展后，散养鸡养殖周期长，产蛋率低，而本地市场较小，这样的模式不存在竞争力。如果打开市场，物流成本高，利润会下降，甚至出现亏损情况。"产品只有品牌化才能打开市场，农产品生态健康，在城市里具有广大市场，可是受到物流成本的制约，产品品牌化道路对农村企业来说充满挑战，目前只能以量产取胜。

（三）外出务工带来的农民家庭子女教育问题凸显

就读于金盆小学的50多名学生父母都在外务工，小孩由老人代管，老人较为溺爱孩子，对小孩进行家庭学习辅导困难。部分父母认为孩子在金盆小学就读，责任全部归属学校。金盆小学教师向小艳说："家庭教育也是孩子教育路上最重要的部分。但是，大部分外出人员对孩子教育的重视程度不高。孩子缺乏父母教育关爱，学习成绩和生活方面都会受到影响，不利于孩子的成长。对于我们来说，我们也希望村里能发展起来，让外出务工人员能够回来，陪伴孩子的成长。"向小艳老师的话令人深思，城市发展迅速，存在着无限的机遇，农村人走出大山、寻找机会是已经一种普遍现象，这种现象使得大量农村空巢化，农村留守老人儿童所衍生的各种社会问题亟待关注与解决。

2018年10月20日，调研八组专访金盆小学教师向小艳、刘玲静。

五、对策与建议

（一）以农业招商为核心，引进技术先进龙头企业，加快农业现代化步伐

对于投资大、周期长、见效慢的农业产业，要促进农业结构不断优化升级，带动农业提质增效、农民增收致富，招商引资是一条重要路径。通过采取政策倾斜、财政投入、金融贷款等方式给予支持，积极引进技术先进、实力雄厚的龙头企业。引导龙头企业进行技术升级、精深加工，不断开拓市场。同时，加强农民合作社规模化建设，带动农户参与农业产业化经营。通过国家投资与社会资本的共同作用，促使农业基础设施不断完善，农业装备和信息化水平不断提高，推动传统农业向现代农业转型升级，壮大特色优势产业，培育提升农业品牌。

（二）以农村电商为引领，完善农村物流服务体系，促进农村商贸流通

建立金盆村电子商务公共服务体系，培育电子商务供应链，促进产销对接。一是推动农村物流快递网络建设，建立村级物流快递站点，有效配套农村电商物流分拣配送服务，解决农村电商基础设施短板制约。二是引进良好的冷链运输技术支持，确保农产品上行渠道畅通。三是支持新型农业经营主体和农产品与电商平台对接，加强农产品市场推广，建立农产品质量追溯体系，形成农产品的特色化与品牌化。四是支持对村干部、返乡创业者、驻村第一书记开展电子商务培训，加强农产品营销、设计等方面的技能培训。通过以上措施有效促进城市产品和农村产品的双向流通，解决农村快递"最后一公里"的难题。

（三）以农旅融合为方向，促进农村一二三产业融合发展，推动乡村旅游高质量发展

深挖屯兵文化，引入专业团队、龙头企业投资开发"屯兵古洞"，形成金盆村标志性景点。在开发完成石林与"屯兵古洞"两大旅游景点基础之上，形成以荷花池、蜜桃基地、"屯兵古洞"为重点的休闲观光农业。以"农"为主，打造"种养＋旅游"一体化发展的农家乐，让游客体验种植桃树、摘果实、垂钓等，观赏乡村风光，体验农村生活，打造区别于普通"餐饮＋住宿"模式的农家乐，将生活在城市的人们的乡愁转化为农村产业的发展机遇。同时全面推进农村一二三产业的融合发展，推动农产品加工业发展，形成种、养、加一体的现代农业，进而推动乡村旅游与农产品生产、加工、销售进行有机整合，延长产业链、提升价值链。

2018年10月20日，调研八组实地考察金盆村水蜜桃种植基地。

（四）以学校教育为主导，加大对留守儿童的关注程度，保障留守儿童健康成长

一是增加城市流动儿童入学机会，开展流动儿童学费减免、生活费补助等项目，方便农村孩子在父母务工地学校就读。二是把留守儿童的道德成长作为教师工作中的重要内容推进，开展多种多样的文艺或体育活动，使得留守儿童能够身心健康地成长。三是按期举行留守儿童代养家长会。金盆村大多数留守儿童由爷爷奶奶或外公外婆代养，代际价值观差异导致双方沟通不畅，使得家庭的道德教育处于缺席状态。因此学校应该建立与留守儿童家长的沟通机制，就教育理念问题进行交流，并积极就孩子学习、生活各方面问题进行沟通与反馈，使得家庭教育能更好地配合学校的教育工作。

（五）以"雁归工程"为抓手，加大对返乡创业者支持力度，催生乡村振兴内生动力

金盆村拥有良好的空气环境、丰富的水资源等，给产业发展创造了天然条件。当前应积极落实铜仁市"雁归工程"，大力引导在外人员返乡创业就业，加快城乡要素双向流动。一方面以政策为导向，吸引能人返乡创业。对返乡创业给予政策倾斜，解决融资困难等问题。另一方面以服务为重点，解除返乡人员后顾之忧。完善基础设施建设，对项目进行跟踪服务，积极创造返乡创业者外出培训机会，激发创业热情，发挥带动作用。构建更加完善的软硬件支持环境，推动更多技术、资本、人才等要素向金盆村汇聚。

参考文献

1. 铜仁市万山区转型可持续发展大调研组：《万山区鱼塘乡金盆村调研简报》，2018。

2. 鱼塘乡金盆村：《金盆村基本情况》，2018。

3. 迟希新：《留守儿童道德成长问题的心理社会分析》，《江西教育科研》2006年第2期。

4. 贵阳市人民政府：《贵阳市"十三五"商务发展专项规划》，2017年4月17日。

第八篇

茶店街道

田野里是正在犁地的农民，突突的机器声，有力地唤醒萧瑟的秋风中，在泥土里沉睡的生机。

那双枯瘦的手，拥有保护儿女的力量，拥有做出美食的魔法，拥有抵挡困难的勇气。是它，撑起了整个家。

云雾中的山，是青色的；草地边的水，是青色的；稻田里的苗，是青色的；房屋上的瓦，是青色的。我思念的那片土地，处处都是最美的翠绿。

"农村三变"激活乡村旅游
"天然活水"打响生态养殖

——横山村调研报告

2018年10月21~22日，铜仁市万山区转型可持续发展大调研第九小组张清、罗荣、虎静、郑婷赴万山区茶店街道横山村开展实地调研，调研以召开座谈会、专访、入户走访和实地考察的形式展开，茶店街道副主任向小兵、扶贫办主任杨松江陪同调研。调研中，在横山村村委办事处召开了座谈会，5名干部参加会议。实地考察罗古塘乡村旅游项目、黄桃种植基地、懒寨冷水鱼养殖基地，入户走访王贵南（男，61岁）、彭胜海（男，45岁）、彭胜风（男，67岁）、唐仁强（男，65岁）、杨延昌（男，81岁）、杨胜江（男，55岁）、唐桂香（女，75岁）、杨昌耀（男，78岁）、刘树珍（女，47岁），重点对脱贫户代表杨仁武、致富带头人杨魁、村支书杨堂光、驻村干部唐忠、个体经营户杨洪江进行了专访。

通过两天的调研，调研组认为横山村丰富的石材资源曾经为拉动当地经济发展起了重要的作用，让一部分人先富裕起来。随着国家环保政策趋严，目前支撑全村发展的采石场已基本关闭，横山村面临着转型发展的问题。本文通过分析横山村基本情况、发展现状及转型发展中存在的问题与难点，探讨如何利用资源优势、调整产业结构、完善体制机制，稳定增加农民收入，壮大村级集体经济，实现转型发展的路径。

一、基本概况及历史沿革

（一）基本概况

横山村位于茶店街道办事处驻地西南方向，平均海拔680米，年平均气温16.3℃，距铜仁市区19公里，东与茶店村相连，西邻鱼塘乡，北与梅花村交界，南与白岩村相接。面积3.6平方公里，其中耕地总面积2260亩（有效灌溉农田为1000亩左右），森林面积3020亩，森林覆盖率为56%。横山村现有9个村民组，分别是大院子组、小院子组、禾梨湾组、王家半坡组、罗古塘组、大土坪组、油榨冲组、民主组、懒寨组。

横山村户籍人口335户1329人，村民以侗族、苗族为主。全村有党员43名。横山村属省级二类贫困村①，贫困发生率由2014年建档立卡的4.74%下降到2017年末的0.82%，顺利实现整村脱贫。此外，横山村外出务工432人。60岁以上175人，90岁以上4人。低保户32户55人，有特困人员（五保、孤儿）2户2人，残疾人55人，2014~2017年危房户23户。目前，全村农业发展以水稻为主，同时发展其他特优产业。村民收入以务工、种植、养殖为主，人均年收入7800余元。

---

① 2014年梅花村被评为省级二类贫困村，当时梅花村是个大村，由大元村、横山村和小梅花村合并形成。2017年6月,为了便于管理和服务,梅花村划分为梅花村、大元村和横山村。

(二) 乡村特色

因一座大山横亘在村的中间，各村民组依山而建，村民依山而居，故此得名横山村。横山村因常年气候湿润，温度适宜，所以植被种类丰富，数量众多，植被覆盖率比较高。横山村山水相依，生态环境优良，大部分雨水被枯枝败叶和疏松多孔的林地土壤蓄留起来，层层过滤，最终在山脚形成潺潺的溪水，正如当地人所说"一座山等于一个水库"。良好的生态环境养育了一方横山人，懒寨组的由来是最好的证据，"因为村里有多亩良田和一股久雨不溢、久旱不涸的泉水，村民们无须辛苦劳作便可以衣食无忧，所以这个寨子被称为懒寨"。横山村有成片的青冈树林，青冈树属壳斗科青冈属，青

2018年10月24日，连玉明院长一行在横山村村民向发平家中围坐交谈。

冈树叶中所含的叶绿素和花青素的比值会随天气变化而变化，叶面呈现明显颜色变化，对气候条件反应灵敏，当地村民会根据平时对青冈树的观察，判断是天晴还是下雨。

（三）基层组织概况

横山村村支书杨堂光，2016年11月上任至今，之前是梅花村村支书，负责全村工作开展；村主任杨魁，2016年12月上任至今，主要负责村委会工作；驻村干部唐忠，铜仁市万山区督察局工作人员，2017年4月入村后一直常驻在村里，主要工作是帮助发展产业和基层党组织建设。

二、基础条件和特色优势

（一）石材资源丰富

青石和白云石的储备丰富。2014年之前，横山村采石场产出的石材是茶店街道石材加工的主要来源，2014年，因相关环保政策实施，采石场陆续关闭，截至2017年底，已经全部关闭。青石又名石灰石，从深山开凿切割成板块后广泛应用于装饰、护栏、地板等。与天然大理石相比，青石的优点在于主要成分是碳酸钙，无污染，无辐射，常用于日常家装、家具中，横山村部分人家的院坝用青石板铺设，再配上雕刻的石材围栏，显得居住环境精致、与众不同。而白云石是碳酸盐矿物，主要用于建材（包括陶瓷、耐火材料）及化工等领域。因为横山村的石材品质优良，开采生产的石材及石材制品在供应万山城市建设的同时，远销黔东南、湖南等地。

（二）自然环境优美

罗古塘组村容村貌经统一改造后，一座座青砖黑瓦的民居，屋前屋后干净清爽的水泥地面，与周围群山美景和谐地融为一体。位于罗古塘组的罗古塘景区，是横山村重要的旅游资源，海拔在600米左右，夏天温度比铜仁市区要低6~7℃，是休闲避暑胜地。横山村懒寨组，四面环山，空气清新湿润，常年云雾缭绕，如人间仙境一般。农民在田间地头按二十四节气进行农耕劳作，山水相宜的自然风光及安静悠闲的村舍环境，动静有机结合，让人在感受浓郁乡土气息的同时也能够静心凝神。横山村辖区内有一溶洞，外洞石钟乳造型奇特，大洞入口还没找到，据当地老百姓所说，大洞有五六米高，面积最大的厅有八九十平方米，洞内有石山、河流、沙滩，成人一天都不能把溶洞走完，具有很大的开发潜能，目前该溶洞开发尚处于探测阶段。

（三）基础设施基本完善

住房方面，全村针对193户实施"五改一化一维"工程，其中贫困户14户、非贫困户179户。具体改造情况分别是改厕108个，改厨163个，改水114处，改圈8户，房屋维修26户，室内外及房前屋后硬化81户。同时，全村对23户实施危房改造，其中2014年实施5户，2015年实施5户，2006年实施8户，2017年实施5户，目前已实现户户100%安全住房，按户配备灶和卫生间，所有主要居住房屋室内外全硬化。民生方面，实施饮水安全工程，实现村民饮水全覆盖；全村建设文化广场6个，积极开展文化活动；新建垃圾池11个，实现村民组全覆盖，改善村民卫生环境。此外，已实现"组组通"公路，还在有发展前景的旅游区、产业区修建了7米宽的产业路，为后期乡村发展打下了良好的基础。

2018年10月24日，连玉明院长问候横山村村民杨秀莲。

三、创新实践及发展模式

（一）农村"三变"：探索新型集体经济发展模式

横山村罗古塘休闲山庄作为茶店街道农村"三变"改革试点，按照"股权量化、按股分红、收益保底"，把零碎的土地集中起来、闲置的资源利用起来、扶贫资金整合起来，以"党组织＋合作社＋农户"生产经营模式，最大限度调动各方面力量壮大村级集体经济。目前已完成土地流转680亩，对35亩林地、17栋民宅进行了登记和量化，解决就业40余人。2017年该项目拿出4万元到茶店街道办事处给贫困户统一分红。围绕"美丽乡村·四寨农家"，完成罗古塘组的村容村貌统一改造，让村落与美景融为一体。同时，罗古塘休闲山庄还创新休闲娱乐模式，借鉴陆地高尔夫的形式，利用人们回归自然、亲水嬉水的天性，以水上球场代替草地球场。水上高尔夫具有参与性强、费用适当的特点，极大地扩大了消费群体范围。2017年6月3日山庄正式试营，在试运营期间有水上高尔夫、休闲垂钓、自主烧烤、农家特色餐饮等项目。罗古塘项目的带头人、横山村村主任杨魁说："当时生意非常好，还上了万山电视台。"

(二) "天然饲料 + 活水"：探索生态养殖特色之路

冷水鱼养殖基地位于横山村懒寨组，用山泉水和红薯藤、高粱等天然饲料养殖冷水鱼，鱼肥味美，市场需求量大。冷水鱼养殖基地流转土地50亩，以"党组织 + 公司 + 合作社 + 农户"生产经营模式，带动9户11人产业脱贫，实现年均6万元左右的营业额。除了建造鱼塘的20亩土地外，其余大部分土地用来种植纯天然的红薯、高粱等农作物，

2018年10月24日，连玉明院长一行考察横山村懒寨生态水产养殖场。

作为鱼食投放进鱼塘。村支书杨堂光说："水库养鱼的话，肉的品质没有那么好，想要提高肉的品质的话就是要活水，我们那边是一年四季的活水，天干的话水量都很大，水质特别好，我们纯天然的养殖，不喂饲料，最多就是放一些草。我们零卖就很火爆，有些时候都没有货卖。"现阶段冷水鱼养殖基地主要养殖鲤鱼、草鱼，市场上的饲料喂养的草鱼售价在8元左右，而横山村的冷水鱼能卖到14块左右，基本实现了价值翻番。

四、突出问题与难点

（一）石材开采量大，迹地复垦后生态脆弱

横山村的石材开采曾经带动了当地经济的快速发展。作为曾经的采石人，村民杨顺江介绍说："我们大院子组有二三十家采石场，80%的人都干石材相关工作。"村支书杨堂光介绍说："横山村鼎盛时期有200多家采石场，全村差不多有一半的人从事石材相关工作，茶店石材加工厂的石源都是来自横山。据铜仁市政府统计，2015年石材产业有上亿的资产。"但是经济快速发展过程中，没有处理好开采与保护的关系，造成了矿山生态环境和地质地貌自然景观的破坏。由于开采中植被的破坏、表层土壤的剥离，复垦基础差，虽然近几年已经对石材开采迹地进行复垦工作，但要恢复生态系统使之具有系统自我维持和更新的能力是一个长期工程。

（二）乡村旅游发展不够充分，农旅差异化发展模式尚未形成

罗古塘作为横山村发展旅游的重点区域，目前尚未形成特色化、

差异化的发展模式。一是罗古塘景区旅游季节性强。因海拔较高，夏天温度比铜仁市区要低6~7℃，作为避暑胜地，发展水上乐园、休闲烧烤等业态无法实现旅游项目覆盖全年。二是核心竞争力不够。目前多数景区经营范围和项目多是棋牌和烧烤，同质化严重，而罗古塘景区规划中的避暑养生、精品民宿等中高档项目还没落地，水上高尔夫设施不完善、宣传不到位，还未形成大范围的社会影响力。三是罗古塘景区周边资源没有用"活"。罗古塘景区周围有上百亩的黄桃基地，因果树生长周期长，再加上疏于管理和缺少资金投入，目前还未产生效益，无法与景区形成联动效应。

（三）产品附加值不高，特色化养殖业档次有待提升

横山村懒寨组冷水鱼养殖作为横山村主要特色养殖产业，存在以下两个方面的问题。一是品种单一，档次不高，现阶段该基地仅养殖鲤鱼、草鱼两个品种，没有充分利用水源优势特色化养殖对水温要求较高、养殖前景广阔、经济附加值高的冷水鱼如鲑鳟鱼类。二是横山村的水产养殖以鲜活水产品为主，没有进行水产品的精深加工，产业链条极短，产品的价值没有得到充分的挖掘，品牌水产品缺乏。

（四）村民发展理念落后，合作社发展缓慢

村民发展理念落后制约着横山村转型发展。采石行业是个成本低、收入高的行业，在自己的矿山上开采，只需要投入机器和人力，就可以见到收入。随着国家政策调整，横山村陆续关闭采石场后，乡村经济面临全面转型，村支"两委"将目光和重点投向了发展特色农业，村民对此热情并不高，主要有以下三个方面的原因。一是长期形成的

小农思想让大部分村民缺少开阔的视野和远大的目光，只愿意通过土地流转、收取租金快速实现利益转化，而不愿自身投入发展产业潮流。二是发展特色产业存在投入大、生产周期长、回报率低、风险大等因素，部分村民只能小规模进行。横山村村民杨顺江说："农产品种植的人工成本、土地流转费用、基础设施等投入高，收益比较慢，而短平快的养殖市场风险太大，上百万的投入，还不知道能不能收回来，普通老百姓投入不起。"三是外出务工的村民不想回乡，横山村拥有劳动能力的村民基本在外从事与建筑相关的技术活，每天收入约为200~400元，而村里产业仅能开出每月两三千的工资，无法形成竞争优势。

此外，农村合作社的发展缓慢。由于横山村合作社起步晚，成立初期多是由能人带动发展，合作社的成员多以土地和劳动力出资，出资比例较低，同时融资渠道单一和风险使得外部融资难度大，以至于从投入到产出的整个过程中资金链容易断。此外，技术欠缺也是合作社发展中的一个痛点，农村的技术人员仅凭借经验来经营，在规模管理和科技种养殖方面不是那么得心应手。资金和技术的欠缺严重制约了合作社的发展，作为大户的村主任杨魁深有感受，罗古塘黄桃基地仅个人投入就将近五六十万元，因为缺乏技术和后续投入，黄桃基地截至目前收益甚微，下阶段打算引入农业学校技术力量，科学管理黄桃基地。

五、对策与建议

(一) 制定景区联动发展规划，推动乡村旅游高质量发展

充分利用横山村溶洞"新""奇""异"的特点，依托横山村的区

位优势和交通条件，融入历史文化和民族民间文化，积极申请国家级或世界级称号，形成品牌效应，同时采取联动开发的模式，将罗古塘景区、溶洞联合开发，并积极融入梅花湖4A景区的打造，实现从景点旅游向全域旅游的转变，吸引全国甚至全世界的游客。通过联动开发，对内实现资源整合形成合力，对外形成独特的竞争优势。一是引进更具开发经验的公司和专业团队对景区进行开发和宣传。二是避免大拆大建，尽量保存原生态的村容村貌和农耕文化，以传统老建筑、老物件、农家乐激发游客乡愁。三是发展民宿旅游产业，鼓励村民拿出闲散村居，进行规范、统一管理，形成具有侗族、苗族等少数民族特色的新型民宿。依托山水相宜的自然风光和安静悠闲的村舍环境，吸引大城市的人来村里旅游，吃村里产的稻米、摘新鲜的果蔬、捕河里的鱼、喝山泉水、呼吸山里新鲜的空气，同时丰富旅游业态，真正让游

2018年10月21日，调研九组实地查看了解罗古塘景区旅游开发情况。

客在白天吃得好、玩得好，晚上留得住，实现乡村旅游到乡村旅居的转变。

（二）延长特色养殖产业链，提升产品附加值

由于我国没有冷水鱼安全度夏的海面条件，多数冷水鱼养殖集中在西南、西北及东北等内地区域，受限于水域资源，冷水鱼总养殖量偏少。基于此现状，横山村应当要充分认识和重视懒寨水资源的重要性以及冷水鱼养殖巨大潜力，做大做强懒寨冷水鱼养殖基地。一是引进先进养殖冷水鱼技术，完善基础配套，扩大投放市场范围，丰富冷水鱼品种，积极探索高端冷水鱼如鲑鳟鱼类的养殖。二是积极探索冷水鱼饮食，讲好中国的鱼（余）文化，联合罗古塘景区、溶洞以及梅花湖景区，推广"养吃游"模式。三是依托冷水资源纯天然、优质、无污染等特点，以小产区模式，打造"懒寨"冷水鱼品牌。小产区模式意味着产品的"优质、高端、专属"，必须严格按照水产生态健康养殖技术示范标准，才能生产出优质的冷水鱼商品。四是积极鼓励各类组织、社会资本加入冷水鱼生产、加工、流通等环节，将其发展水平推向更高层次。此外，由于冷水鱼对水质要求非常高，略有污染就无法生存，应邀请环保、水利、林业等相关部门领导及专家进行全面深入的研讨，在合理布局、生产规模、生态保护等方面制定详细的方案，以保障冷水鱼养殖与生态环境协调可持续发展。

（三）建立健全合作社体制机制，激发群众合作创业信心

合作社是群众自愿联合起来形成的合作生产、合作经营的一种合作组织形式。应以合作社为平台，带领村民发家致富。一是合作社应

充分发挥技术、资金、人才等优势，因地制宜选准选好产业。了解横山村的自然条件（如气候、土壤、水源等），调研市场需求，选择有效产业，吸引并鼓励村民通过合作做大规模，实现"农工商"一体化发展。二是发展和规范同时进行，既要引导扶持，也要加强监管。政府无疑是农民最大的靠山。在合作社的发展过程中，政府相关部门的有效监管和及时介入，对农民利益的保障尤为重要。政策引导是重要的调剂手段。目前，从中央到地方，都制定了财政奖补、贷款支持、人才培养等一系列措施，引导合作社进一步规范化。三是健全合作社运行机制。对合作社的经营管理人员和成员强化有关的专业技能、种养殖技术、市场营销等方面知识的培训，根据农户的技术服务需求更新合作社所提供的技术服务供给。同时加强品牌管理，提高产品科技含量、深加工程度来增加产品附加值。

参考文献

1. 茶店街道：《万山区转型可持续发展大调研茶店街道汇报材料》，2018。

2. 铜仁市万山区转型可持续发展大调研组：《万山区茶店街道横山村调查表》，2018。

3. 铜仁市万山区转型可持续发展大调研组：《万山区茶店街道横山村座谈会速记稿》，2018。

4. 鲍春裕：《景区联合共建的模式与意义初探》，《科技风》2010年第19期。

　　湛蓝湛蓝的天，倒映在如明镜般的水中，湖畔上卧着一条青色的龙。山间住着乡村人家，欣赏着这心旷神怡的美景，却没发现，自己也是这美景之一。

七尺青竿一丈丝，独坐桥头日渐西。几回举手抛芳饵，惊起一池碧涟漪。

昔日贫苦无处依，家徒四壁草萋萋。如今村美新楼起，富足生活日可期。

"组组通"打通发展之路
返乡人引领特色创业

——白岩村调研报告

2018年10月21~22日，铜仁市万山区转型可持续发展大调研第九小组第三分队张清、罗荣进驻白岩村开展实地调研和入户走访工作。第三分队与白岩村村支"两委"的主要领导进行调研座谈会，对村支书潘晖、驻村干部蒲召银、致富带头人田余平、返乡创业代表潘丹、脱贫户代表黄红梅、村代表杨胜应等典型人物进行深度访谈，实地走访了碧岳鱼塘、余平果园、罗汉果种植基地等，并对杨情昌、杨男海、谭世木、谭世勇等10户村民进行入户访谈。通过两天时间的调查和了解，调研组认为白岩村山水资源丰富，生态环境良好，正处于开发与发展的起步阶段。近年来白岩村在基础设施建设、产业发展与脱贫致富等方面取得突破性的成效，未来亟须依托自然资源，发展高效生态产业，建设生态型美丽乡村，以实现生态保护与经济发展的双赢。

一、基本概况及历史沿革

（一）基本概况

白岩村地处茶店街道南端，东邻万山镇，南接玉屏侗族自治县，西与鱼塘乡交界，北与茶店街道尤鱼铺村毗邻，距茶店街上组6公里。全村土地面积10.3平方公里。白岩村共有13个村民组，分别是下寨场组、王家坡组、田家组、湾头组、燕子岩组、沙场坡组、新隆湾组、路家湾组、艾上组、罗马洞组、坡塘垇组、羊冲组、白岩组。①

全村户籍人口597户2150人，村民以侗族为主。全村共有党员37名。现有建档立卡贫困户47户161人，目前已脱贫45户155人，未脱贫2户6人。截至2017年末，贫困发生率为0.27%。全村60岁以上老人共516人。低保户47户57人，五保户4户4人，危房户56户，重病人5人，残疾人84人。②

（二）基层组织概况

白岩村党支部书记为潘晖，年51岁，负责主持党支部全面工作；村主任为田余友，年51岁，负责主持村委会全面工作；村监督委员会主任为杨胜应，年50岁，负责主持监督委员会全面工作。白岩村驻村干部为蒲召银，年42岁，原单位职务为万山区红十字会副会长。③

（三）乡村特色

从"茶店死角"到三区枢纽。白岩村原属于尤鱼铺村。2016年底

---

① 资料来源：《白岩村基本情况介绍》，2018。
② 资料来源：《万山区茶店街道白岩村调查表》，2018。
③ 资料来源：《白岩村驻村干部信息表》《白岩村村支三委信息表》，2018。

13个村民组从尤鱼铺村中分出来，成为白岩村。白岩村村民组当地有块白色的崖壁，故此得名白岩村。从地理位置上看，白岩村在茶店街道的最南端，相比其他村落，白岩村离茶店街道较远，过去是十分偏僻的地方。然而随着高速公路、玉桐松快速干道、高铁朱砂古镇站的建设，与大坪乡、鱼塘乡交界的白岩村反倒成为重要的交通枢纽。

山清水秀之地，古老非遗文化留存。白岩村山清水秀，耕地面积较多，达3150亩，土地可利用资源丰富。由于生态良好，针叶林较多，每年春季和秋季，无法人工培植的枞香菌经常出现在白岩村的松树下。翁坡洞流出清澈河水，水质达二类饮用水标准，河流在村境内长达3.5公里。白岩村以侗族居多，目前仍保存了十分独特、古老和完整的民族文化艺术——鼟锣。逢年过节，侗族村民都会聚集在一起敲锣打鼓

2018年10月24日，连玉明院长与白岩村村民一起盛装刚刚打磨出的新米。

庆祝，场面十分热闹。如今村里仍有十几位鼙锣的民间艺人，他们传承着古老的非物质文化遗产。

二、基本条件和特色优势

（一）"组组通"打通发展之路，水源丰富实现自来水本地供应

道路方面，全村已实现"组组通"硬化水泥路连户路硬化率100%，打通了各村民组的联络干道，促进了各村民组与外界的连接，为全村的发展奠定了重要基础。供水方面，与其他村落受茶店街道集体供水不同，因白岩村在茶店地区山脉的背面，地势较低，地质结构利于蓄水，水资源较为丰富，已覆盖全村13个村民组所有农户的安全人饮自来水是本村自己供应的。电力方面，全村已完成农电网全面改造，所有农户均已接入国家农电网，享受全国同网同价电力资源。通信方面，全村已实现移动、电信信号和4G网络无盲区全覆盖。

（二）多举措实现住房安全，公共基础设施基本健全

住房方面，全村共针对208户实施"五改一化一维"，其中贫困户39户、非贫困户169户；具体改造情况分别是改厕54个，改厨132个，改水5处，改圈8户，改电7户，房屋维修39户，室内及房前屋后硬化124户。同时，全村对56户实施危房改造，其中2014年实施17户，2015年实施14户，2006年实施17户，2017年实施8户。目前已实现户户100%安全住房，按户配备灶和卫生厕所，实现所有主要居住房屋室内外全硬化。此外，公共基础设施方面，全村已建有设施完备、功能齐全的村卫生室1个，

一至三年级小学教学点1个，文化广场3个，体育广场3个。[①]

（三）种养殖特色产业全面开花，村民收入大幅提高

据村干部介绍，2008年白岩村被划为贫困村，村民月平均收入仅
180元左右。现在白岩村村民年人均收入已达7000元。收入大幅提升的
背后是白岩村种养殖特色产业的全面发展。种植业方面，白岩村现有
蔬菜大棚300亩；黄桃、黑布林、番石榴等特色水果种植300亩。养殖
业方面，白岩村现有水产养殖450亩，养殖裸鲤、鲫鱼、草鱼等水产，
生猪养殖已达10000头的规模。

三、创新实践与发展模式

（一）因户因人精准施策，多措并举实现精准扶贫

帮扶责任人方面，白岩村共有47户建档立卡贫困户，其中区宣传部、
区红十字会、区民宗局10个帮扶责任人帮扶22户建档立卡贫困户，茶店
街道办事处7个帮扶责任人帮扶25户建档立卡贫困户。白岩村贫困户致
贫原因主要有因房致贫、因病致贫、因学致贫以及缺技术、缺资金难以
发展而致贫等。针对每户家庭的实际情况，白岩村精准施策，实施了易
地搬迁扶贫、健康扶贫、义务教育扶贫、产业扶贫、产业奖补扶贫等举
措，具体情况如下（以下数据指的是白岩村建档立卡贫困户）。

易地扶贫搬迁方面，共搬迁8户31人。其中，2016年搬迁4户15人，
2017年搬迁4户16人。

---

① 资料来源:《白岩村基本情况介绍》，2018。

健康扶贫方面，2017年共47户16人产生医疗费用共补偿254011.06元。

义务教育方面，共21户34人享受教育资助39100元。

产业扶贫方面，共有21户享受自然水种养殖专业合作社、碧岳种养殖有限公司产业扶贫，每户每年人均800元；共有26户享受万兴管业有限公司、森海放游开发有限公司产业扶贫，每户每年人均160元。

产业奖补方面，共7户发展种植业享受产业奖补扶贫，涉及资金29500元。

扶贫小额信贷方面，白岩村建档立卡贫困户享受小额信贷共有7户，涉及金额25万元。

就业扶贫方面，区内务工共有27人，区外务工共有11人。[①]

（二）因地制宜发展特色水产养殖，壮大村集体经济

白岩村的水资源极为丰富。因地制宜，村干部想到了水产养殖的路子。起初村里只打算养殖普通鱼类品种，如鲤鱼、草鱼等。但茶店街道办事处前任书记给白岩村提出建议，如此优质的水资源，要发展养殖，应该养出特色、养出品牌。立足洞水冷水特性，经过多番考察和学习，白岩村最终决定在养殖鲤鱼、鲫鱼、鲢鱼、武昌鱼、草鱼之外，重点养殖冷水鱼——裸鲤。裸鲤，系鲤科鲤属，全身无鳞，故名裸鲤。依托天然水源，白岩村养出的裸鲤并无鱼腥味，肉质鲜美，以20元／斤的价格出售到铜仁各地，而餐桌上的裸鲤价格则飙升至80~100元／斤。村集体经济也依托水产养殖得以壮大起来，现共有水产养殖基地400余亩，鱼共20多万尾。除传统养殖外，白岩村也以

---

① 资料来源：《白岩村基本情况介绍》，2018。

2018年10月24日，连玉明院长一行考察白岩村碧岳种养殖有限公司钓鱼场。

限时垂钓的方式，吸引游客聚集，提升鱼塘人气。垂钓收费300元/5小时，钓到的鱼基地以5元/斤回收。2017年白岩村集体经济收入近30万元，预计2018年收入将达上百万元。①

（三）能人返乡精选特色种植创业，有效带动村民致富

调研白岩村期间，调研组走访了该村两个特色种植基地，分别是余平果园和罗汉果基地。余平果园的主要特色产品是黄桃，园主田余平14岁就开始外出务工，逐渐成为食品技术员，之后开始从商。2010年田余平回乡创业，投资近50万元种植水果，现有黄桃、香梨、李子等多个品类，其中黄桃是余平果园的特色产品，高品质的黄桃价格达

---

① 资料来源：《白岩村村支部书记潘晖访谈录》，2018。

25元/斤。余平果园现年收入达40万元。果园工人最多时达30余人，每天80元的工作收入，解决了不少贫困户的生存问题。①而大学毕业后2017年返乡创业的潘丹，则在茶店街道办事处书记和原包村干部的建议下种起了罗汉果。除了雇用村民作为基地养护人员增加其收入之外，罗汉果种植基地还发挥着更为重要的示范带动效应。当地不少农田撂荒或仅用于种植传统水稻，经济价值极低。看到种植罗汉果，1亩地的收入从400元升至1500元，不少村民开始谋划将自家土地改为种植罗汉果。②

四、突出问题与难点

（一）村民发展理念落后、人才资金匮乏，制约村经济转型发展

调研中，驻村干部蒲召银提到村里产业发展的一大难题就是土地流转的工作难做，村民落后的发展理念制约了全村经济发展。村里曾因大棚蔬菜基地建设需流转土地，但当时好几户村民坚决不同意将家里撂荒的土地流转出去，为此蒲召银与村干部三番五次去到村民家里做思想工作。究其根本原因，蒲召银认为不少村民是不了解产业发展的前景和自身利益，担心自己吃亏，传统思想较为浓厚。同时，蒲召银也提及现在村里的青壮劳动力多外出到周边企业打工，村里的产业发展起来后劳动力支撑仍是问题。③另外，返乡创业者潘丹也直言，如今像他这样在外读书工作后又返乡创业的实在少之又少，他身边同村

---

① 资料来源：《白岩村致富带头人田余平访谈录》，2018。
② 资料来源：《白岩村致富带头人潘丹访谈录》，2018。
③ 资料来源：《白岩村驻村干部蒲召银访谈录》，2018。

外出读书的朋友也很少有想要返乡的。这也从侧面说明了白岩村发展人才匮乏的问题。此外，对于田余平和潘丹这样的致富带头人来说，资金缺乏仍是头等难题。田余平因2016年的雪灾，果园亏损严重，急需资金周转；潘丹的罗汉果基地今年下苗稍晚导致挂果率较低，他正在等待来年的收成，但一年光是用工成本就要10万元，这也让他有些吃不消。

（二）产业抗风险能力较差，亟须处理好生态保护与产业发展的关系

在原包村干部、现茶店街道办事处党工委副书记政法委书记杜翔看来，白岩村犹如一块"处女地"，现今的开发处于起步阶段，也是关键阶段。如果现阶段没有选择合适的发展路子，极可能对白岩村

2018年10月24日，连玉明院长向白岩村村民潘木汉学习如何卷草烟。

造成不可恢复的生态破坏。以水产养殖为例,一方面因着优质的水资源,白岩村养殖出没有鱼腥味的优质水产品,但目前白岩村的水产养殖仍需面对自然灾害风险,单是去年因洪涝灾害损失的鱼就达1万多尾,亏损近百万元。白岩村地势较为低洼平坦,加之防洪水利设施尚未完善,连年雨季受洪涝灾害影响较为严重。另一方面,水产养殖也让村里的水环境面临着污染风险。不少村民表示虽然养鱼污染较小,但不可否认现在村里的水质确实受养鱼影响不如从前了。现在白岩村养鱼规模在400亩左右,未来如何在推动水产养殖产业发展的同时,既应对好洪涝灾害,又保障好水资源的清洁,是白岩村亟待思考和解决的问题。

五、对策与建议

(一)坚持生态保护优先,以农旅一体化为方向,以发展精致农业和建设田园综合体为抓手,推动白岩村可持续发展

一是加强基础设施建设,增强抵抗自然灾害风险能力。针对白岩村地势低洼、水资源丰富,极易引发洪涝灾害的特点,白岩村应重点加强水利基础设施建设,同时不断扩宽河道、清理淤泥、加固堤坝。二是推动湿地公园建设,加强生态保护力度。白岩村水田居多、湿地资源较为丰富,应积极申请建设湿地公园,将自然资源按照湿地公园有关标准进行有效保护,在资金方面建议以PPP模式引入社会资本参与开发建设。三是建议区级层面和茶店街道出台更为优惠的政策,加大招商引资力度,积极引入有资金实力和农村开发经验的企业,以对白岩村的黄桃等特色种植业进行规范管理、技术指导、资金支持和品

牌化打造，以特色产品的精致化和高端化培育，发展精致农业。四是
创新开发田园综合体，推动乡村可持续发展。白岩村山水资源丰富，
但一味扩大水产养殖规模的方式并不利于生态保护与可持续发展。建
议推动田园综合体建设，在发展农业的同时，更多促进旅游业发展。
依托翁坡洞河流周边的地形地貌和现有的碧岳鱼塘，打造集休闲垂钓、
度假观光、特色养生、渔家乐、果蔬采摘等为一体的现代休闲养生农
业庄园，发展休闲养生、观光度假旅游和庄园经济。

（二）积极推动人才返乡，推动"三个回流"，全力培养新型农民，推动乡村转型从"物"到"人"转变

一是积极推动人才返乡。建议区级层面和街道办事处更多出台鼓
励外流人才回乡创业的优惠政策，针对在外务工创业的优秀青年农民，

2018年10月21日，调研九组与白岩村村支"两委"进行座谈。

在创业过程、企业服务、子女就学等各方面给予政策上的支持。针对在外就读的大中专毕业生、大学生等，应在就业、资金、税收等方面出台优惠政策，鼓励他们回乡就业和创业，尤其是到农村村委会任职或是从事支农、支教和参与扶贫工作。同时，建议白岩村适当选取返乡创业的典型人物，进行媒体宣传；并以"滚雪球"的方式，积极发掘和联络返乡创业者周围的人才资源，鼓励其返乡创业。以农村人才的回流，推动青年劳动力回流、技术回流和资金回流，以解决农村留守老人儿童和农用地荒芜的现实问题，为农村转型发展提供人才、技术与资金支撑。

二是全力培养新型农民。美丽乡村的灵魂是生活在其中的人，要推进白岩村的可持续发展和精神文明建设，关键是提升村民的知识文化水平和发展理念，更好地引导和规范村民的生活习惯。建议白岩村可在各村民组设立图书室，同时配备远程教育相关设备，邀请典型致富创业能人、种养殖专业技术人员、学校老师等，定期开展产业技能培训、知识文化教育、政策宣讲等活动，丰富村民的业余生活，提升其文化水平和工作能力，持续推动乡村转型从"物"到"人"的转变。

（三）强化资金政策扶持，试点推行新型担保，增强产业发展活力

一是建议区级层面出台更多鼓励创新创业的优惠政策，加大对农村产业发展的资金扶持。尤其是针对农村的特色产业，建议实施产业项目价值评估，对具有发展潜力的特色产业项目，适当给予资金补助和贷款政策优惠。二是建议白岩村积极推行新型担保方式，以集体资产担保、农户联保、合作社联保等方式，低成本解决贷款抵押，落实

村民产业发展资金。如可借鉴怀化农信社在麻阳县谭家寨乡楠木桥村以"农民合作社联保担保金"为纽带的"农民合作社联合担保金贷款"。"农民合作社联合担保金"是以村级集体资金为主体、吸纳农民合作社成员资金并统一存放于银行业机构，签订章程，接受合同管理，以此获得一定倍数联合授信的担保资金。"农民合作社联合担保金"贷款是根据专项制度和流程，以"农民合作社联合担保金"为基础向农民合作社及其社员发放的贷款。

参考文献

1. 茶店街道白岩村 :《白岩村基本情况介绍》, 2018。

2. 茶店街道白岩村 :《白岩村驻村干部信息表》《白岩村村支三委信息表》, 2018。

3. 铜仁市万山区转型可持续发展大调研组 :《万山区茶店街道白岩村调查表》, 2018。

4. 季玲玲、张惠敏 :《江苏大力培育新型职业农民》,《江苏农村经济》2017年第12期。

青丝已变成白发，皱纹已在脸上爬，我们依然还能手拉着手，相偎相依，不离不弃。你烧柴，我煮米，身边只此一人，就能够幸福洋溢。

秋天又到了，家里的辣椒、茄子又熟了。什么时候回家，看看离开时挥手告别久久不舍得离去的父亲，尝尝母亲精心准备、亲手下厨做的饭菜？

池塘边，绿草间，活蹦乱跳的青蛙就要冬眠。待到明年春日，万物复苏时，再到这儿，听取蛙声一片。

"能人效应"助力养殖特色化和
农旅融合化发展

——梅花村调研报告

2018年10月17~19日上午，铜仁市万山区转型可持续发展大调研第九小组虎静、郑婷到茶店街道梅花村开展实地调研和入户走访工作。两天半的时间内，调研组立足问题导向和成果导向，围绕梅花村转型可持续发展，与村"三委"班子成员、包村领导、驻村第一书记、街道陪同人员开展座谈研讨；围绕乡村产业转型和特色发展，实地考察了生态青蛙养殖基地、烂泥山泥鳅养殖项目、绿涛大棚蔬菜种植基地、胜玮生态农业综合体、梅花湖4A级景区开发建设项目等重点产业项目；围绕精准脱贫和精准扶贫开展成效，深入村寨院落和农户家中，走访了精准脱贫户桂树华、杨新发、杨兴昌、杨祥昌，农村危房改造户杨敖昌，老村支书郑世应，老党员郑泽新，致富能人郑泽全，空巢老人杨文光，残疾村民卢德祥等；围绕村民发展和社会变化，深度访谈了精准脱贫户代表杨祥昌、杨兴昌，致富能人郑泽全，返乡创业带头人杨昌应、杨昌洪，乡村医生杨勇光，驻村第一书记唐平7人。

调研组认为，梅花村地处茶店街道近郊，距离铜仁市城区仅10余公里，区位交通优势相对突出，产业发展条件相对优越。近二十年来，村民自发形成了以家族关系为纽带的城市建设大军，青壮年常年在外务工从事建筑相关行业，这些村民在有效支撑万山区城市异地转型建设的同时，也推动了全村发展从传统农业主导向打工经济支撑转型。当前，梅花村正处于乡村转型发展的第二个关键期。一方面，一批早年外出务工并富起来的"乡村能人"正逐步返乡创业，一批因建筑行业整体萎缩而被迫返乡的"城市农民"也在逐步回归乡村，曾经被抛弃的农业在这两类群体的主导和驱动下，正逐步朝着养殖特色化和农旅融合化方向演进。但是，另一方面，乡村空心化、空壳化引发劳动力不足。同时，产业在逐步迈入规模化、融合化的同时，乡村社会和文化也在面临转型变迁。

一、基本概况及历史沿革

(一) 基本概况

梅花村位于茶店街道西部，距离街道中心3.5公里，东与茶店村相连，西和北分别与横山村、大元村毗邻，南与鱼塘乡交界，土地总面积3.95平方公里，耕地总面积2965亩，林地总面积5093.85亩，有效灌溉农田面积1400亩。梅花村平均海拔650米，90%以上村民为杨姓侗族，全村下辖梅花地、烂泥山、火麻坪、隘口山4个村民组。2017年农业户籍人口297户1352人，流动人口600人，外出务工人员占全村劳动力的85%以上，低保户17户25人，危房改造户17户，重病人2人，残疾人42人，其中10人无劳动力。现有建档立卡贫困户

25户110人，贫困人口发生率从2014年建档立卡之初的7.9%下降到2017年末的0，2017年村集体经济收入3万元，农民人均纯收入8400余元。

（二）基层组织概况

梅花村现有党员35人，现任驻村第一书记唐平是来自铜仁市道路运输局万山分局的普通干部，从2016年3月起派驻梅花村担任驻村第一书记至今，负责协助指导村"两委"理清发展思路，加快产业结构调整，增加群众收入；梅花村包村领导是茶店街道办事处综治办专职副主任杨秀成，职责为协助抓好全村扶贫开发、经济发展、综治维稳和安全生产等工作。现任村支书是杨胜海，现任村主任是"80后"杨昌洪，现任村监委主任为火麻坪组村民杨胜清（见表1）。

表1 梅花村基层组织基本情况

序号	姓名	职务	单位	任职时间
1	唐平	第一书记	铜仁市道路运输局万山分局	2016年3月至今
2	杨秀成	包村领导	茶店街道办事处综治办专职副主任	2018年3月至今
3	杨胜海	村支书	梅花村	2011~2016年任村主任 2017年10月至今任村支书
4	杨昌洪	村主任	梅花村	2017年10月至今
5	杨胜清	监委主任	梅花村	2017年10月至今

（三）历史沿革

梅花村历史悠久、区位独特、交通便捷，地势重峦叠嶂、起伏连绵，森林植被茂密，秋冬季云雾缭绕，宛若水墨仙境，因从高处看地形似梅花花瓣而得名。村内有一处名为梅花湖的水库，宛如一颗清澈明净的绿宝石镶嵌在山绿田绕的梅花瓣中，现正在开发打造4A级梅花湖风景名胜区，农业产业为零星特色养殖和传统水稻种植。梅花村原来是一个大村，2017年前涵盖现茶店街道大元村和横山村，2017年6月，为了便于管理和服务，梅花村拆分为梅花村、大元村和横山村，现三个村还共用一个村委会办公地。梅花村90%以上的村民为侗族，系五代时期少数民族首领杨再思后人，杨再思是唐末五代靖州飞山蛮酋长，人称"飞山公"。宋初，杨再思率领治下各州的部族归顺朝廷，因治国安邦功勋卓著，被宋王朝先后追封为威远侯、芙济侯、广惠存侯和芙党侯。殁后，湘、桂、黔三省边境人民敬畏，奉为神灵，或尊为祖先，普建飞山庙祀之。每年农历六月初六（杨的生辰）和十月二十六日（杨的忌辰），当地群众常去飞山庙祭奠。现村内有保存完好历时300余年的杨家宗祠，该祠堂为典型的徽派建筑，呈"品"字形布局，由主殿和厢房组成，主殿内供奉有先祖杨震、杨再思像，是铜仁市及周边杨姓侗家人开展宗族祭祀活动的重要场所。

二、基础条件和特色优势

（一）交通区位独特，基础设施优势明显

梅花村区位交通条件优越，村域范围内有茶大（茶店至大坪）公路横穿而过，可通过通村路和通组路实现北接茶店街道、南连大坪乡。

此外，铜大高速公路也穿过梅花村，但是自高速开通以来，由于最近的匝道口为铜仁南站，辐射带动梅花村的效应相对较弱。今年国庆，随着铜大高速公路茶店互通的建成投用，制约梅花村发展的交通瓶颈得到了彻底解决，铜大高速公路茶店互通就在梅花村地域范围内，该互通可直接汇入铜大高速公路，上可直达铜仁高铁南站、玉屏火车站、万山朱砂古镇，下可直到铜仁城区及各区县、梵净山旅游景区，梅花村的区位交通优势将更加凸显。外部交通优势进一步凸显的同时，梅花村村域交通也越来越便捷，随着农村公路"组组通"工程和"五改一维一化"工程的实施，全村内部交通和基础设施实现了大变样。老村支书郑世应对村内交通条件的改善最刻骨铭心，他最深刻的感受就是，"以前赶场天要到镇上去买点东西，通常穿布鞋是不敢出门的，因为雨水天就是一鞋子泥，太阳天就是一裤腿灰"。目前，全村内已实现"组组通"柏油公路，并且可实现4个村民组各有两条通组公路串联，在通组公路将全村各村民组实现串联成网的同时，村内长达7公里的产业路也已初具雏形。

（二）旅游资源禀赋，农旅融合条件较好

梅花村的另一大优势和基础是梅花湖水库，梅花湖水库犹如一颗绿宝石，镶嵌在梅花村梅花瓣地形图案上，也成为梅花村推动产业转型发展，特别是农旅融合发展的重要支撑。目前，梅花湖水库作为区级重点项目，正由保利国际生态环境治理（北京）有限公司推进治理和开发建设，其目标是借助景区独特的区位优势，把梅花湖打造成集康养、休闲、娱乐为一体的旅游景区，带动茶店整体发展。梅花村支书杨胜海告诉调研组，梅花湖景区几乎全部水域面积都在梅花村范围

2018年10月24日，连玉明院长与梅花村村民杨道光夫妇亲切握手交谈。

内，该项目总投资3.63亿元，依托水库周边约1万余亩的特色风貌区域，将打造具有地域特色的生态涵养地，建设梅花基地和生态草场，使之成为国内最大、最美的梅花观赏场所。目前，梅花湖景区项目已完成绿化栽植面积210亩，其中梅树栽植5026株，其他乔灌木1900株，铺种草皮25亩，播种草花120亩，建成环湖路1800米。梅花湖开发打造完成后，将成为净梵山与朱砂古镇的中心联结点，并可直接带动、辐射梅花村推进旅游配套服务和农旅融合发展。

（三）打工经济支撑，村民普遍较为富裕

梅花村是一个典型的以务工经济为支撑的传统农业村。自20世纪80年代茶店街道组建建筑队以来，梅花村村民就是重要的组成部分，

他们逐步形成了一批批以家族关系为纽带的进城务工大军。全村85%左右的村民长年在铜仁市区承包工程和建筑项目，有力支撑了万山区城市异地转型建设的同时，也给村民脱贫致富找到了发展新路。郑泽全就是通过外出务工并成功创办建筑公司，实现发家致富的典型代表。二十多年前，郑泽全高中毕业后，就开始到城市闯荡，凭借村里先出去的老人们的关照，从干泥水工到组建工程队承包市政项目，自己也从出村时的两手空空到实现年收入上百万元。郑泽全告诉调研组："在梅花村，像我这样靠在外面打工找到了发展出路的人很多，我现在的工程队里面工人也有本村的很大一部分，现在日子好过了，大多数人在城里都买了房，条件稍微差一点的，也靠在外面工地务工盖起了大房子。"

三、创新实践及发展模式

(一)"能人 + 基地"引领，着力发展特色种养殖业

在梅花村，随着国家政策的支撑，以及城市发展的需要，返乡创业的新风正在吹拂着这个传统的小山村。自2017年顺利实现脱贫攻坚以来，特色养殖业正逐渐成为全村产业转型发展和贫困群众脱贫增收的新方向，成为引领乡村农业转型和产业发展的重要支撑。目前，梅花村已建成整个万山区规模最大的青蛙养殖基地，成为上级领导部门和远近乡镇考察取经的重要项目，也成为令全村村民跃跃欲试的重要谈资。青蛙养殖基地成功在山村落地的背后，离不开一批早年外出务工并发家致富、在乡村振兴热潮中毅然返乡创业的"能人"。这些能人现在通过与村集体捆绑合作，正成为梅花村产业转型的"引路人"和

"领头雁"。

烂泥山组的杨昌应就是这其中的佼佼者。二十多年前，家境贫穷的杨昌应和那个时代的许多农村子弟一样，初中辍学开始外出打工闯荡，先后在工厂流水线、建筑工地摸爬打滚了二十多年，凭借承包工程和承接项目监理业务，凭借自己的勤劳踏实，打拼成为全村远近闻名的"致富带头人"。随着国家宏观政策的管控，深知外出务工艰辛和深怀乡土情怀的杨昌应，越来越感受到建筑业的寒冬将至和乡村产业发展的滞后，为了谋求自我转型和回报乡村，他决定回乡发展产业。2017年，返乡创业的杨昌应经过市场考察和村"三委"协助，立足乡村产业差异化和特色化发展，采取"致富带头人＋村集体经济＋基地＋贫困户"模式，在村里流转了100多亩土地，发展起了青蛙养殖产业。从从事建筑行业到成为项目监理再转型到发展生态养殖，杨昌应人生的几次重要发展转型，用他自己的话说，"我只是在做每个时代自己该做的事"。

（二）"农业＋旅游"融合，着力推动乡村发展转型

对于梅花村来说，梅花湖水库的开发打造，也为全村人带来了产业发展的另一条路径，那就是依托梅花湖水库，推进全村农旅融合发展，推动乡村产业发展从传统农业向农旅结合的乡村旅游业转型。梅花村村主任杨昌洪告诉调研组："梅花湖开发打造已流转了全村150余亩土地，种上了一年四季都能开放的梅花，明年景区开发打造完成，将直接辐射带动全村两个村民组受益。"此外，由茶店街道招商引入的铜仁市胜玮生态农业科技有限公司已落户梅花村，该公司目前正在推动占地400余亩的生态农业综合体项目，梅花村第一书记唐平介绍，"胜

玮的生态农业综合体将依托烂泥山土地打造采摘农业，同时配套发展农家民宿、亲子体验、精品水果采摘和乡村观光旅游等项目"。

陪同调研组调研的茶店街道党工委副书记杜翔介绍，"梅花湖水库附近有九丰农业产业园、'花千谷'花卉基地、挞扒洞国家湿地公园等优质旅游资源，可形成旅游观光、休闲度假产业链。同时，该项目建成后将推动形成茶店街道'梅花湖－锣鼓塘梦幻森林－芦苇海－田园综合体－森海汽车公园－滨河公园'的农旅观光带，带动沿线梅花、茶店、横山、白岩、尤鱼铺5个村20个村民组8600余位老百姓脱贫致富，更可让茶店有机地植入'九丰农业、滨河公园、朱砂古镇'这张全域旅游网，为全区的乡村旅游注入新的生机与活力"。

(三)"产业＋扶贫"带动，着力帮扶贫困人口脱贫

作为曾经的贫困村，产业发展滞后、农业转型艰难和村集体经济薄弱是导致梅花村贫困的重要原因。2014年以来，在国家精准脱贫、精准扶贫政策的支持下，梅花村大力推进产业发展，带动全村贫困人口加快脱贫，近两年来形成了以绿涛大棚蔬菜种植基地、生态青蛙养殖基地等为代表的快速成长发展的产业项目。特别是在产业脱贫中全面推进"622"模式①构建利益联结机制，实现了全村脱贫户户户有产业分红、助力贫困户脱贫有支撑和发展有保障。

桂树华就是梅花村产业扶贫的直接受益者。2017年前，为了生计，桂树华常年随丈夫在外省"谋生活"。发达的城市意味着更多的机会，

---

① "622"模式，即整合扶贫资金发展产业，入股分红采取将纯利润的60%用于贫困户、20%用于村集体经济积累、20%用于合作社管理人员。

2018年10月24日，连玉明院长一行考察梅花村种养殖发展有限公司青蛙养殖基地。

也意味着更加高昂的生活成本。"一年下来就算可以挣点钱，加上开支和来回路费，根本没什么赚头。"这正是其口中贵州许多外出务工人员的真实写照。2018年4月，随着梅花村一揽子脱贫政策落到田间地头，以"党组织＋扶贫资金＋帮扶资金＋入股资金＋贫困户"模式推动建设的青蛙养殖基地落户梅花村，在村"三委"的帮扶下，桂树华说："去年进入青蛙养殖基地务工，每个月固定工资2700元，一年养6头猪，每头出栏补贴200元，去年得了1200元补贴，家里流转了2亩土地，一年租金1013元，入股分红每人一年640元，再加上老公在外面开三轮摩托车搞建材运输，一年林林总总算下来收入五六万元。"桂树华坦言，在党的政策支持和政府的帮扶下，一家人真正实现了脱贫，真正有了依靠，自己也凭借努力，可以说牢牢撑起了家庭的"半边天"。

2018年10月24日，连玉明院长与梅花村村民张玉香亲切交谈。

四、突出问题及原因分析

（一）突出问题：乡村空心化引发农村房屋大量闲置

　　转型可持续发展是万山区的时代命题，在梅花村调研期间，调研组观察到，梅花村当前也处于两大转型期，一是乡村产业发展正处于从传统农业主导向特色种养业支撑的转型关键期，二是乡村社会发展处于从村民常年务工向逐步返乡创业的转型过渡期。在这两大转型期的交汇过程中，因村民常年外出务工导致乡村空心化，进而引发农村房屋大量闲置和支撑产业发展的劳动力短缺，是当前梅花村发展面临的突出问题。

　　梅花村的乡村空心化有三大特点：一是长期以来，由于梅花村产业发展缓慢，造成农民只能被迫进城务工，通过打工收入维持生计，即便现阶段乡村产业发展逐渐规模化，但是大部分村民发展农业的意愿和意识并不强烈，依然继续选择依托外出务工支撑家庭发展；二是由于长期的外出务工，梅花村村庄的老龄化和空巢化现象很突出，大量的村民选择早出晚归进出城市或者留在城市发展，村里留下了大量坚守故土的老人，农村劳动力严重不足，本村现有的劳动力难以满足许多产业项目用工高峰期的需求，一方面打击了返乡创业激情，另一方面也影响返乡创业项目的推进；三是大部分外出务工的村民在城市安家置业的同时，为了改善家里不愿搬走的老人的居住条件，普遍盲目改建扩建农村住房，这些新建或扩建的房屋，常年一人居住甚至无人居住，一户多宅现象比较严重，不但侵占了大量耕地，也造成了农村非常大的资产闲置和浪费。

（二）原因分析：居住城市化和就业务工化

乡村空心化本质上是城乡转型发展过程中，由于农村人口非农业化引起"人走屋空"，以及宅基地普遍"建新不拆旧"、新建住宅逐渐向外围扩展，导致村庄用地规模扩大、闲置废弃加剧的一种"外扩内空"的不良演化过程。梅花村的乡村空心化现象是我国农村的独特现象和突出问题，特别在西部乡村较为普遍。调研组分析认为，梅花村的乡村空心化属于乡村空心化的一种类型，这种类型的空心化是指位于城市边缘地带的村庄被城镇化所吸纳而形成的近郊村庄空心化现象。

调研组分析认为，造成梅花村空心化的原因，一是梅花村产业发展滞后，随着城镇化进程的推进和城市劳动力需求的发展，村民出于自身生存考虑，只能通过就业务工来谋求发展。二是进城务工的村民通过到城市务工实现脱贫致富后，为了寻求更便捷的工作和更好的社会服务，在打工多年有了一定积蓄后，就会在城市安家置业，呈现居住城市化的特征。但是由于城乡户籍制度限制，这些生活在城市的村民依然保留着农村人口的户籍身份。三是村民出于故土情结和养老需要，通常会花费巨资在乡村建新房，这类住房只修不住，导致村庄规模呈现"外扩内空"现象，同时造成大量农村房屋的闲置。

五、对策与建议

城镇化背景下农村人口的非农就业和持续外流导致的"主体虚化"，是形成农村空心化现象的主要原因。调研组认为，当前乡村振兴特别是"新三农"问题治理过程中，政策改革应以"新三农"问题治理主体为中心，通过农村居民主体、农业生产主体和乡村形态主体的重构，为农村空心化问题的解决提供现实可行的操作路径。针对梅花村的空心化问题，调研组提出如下对策与建议。

(一) 加快推进村民进城和市民下乡，重构未来农村居民主体

农村居民主体的重构是决定空心化之后的农村是否走向消逝的关键性政策举措，其核心是未来农村居民将由谁来构成的问题。调研组认为，针对类似梅花村出现的空心化问题，各级政府应加大统筹城乡改革力度，突破城乡二元户籍制度限制，建立符合市场经济规律的人口自由流动机制，既能让"村民进城"也能让"市民下乡"。

一是要加强体制改革，加快农业转移人口市民化。建议全面放开城镇落户限制，重点鼓励引导进入城市多年、长期居住在城市、落户

2018年10月17日，调研九组走访梅花村精准脱贫户代表桂树华。

意愿强烈的农民尽快市民化。同时要重点解决好农业转移人口社会保障、医疗、住房以及随迁子女入学等问题，切实维护进城落户农民土地承包经营权、宅基地使用权及集体收益分配权，支持引导其依法自愿有偿转让，逐步加快户口变动与农村"三权"脱钩。

二是要强化政策创新，引导推动市民下乡。万山区要围绕市民下乡强化政策创新，要通过政策和措施吸引和鼓励市民下乡参与农村发展和居住、创业，特别是鼓励市民下乡长期租用农村空闲农房和农地资源，发展农村观光、度假、休闲、避暑等农旅融合产业和民宿经济。

（二）加快推动能人返乡和企业兴乡，重构未来农业生产主体

农业生产主体的重构是决定未来乡村农业能否走出"边缘化"困

2018年10月19日，调研九组访谈梅花村村卫生室负责人、乡村医生杨勇光。

境的关键性政策举措。梅花村当前的种养殖业虽然已经起步，但是支撑农业发展的能人和新型农民依然较为缺乏。特别是梅花村当前农村留守人员的主要力量均可能因个人生活的变动而不再从事农业生产，留守老人因年老或因病而退出农业劳动，留守妇女因务工等原因而退出农业生产，儿童也会因年龄增长而离开乡村。对此，调研组建议，立足重构未来农业生产主体，在着力推进农村土地制度改革的基础上，一是要加快鼓励和支持能人回乡返乡，特别是引导在外创业有成、热爱家乡的创业能人、社会贤达返乡创业，带动村民创业就业，提高产业发展的创新力和竞争力。二是要加快引进、鼓励和支持企业兴乡，引导有社会责任感、有经济实力的企业家到农村投资兴业、扶贫济困，促进一二三产业深度融合。

（三）加快围绕茶店功能打造特色小镇，重构未来乡村形态主体

目前，铜仁市的城市总体规划将茶店定位为主城区的"城市功能拓展区"，万山区对茶店街道的发展定位为打造"车轮经济圈"。调研组认为，茶店街道拥有突出的区位交通和气候旅游资源优势，今后发展要进一步突出农旅融合发展，以梅花湖、黄连溪、万亩车厘子基地等特色农业和旅游资源、项目为依托，以"避暑＋康养＋近郊游"为重点，将其打造成为铜仁主城区市民周末休憩避暑的城市后花园，以及串联梵净山5A级风景区与朱砂古镇国家矿山公园的重要节点和纽带。对此，调研组建议，对于拥有梅花湖优质旅游资源的梅花村来说，今后的发展要围绕茶店"城市后花园"功能需求，立足农旅融合发展，依托梅花湖、万亩梅花基地、青蛙养殖基地、农业综合体等项目，改造提升现有烂泥山和火麻坪等特色村寨，规划打造一个融特色餐饮、民宿体验、度假休闲、避暑观光等功能于一体的特色小镇，在全面盘活农村闲置农房资源和土地资源的同时，为能人返乡和企业兴乡创造发展机会和条件，也为引导市民下乡创造好的产品和服务，进而通过特色小镇的开发打造，实现农旅融合、产镇互动发展。

参考文献

1. 茶店街道 :《万山区转型可持续发展大调研茶店街道汇报材料》，2018。
2. 项继权 :《农村空心化、农业边缘化、农民老龄化应是乡村振兴的根本着力点》，《大众日报》2017年12月9日。

3. 铜仁市万山区转型可持续发展大调研组：《从城市功能拓展区看茶店转型发展的三大定位与三大重点》，2018。

轰隆隆的机器，奏响建设的乐章；汗淋淋的工人，演绎发展的舞步。产业转型，开拓创新，是红岩村在向未来前行。

金黄色的土、灰白色的石，不平坦的路、轰鸣的卡车，都代表着建设与希望。待到明日他时，这里将会以崭新的面貌，迎接八方来客。

最幸福的，就是身边有妻儿，父母仍相依。最可贵的，是儿女心中的孝，换来了母亲脸上的笑。

内外联动思路好 专业协同成效优

——红岩村调研报告

2018年10月23日，铜仁市万山区转型可持续发展大调研第九小组第三分队进驻红岩村开展实地调研和入户走访工作。围绕红岩村转型可持续发展，调研组与村"三委"主要成员、驻村干部、街道陪同人员开展座谈研讨；围绕乡村产业转型和特色发展，实地考察了贵州问鼎高科技生态农业发展有限公司车厘子种苗研发中心、村集体生猪代养基地等重点产业项目；围绕产业发展和社会变化，深度访谈了精准脱贫户代表张昌军、周平生，致富带头人张元和、郑燕华，教师代表饶维军，驻村干部陈继玉6人；围绕精准脱贫和精准扶贫开展成效，深入村寨院落和农户家中，走访了周经成、唐素花、张爱菊、郑泽春、向刺花、龙三妹、饶维华、郑燕华等10余户村民。通过调查和了解，调研组认为红岩村当前正处于转型发展的关键时期。红岩村区位优势良好，境内硅砂和硅石等矿产资源丰富。近年来，随着国家环保政策的趋严，目前支撑全村发展的砂石开采加工厂已基本关闭，主要依靠硅砂开采加工和传统农业种植的红岩村，正转向"林果＋养殖"两翼齐飞的可持续发展道路。

一、基本概况及历史沿革

(一) 基本概况

红岩村位于茶店街道北部，东接茶店村，西连大元村，南邻梅花村，北抵塘边村，距茶店街道中心2公里，总面积13平方公里，辖甘塘、响水洞、黄连溪、矮山坪、红岩塘、贯贯井、云岩7个自然村民组。红岩村平均海拔650米，耕地面积3100亩，目前1/3土地已被流转。

全村共378户1395人，村民以饶姓居多。其中，侗族、土家族占到全村人口的90%以上。红岩村现有党支部三个，党员29人。红岩村属于非贫困村，建档立卡贫困户40户141人，目前已脱贫34户131人，未脱贫的6户10人是2017年新识别的。截至2017年末贫困发生率为1.15%。全村60岁以上老人共175人。此外，村里共有低保户43户76人，五保户4户4人，退休人员8人，残疾人55人。

(二) 基层组织概况

红岩村党支部书记为饶锰，村主任为张元和，村监委主任为张开国。红岩村驻村干部为陈继玉，原单位职务为中国电信万山分公司会计；常驻驻村工作队员为胡兴贵，原单位职务为茶店街道办事处人大工委主席。

(三) 历史由来

红岩村原隶属于茶店村，名字源于红岩塘村民组。据当地老人回忆，红岩塘村民组过去属于山区，修路时曾遇到一红色巨石，故名红岩。2016年，包括红岩塘在内的7个村民组从茶店村拆分成为红岩村。

2018年10月24日，连玉明院长一行在红岩村村民朱桂英家中围坐交谈。

当前红岩村离茶店街道中心地区仅2公里，加之玉桐松快速干道穿过红岩村三个村民组，交通区位优势较为突出。从历史文化来看，红岩村村民多为土家族的饶氏一姓。据了解，饶姓氏族是明朝朱元璋年间，从江西上饶迁徙至此。现村里正在申请建设土家族文化馆。

二、基本条件和特色优势

（一）锦江源头之一，自然生态环境良好

红岩村山高谷深，雨量适中，日照充足，主产水稻、油菜、玉米和水果，境内气候宜人，风光旖旎，民风淳朴，村内有一清澈河流名曰黄连溪，是铜仁市穿城河流锦江的源头之一，也是中国长寿之乡——挞扒洞村的长寿湖湿地公园的上游。黄连溪周边属于典型的喀斯特地

貌，两岸绿植茂密，河水部分属地表水、部分属洞内地下水，冬暖夏凉。

（二）自然资源丰富，产业发展初步转型

红岩村境内硅石和硅砂等矿产资源丰富，主要用于制造建筑水泥、磁粉、铺路石等。靠山吃山，红岩村长期以来发展主要依靠硅砂开采加工和传统农业种植。随着国家环保政策的趋严，支撑全村发展的砂石开采加工已基本关闭，红岩村发展处于向现代特色农业转型的关键时期。种植业方面，除种植大棚蔬菜外，现依托茶店万亩车厘子田园综合体项目，红岩村正在打造甘塘车厘子研发种植基地。400亩的标准化车厘子大棚已建设完毕，年内将开展移苗实验。养殖业方面，由村集体和能人带动的生猪代养基地年出栏量3000多头，此外还有土鸡养殖等。

（三）"户户通"从1%到99%，"组组通"串联百户村民

"户户通"实施以前，茶店地区广播电视只覆盖了街道并没有到村。红岩村过去"户户通"的覆盖率仅有1%。村民过去想要收看电视，多半就得靠"天锅"。2017年"户户通"实施后，红岩村99%的村民家里被广播电视网覆盖，极大丰富了村民的生活，也方便了信息的传递。道路方面，玉铜松快速干道和铜大高速公路穿过红岩村，五条通村路直到村里，打通了红岩村与外界的联络要道。而2017年"组组通"的实施则在村内村外串联了数百户村民，主要包括贯贯井村民组（红岩村）与蚂蝗冲村民组（茶店村），黄连溪村民组（红岩村）至尖坡村民组（塘边村），黄连溪村民组（红岩村）至大元村民组（大元村），以及甘塘村民组内部等通组路。

（四）垃圾清运规范有序，村容村貌不断改善

通过规律化的垃圾清运，红岩村的整洁度大大提升。村里现有14个垃圾池（垃圾桶），平均每个村民组有两个垃圾池（垃圾桶）。资金方面，通过村里自筹部分、办事处解决部分来筹集资金，雇用车辆与清洁人员，不定期清运村里垃圾。加之"五改一维一化"、立面改造等多举措的实施，红岩村的村容村貌不断改善。同时，红岩村也制定了村规民约、卫生公约，让保护村里卫生环境有据可依。

三、创新实践与发展模式

（一）"内外联动＋专业协同"，齐心协作促精准脱贫

红岩村目前共识别出40户贫困户141人，目前除2017年新识别出的6户10人外，其余34户131人已全部脱贫。在与驻村干部陈继玉的访谈中调研组了解到，红岩村精准脱贫的成效离不开村"三委"与驻村工作队的"内外联动"，也离不开来自教育、医疗、宣传等多部门驻村工作队员的"专业协同"。如在扶贫工作中，遇到村民矛盾纠纷，村"三委"必须至少一人到场，与驻村工作队一起解决村民问题。"内外联动"有效地将当地村干部对村民的了解与驻村工作队的新思路、新方法有机结合。而来自多个部门的驻村工作队员，则积极发挥各自领域教育扶贫、医疗扶贫和产业扶贫的专业优势，在精准扶贫中实施更具针对性的举措。脱贫户代表张昌军正是红岩村精准脱贫的缩影。1972年出生的张昌军，前几年因视神经萎缩看病花了不少钱，加之家中三个孩子念书学费负担较重，一下子成了贫困户。身体的残疾和孩子学费的重担让张昌军生活陷入了困境。2014年，张昌军被识别为贫困户，红

2018年10月24日，连玉明院长与贵州问鼎高科技生态农业发展有限公司董事长杨峰交流。

岩村针对张昌军因病致贫、因学致贫的情况进行医疗扶贫、教育扶贫，将其看病费用全部报销，孩子上学也得到了国家补助；并且，考虑到张昌军身体条件不适宜外出务工，帮扶人陆荣飞帮助张昌军筹集资金发展养蜂业。随后，村"三委"与帮扶人又鼓励张昌军参加扶贫培训，到外地考察学习养殖技术，并帮助张昌军申请政府贴息的小额贷款，进行蜂糖李种植和猪、牛养殖。2016年，勤奋能干的张昌军就脱了贫。现在家中收入包括种养殖产业的收入、护林员的工资、低保金以及家里人务工的收入等，2017年张昌军一家五口年收入达6万多元。

（二）现代特色农业从无到有，"公司＋基地＋农户"模式带动致富

红岩村的村支书饶锰直言，村里的产业是从零开始。红岩村的产

业目前主要是现代特色农业，其中最具代表性的就是选址在甘塘村民组的车厘子种植。红岩村的车厘子项目是茶店万亩车厘子田园综合体项目的一部分，该项目总体规划建设"两中心""两基地"，即研发中心、展示中心和两个示范基地。而红岩村研发中心基地是该项目的第一期工程，2018年5月开工，12月底前将完成。甘塘研发中心共流转土地400余亩，工程总投资达1700万元，新建18座标准化大棚，1处提灌站，1座山塘。甘塘研发中心将实现车厘子的种苗研发培育、大数据统计、果谱研发、有机肥配比实验、农旅观光等。从当前来看，车厘子研发中心的建设凸显出三方面的社会效益。一是红岩村响水洞、甘塘、黄连溪三个村民组48户闲置土地得到综合利用。二是解决固定就业岗位20余个，临时工岗位个数更多。150元／天的工资收入让不少外出务工的人返乡，也让村里的闲散村民有了正经工作。三是带动该中心周边地区农旅观光和康养民宿的发展。村干部则看得更为长远，他们认为甘塘车厘子研发中心将发挥示范效益，让更多村民从种植传统作物转向种植高附加值的车厘子，以"公司＋基地＋农户"的模式带动村民致富。

四、突出问题及原因分析

（一）村民发展意愿强烈，普遍面临"培训难"

调研组了解到，在精准扶贫、精准脱贫以及各项惠农政策的促进下，红岩村农业产业结构调整加速推进，特色种养殖业已初具规模，乡村发展已逐步从巩固脱贫向推动产业振兴迈进，村民发展意识和意愿较为强烈。但是现阶段，支撑村民发展需求的培训机会还不够充分、

2018年10月24日，连玉明院长在红岩村村民杨英兰家中了解厨房改造情况。

培训渠道还不够畅通，培训平台还不够完善，培训机制还不够健全。在村支书饶锰看来，"我们村外出务工的很少，青壮年想干事创业的激情很高涨，但是现阶段最突出的问题是，对于一些特色种养殖业技术，村民们普遍不掌握，没有很好的学习和培训渠道及平台来支撑他们的需求"。因为培训渠道载体的缺失和不完善，造成村民普遍面临培训难和提升难的问题，制约了乡村产业的进一步提升和发展。

饶锰认为，红岩村村民"培训难"的主要症结，还是在"精准"二字上，虽然区农业局、乡镇农技站定期都会举办一些培训课程，但是无奈"僧多肉少"，每个村就两三个名额，根本无法满足广大村民的培训需求。新时代农民讲习所可谓是宣讲国家、省市脱贫政策，密切党群干群关系的重要渠道，以及引导社会风尚的重要平台。在饶锰看来，新时代农民讲习所其实是个很好的学习平台和培训载体，但是目前并未有针对性地开展致富技能培训、就业创业培训，特别是农民讲习所举行政策宣讲和技术培训的时间安排亟待优化。现在活动安排基本都在白天，但是白天特别是天气好的时候村民要外出务工和下地干活，根本就没时间和精力参与。

(二) 招商投资项目增多，审批造成"落地难"

调研组在调研中还了解到，红岩村反映最为强烈的问题就是因项目审批烦琐导致乡村产业发展项目落地难，影响乡村经济发展进而带动村民致富。在饶锰看来，随着国家惠农政策的大力支持，特别是乡村振兴战略的提出，像红岩村这样区位交通条件、生态气候资源条件好的乡村越来越受到一些企业的青睐，前来洽谈农业投资的企业越来越多。饶锰向调研组大概算了一下，"这一两年来，跑到我们村里考察的企业大大小小来了10多家，对我们的发展基础和条件都很看好，但是一谈到核心问题——项目审批手续复杂，办理很慢，我们就不敢答应人家了，因为我们吃过亏，靠村一级根本就不可能快速给企业办好各类手续"。

在茶店街道党工委副书记杜翔看来，造成这种情况，原因是多方面的。一方面是现行的审批手续确实很烦琐、程序很复杂，特别是农村发展项目，受各种规划的限制很大。另一方面，杜翔认为"是权力下放不彻底造成的，街道乡镇一级权责不对等，项目审批权限上级卡得太死，重视程度因项目而异，造成很多村好不容易吸引到了几百万的投资项目，但是因为投资额小，不是区级以上重点项目，企业享受到的审批服务和优惠政策就有限，最终导致本来可以落地的项目都走了"。

五、对策与建议

（一）以解决好"谁来种地、怎样种地"为重点，加快创新培训机制，推动培育新型职业农民

针对红岩村反映的村民缺乏培训机会和学习条件等问题，调研组认为，其核心是要围绕培育打造新时代新型职业农民，加快培训机制创新，畅通培训平台、载体和渠道，推动有发展意愿的村民通过培训提升发展素质和创业创新能力。调研组建议，一是区级层面要围绕种植业、养殖业、农产品加工、农村物流等主要培训重点，立足政策学习、技术培训和创业辅导，明确新型职业农民培育管理机构、培训单位和实训基地，定期结合国家要求、农民需求和产业重点，

2018年10月23日，茶店街道办事处党工委书记杜翔向调研九组介绍红岩村甘塘车厘子研发基地。

2018年10月23日，调研九组对红岩村村民唐素花进行入户调查。

构建农业行政主管部门负责、各类市场主体多方参与、适度竞争的多元化培育机制。二是街道层面应强化农家书屋、农民讲习所等载体的学习培训功能，特别要围绕"一村一书屋、一村一讲习所"的要求，完善村级农家书屋的建设。通过农民讲习所、田间课堂、网络教室和农家书屋等方式，丰富农民培训平台。三是村级层面要强化引导，依托农民讲习所，发动优秀村支书、致富能手、返乡创业者、致富带头人等现身说法，通过晚上举办"院坝会""板凳会""故事会""大讲堂"等活动，白天开展田间地头学习考察活动，通过产业基地的"讲经课"和庄稼地里的"现场课"等灵活多样的讲习形式，提高培训针对性、实用性，确保群众想听、愿听、听得懂、用得上，实现在劳动中学习、在沟通中提升，全面提升农村劳动力创业能力和发展素质。

（二）以解决好"审批难、办事慢"为重点，加快推进审批服务改革，推动村级产业项目建设

针对红岩村反映的产业项目审批手续办理难、办理慢等核心问题，调研组认为，乡村产业发展关乎扶贫成果的巩固，是推进乡村实现振兴发展的基础和支撑。现阶段，重中之重是要强化提升村级产业项目审批服务，特别是审批流程的优化和审批时限的缩减。一是建议由区发改委牵头，农业、规划、国土等部门联动，将农村地区待建重点项目进行认真梳理、逐一分析，帮助、指导各乡找出项目不符合审批条件的地方，提出解决问题的方案，促进项目尽快进入审批环节。二是在区级政务服务大厅开设农村审批服务专项窗口，面向乡镇街道和村级需求开展审批服务，同时充分依托窗口整合具有审批职能的单位部门，通过项目联审会制度推进"一事一议"和"一事一办"。项目联审会制度既有利于加强政策把关，又能加快审批进程，各乡期望值很高。建议区政府把联审会制度做实、做好、做出成效，形成长效机制，增强各乡发展信心，让大家有"盼头"。三是建议各职能部门，巩固群众路线教育实践活动成果，转变作风、明确责任、落实专人、提高效率，深入到各乡具体指导产业发展工作，积极为各乡出谋划策、排忧解难，真正做到为基层服务、为发展服务、为群众服务。

参考文献

1. 铜仁市万山区转型可持续发展大调研组：《万山区茶店街道红岩村座谈记录》，2018。

2. 铜仁市万山区转型可持续发展大调研组:《红岩村驻村干部陈继玉访谈录》,
    2018。

3. 铜仁市万山区转型可持续发展大调研组:《红岩村脱贫户代表张昌军访谈
    录》, 2018。

整齐划一的房屋，平整宽敞的水泥路，各式各样的商铺，来来往往的车辆，社区早已变了模样。新时代，我们的社区交通发达、生活便利、多姿多彩。

温暖的阳光洒在课堂上，祖国的花朵排排坐着听讲，校园的走廊，宽广的操场，是孩童们课后的游乐场。跑着、笑着、乐着，自由自在地成长。

平地里起新广场，梅花景区紧挨旁。社区居民有地去，生活多彩
不重样。

真心实意做好服务
政社互动优化管理
——茶店社区调研报告

  2018年10月17~19日，铜仁市万山区转型可持续发展大调研第九小组胡海荣、季雨涵对茶店社区进行了实地调研和入户走访，实地考察了茶店博雅幼儿园、茶店公立幼儿园、街道卫生院以及茶店派出所。研究九组与社区的主要领导进行调研座谈会，对返乡创业者茶店博雅幼儿园园长刘静、代表社会各界人士的街道卫生院院长饶有翼、茶店派出所副所长潘猛、茶店街道扶贫办工作人员伍飞、低保户代表谢新珍、脱贫户代表黄前忠以及茶店社区书记詹海福等典型人物进行深度访谈，并对蔡娜娜、杨建军、杨建宝等居民进行入户调查。

  通过三天的调研，调研组认为由于茶店社区没有经济职能，属于单纯的服务型社区。但随着当地经济社会的发展变化，尤其是脱贫攻坚任务的深入开展，辖区内建设了安置搬迁移民的梅花小区，从而社区的工作重心由原来的常规服务居民调整为重点服务移民搬迁居民，并暴露出一系列社会问题，不仅有社区的服务问题，更多的是提升并激发移民搬迁居民自身发展能力等深层次的热点、难点问题，而这些工作单单依靠社区是无法胜任的。为此，调研组结合调研情况，对其进行了原因查找，形成了相关建议，以期有所启发。

一、基本概况及历史沿革

（一）基本概况

　　茶店社区位于茶店中心集镇的核心位置，是茶店街道办事处唯一的居民社区及经济文化发展中心。由于该社区与茶店村没有明确的区域划分，茶店社区与茶店村相融，社区居民与茶店村村民混居。目前，茶店社区辖413户2298人，大多为以前供销社、粮食局的干部子弟，以及茶店街道办事处与茶店社区居委会的职工及其家属。当前，辖区内幼儿园共3所（其中公办1所），公办小学1所，文化广场1个，体育广场1个，集市1个，医疗诊所1个。居民以自主就业为主，收入主要来源为经商、务工（从事建筑业），人均收入为29080元。60岁以上老人有163人，易地搬迁47户230人。现有移民搬迁安置点一个——茅坪梅花小区。

（二）基层组织概况

　　当前，茶店社区基层组织完善。社区党支部书记詹海福，党支部副书记兼会计王玉有，社区党支部委员、居委会主任兼妇联主席潘敏（女），居委会副主任兼出纳谭霜，居委会委员黄伍；监委委员杨建军，监委委员杨建宝。此外，由于茶店社区监委主任过世，现监委主任一职暂时空缺。

（三）历史由来

相传，茶店古代处于铜仁至玉屏的邮传驿道上，有人在此地开店卖茶，供过路之人休憩歇息，茶店之名由此得来。由于茶店村与茶店社区为混居，故有时候讲茶店街上可理解为茶店村，也可理解为茶店社区。

茶店社区于1998年10月成立，由于当时办公条件较差，办公用房使用面积16~20平方米不等，严重制约社区服务工作的开展。但随着经济社会的发展和地方党委政府的重视，近几年，社区服务功能逐步完善，计生服务、社区警务、就业服务、住房保障、卫生服务、优托服务、社会维稳、居民医保、社区戒毒、党务活动等工作逐步推广开来。

二、基本条件和特色优势

（一）交通区位优势明显

目前，玉铜松城际快速干道正在修建，并与铜大高速公路茶店收费站相连。茶店社区是茶鱼大乡村公路必经之地，北面为茶店村、红岩村，南面为尤鱼铺村，西面是梅花村，东面为老屋场村，距铜仁市区16公里，区位优势十分凸显。

（二）典型的服务型社区

两代人的坚守。茶店社区成立于1998年，原办公地点在原茶店镇大门旁老计生办，以盖章、为当时的居民开具证明为主要业务。第一任主任系工商局退休干部詹忠诚主持全面工作。当调研组专访现任社区书记詹海福（男，47岁）时，不经意地问了一句："您和詹忠诚老人家是什么关系（因为贵州的村寨基本以两个姓氏为主，且相互之间均有一定关系）？"詹书记腼腆地回答："他是我老崽。"①随后詹书记介绍了父亲的人生经历。"在搞工商时，广东广州那些地方的经常来买蛇回去，一根5~6元哩（当时一般干部的工资水平为每月20~30元），我老崽一见到就抓他们，最后还被省里面评为铁工商，登了报纸的。""我老崽退休后，看到大家为打点证明呀、盖点章呀跑来跑去的，太辛苦恼火了，所以才主动承担下来的，当时也就是盖哈章呀，打点证明呀，尽是些小事。""那您又是怎么来社区工作的呢？""我嘛，2007年来哩，干过委员、副主任、主任，2017年才选上来当书记。"当调研组想了解詹书记为何一干就是11年和工作上遇到的难处或居民的不理解时，他只是笑了笑并说："居民都很理解。"多么朴实的笑容，调研组完全可以从笑容里知道这位书记是多么的不容易，他情愿自己默默地承受委屈也不愿"归罪"于居民。

老年人的福利。"我们重视夕阳事业，提升居民福利。2007年起，先后投入10万余元修建了老年体育活动室，置办了乒乓球、台球、篮球、象棋、军棋等娱乐体育设施；开设了老年学校，成立了4支中老年健身文艺队……"这是社区给调研组提供的基础资料。当一个国家或地区60岁以上老年人口占人口总数的10%，或65岁以上老年人口占人口总数的7%，即意味着这个国家或地区步入老龄化社会。目前，茶店社区60岁以上的老年人有163人，占辖区常住人口的7.09%。从数据上看虽然没有达到人口老龄化的标准，但茶店社区由于区位优势，交通出行十分便利，用当地居民的话来讲"下铜仁也就十几分钟"（茶店社

---

① "老崽"，即父亲，是贵州的方言。

区与铜仁市主城区的平均海拔落差近半公里），因此，年轻人基本到铜仁市的碧江区与万山区就近打工。这一现象带来了严重的问题，即白天时老年人只能自己照顾自己，同时有些还在兼顾照顾孙子女，看似没有步入老龄化，实则老龄化问题相当严重，因为白天老年人的活动概率要比晚上大，很容易出现突发事件。此外，调研组在了解社区工作经费时，居民委员会主任潘敏说："基本够吧，只有慢慢来，也不可能一下子搞得很好，不足的地方，也要打报告给街道，他们都是很支持的。"通过深入了解，2017年之前，茶店社区一年的工作经费支出总额不足1万元，平均每个月为816元。如此之少的工作经费让调研组无法想象从2007年至今修建了老年体育活动室、置办了娱乐设施以及建立了4支中老年健身文艺队等是多么不容易，这也客观地反映出基层的干部职工需要付出多少艰辛才能干好一项工作。

2018年10月17日，调研九组对茶店博雅幼儿园院长进行问卷调查。

移民户的依靠。茶店社区经历了两次搬迁，第一次是2014年迁到茶店街道办事处计划生育办公楼。第二次搬迁是在2018年迁至茶店茅坪梅花小区。短短的四年时间，社区又搬迁一次，这其间的原因引起了调研组的注意。在一次实地走访的过程中，调研组聊到这个话题时，潘敏主任说："现在国家的扶贫力度真是太大了，2016年底的时候，基本上完成了我们街道所有易地扶贫搬迁的安置工作，这个茅坪梅花小区实际上就是修起来给他们住的，他们住进来过后，为了更好地服务他们，我们才搬过来的，还成立了移民搬迁服务中心。"通过观察，社区的办公地点事实上就在移民搬迁点里面，前后都是移民居住的楼房，在规划修建时，街道办事处就充分考虑到两个关键节点。其一，不可离中心集镇太远，这样会影响出行。调研组专门步行从居住点走到集镇街上，不超过15分钟。其二，只有将社区置入其间为移民群众服务，使其尽快适应居民生活，才能让他们"搬得出、住得下、能增收"。

三、创新实践与发展模式

近年来，社区以"开展优质服务活动，实行居民自治，建设高质、高效、新型的服务型社区"为目标，以用心用情的服务、公道正派的服务、认真负责的服务，形成了以区域化、扁平化、政社互动为特征的社区综合服务管理新局面。

"电视开不了"——真心实意的服务。在茶店社区调研座谈会上，社区居委会主任潘敏向我们讲述："老百姓水管坏了要打电话给我们，电视开不了了也要打电话给我们，我们的工作很简单，就是要给老百姓解决这些生活中的问题。"基层工作如此烦琐复杂，居委会人员往往每日都要奔波在家家户户之间，为他们解决生活中的各种小事，时间长了很考验工作人员的耐心与细心。并且，2016年以来，茶店街道11个村的易地扶贫搬迁户陆续搬进梅花小区，社区的工作重心也更多倾向于为搬迁居民服务，给他们推荐就业岗位，还组织他们参加中秋佳节包粽子活动，让老百姓住得习惯、住得安心、住舒心。在走访易地搬迁贫困户时，我们发现，每家每户的装修都很相似，沙发一样、电视一样。调研组纳闷地问老百姓："你们楼上楼下，怎么都装修得差不多啊？你们不是贫困户吗？哪有钱装这么好？"从塘边村扶贫搬迁过来的杨建宝笑了起来，指着陪同调研的社区工作人员说道："那不是他们装的嘛，住进来的时候沙发电视都装好了，我这套还是样品房，大家看了都愿意搬过来。"

"就是他让我的低保没打脱"——公道正派的作风。社区建档立卡贫困户、低保户、五保户的名单都要向社区居民公示，以确保居民能够享受到应有的补助，保障社区服务于民的过程公平、公正、公开，保证国家政策能够有效落实。社区低保户谢新珍的丈夫是个爱喝酒闹事的人，谢大姐常常要去派出所把他逮回来。年轻的时候，谢大姐在茶店街上卖过菜，炸过油粑粑，给人打过毛线衣，辛苦赚来的钱经常因为丈夫喝酒闹事全部赔出去了。现在，她的腰肩已经积劳成疾，连正常家务工作都很难坚持，只能靠着丈夫时不时地外出务工挣得的一千多元钱过日子。谢大姐住在公公的老房子里，是原来供销社的职工宿舍，条件比茶店社区的许多房子相对要好。但是，丈夫家有五兄弟，一旦家里老人过世，所住的房子就要被五兄弟共同继承，他们一家将无栖身之地。社区党支部书记詹海福从小认识谢大姐一家人，了解谢大姐生活的困难之处，在谢大姐家庭情况符合低保户标准的情况下，将谢大姐一家两口纳入低保范畴。为此，许多居民找他理论了好多次，认为谢大姐家房子好，收入一定好，又有关系，才能享受到低保政策。为此，詹书记每次都向不知"真相"的居民群众耐心解释，并通过平时真心实意地为社区居民办事，赢得了大家的信任，也保住了谢大姐一家的"低保"。正如詹书记说的"让她得的一定要得，她不能得的她也不能得"。调研组到谢大姐家走访时，谢大姐对我们笑着说："就是他让我的低保没打脱。"

"吃了饭再去"——和谐友爱的干群关系。一个地方居民对地方干部的态度，就能映射出干部的工作程度与工作态度。在茶店社区调研的三天时间里，调研组选取不同类型的10户居民开展入户调查，不论调研组与陪同调研的干部走到哪儿，社区居民都会热情地招待我们，调研结束后都会说一句"吃了饭再去"。调研组好奇地问他们对自己的生活是否感到满意时，他们不约而同地点头："满意、满意！""现在政策好啊，他们都辛苦，经常跑来问长问短的。""谢谢你们来调查，了解我们的生活。"就像搬迁到社区的黄前忠说的："以前我媳妇的爸爸妈妈来我以前的老屋，都哭啊，说条件太差了，女儿过的是苦日子。现在搬过来，他们在这儿待了好几个月，很满意，都说好！"从老百姓脸上的笑容，从他们对政府人员的态度，从他们的言语中，调研组都强烈地感受到他们的幸福、他们的满足、他们对未来生活的希望。正是因为社区居委会以及帮扶干部对他们持续不断的关心和关怀，让他们每个人都感受到政策的好、生活的好、变化的好，才能让整个社区像一家人一样，你来我家，吃一顿饭，再走！

通过调研，能明显感受到社区基层工作人员对居民的真心付出，基层工作人员为人民服务的标准就是要进得了屋、坐得下去、张得开嘴。

进得了屋。掌握居民真实的基本情况和生活困难是需要基层人员亲自入户去看、去问、去了解的，不入户调查很难掌握真实情况，很难精准解决老百姓的难题。

坐得下去。和老百姓长期的沟通并给予关心是拉近干群关系最有效的方法，基层人员要耐心、细心地听老百姓的诉求，要坐在老百姓家听他们的故事，同时还要听得进去、抓得住根本，解决实际问题，让老百姓信任你，才利于工作的开展。

张得开嘴。基层干部既要熟知国家政策，又要会用通俗的语言向老百姓传达政策文件精神，要把政策讲得清楚、讲得明白、讲得透彻，让老百姓更懂政策，更加支持基层工作。

四、突出问题与难点

（一）从社区人员结构看服务质量

据了解，茶店社区居委会工作人员平均年龄为40岁左右，学历达到本科的仅有两人，存在组织年龄结构偏大、学历水平偏低的问题。其日常工作主要集中于处理居民日常生活困难和落实党委政府的服务要求两方面，主动性和创新性还需要进一步提升。以搬迁户黄前忠的家庭实际情况为例。黄前忠与妻子有两个小孩，姐姐9岁、弟弟6岁，由于两个儿女年龄偏小，妻子基本在家中照顾孩子，不能外出赚钱。黄前忠有初级高空特种作业证，能够做一些电工工作，一天收入200元左右，但极不稳定，加之黄前忠仅靠熟人介绍，工作越来越不好找，往往干半个月就要休息两三个月。同时小儿子正在上幼儿园，生活开支相对要大些。目前，摆在茶店社区和黄前忠面前的困难就是如何让黄前忠能够快速高效地找到工作，以及如何利用黄前忠妻子的闲暇时间，为这个家庭创造更多财富。茶店社区可以学习沿海城市先进的居民服务理念，发展社区育托服务，将放学后的学生集中到育托中心，为其提供作业辅导、课外培训等服务。这样，全职妈妈可以放心回归社会、寻找工作，夫妻均可就近务工、安心工作，小孩也能够得到更加专业的辅导和教育。

（二）从社区经费支出看服务效果

茶店社区活动经费较少（见表1），能够组织的社区活动也仅限于包粽子、打腰鼓等简单活动。虽然可以丰富居民群众的业余文化生活，提升其生活幸福指数。但对于日子一天比一天好的居民来说，他们需要更高层次的服务来提升自身的发展意识和思维观念。正如在福建打工十几年回乡创业的胡金妹所感叹的，正是因为在外务工，才让她学会了企业管理和寻找发展的机会，直到现在经商的很多想法，都是从外面学回来的。2017年，她想发动在家闲暇的妇女种植辣椒并回购来

表1 茶店社区居委会经费支出

单位：万元

时间	社区经费支出总额	上级支持的经费总额
2018年	3.42	4.89
2017年	1.88	2.13
2016年	0.67	0.5
2015年	0.70	0.69

注：数据由茶店社区工作人员提供。

带动村民致富，但是许多村民以"种辣椒又吃不到"回绝了她。她叹气道："如果我有机会，我一定要带他们去外面看看，看看那些农村是怎么发展起来的。"由此可知，对于茶店社区及更多的城郊乡村来说，其发展的限制不仅在于生态地理条件，更重要的是思维限制。未来，茶店社区应当增加活动经费支出，创新文化娱乐活动方式，带领居民到周边已经发展起来的乡镇参观，学习先进的发展思想，激发起居民自我发展、抱团发展的强劲动力。

(三) 从社区居民结构看服务需求

调研组根据对茶店的实地调研了解到，目前茶店社区人口结构突出表现为三个特点。一是易地扶贫搬迁人数较多。从表2可以看出，易地扶贫搬迁的人数占到整个茶店社区人数的1/10，数量较多，搬迁居民需要解决怎么融入当地居民的生产生活的问题。二是茶店当地年轻人在外务工人数较多，常生活在社区的大多为老人和小孩，这群人对养老服务、儿童教育、健康管理等方面的需求较大。三是茶店居民工

表2 茶店社区居民结构

单位：人，户

户籍人口		建档立卡贫困户		低保户		五保户		危房户		重病户		残疾人户		易地扶贫搬迁户	
户数	人数	户数	人数	户数	人数	户数	人数	户数	人数	户数	人数	户数	人数	户数	人数
413	2298	0	0	11	16	0	0	0	0	0	0	1	4	47	230

注：数据由茶店社区工作人员提供

作以在外打短工为主,从事行业主要为建筑业、石材加工产业等,这类工作稳定性差,对体力要求较高但技术含量低,且存在安全隐患。因此,茶店社区在下一步的工作中应按照不同类型的居民群体,精准对接社区居民的服务需求。如重要节假日组织搬迁居民与原居民开展联谊活动,进一步增加搬迁居民的归属感。增加社区公益性岗位,为老人提供养老服务并满足儿童的教育需求。建设社区就业培训微信公众号等,一方面为社区居民提供就业信息,另一方面,也可将有技术能力的居民推介出去。

五、对策与建议

三天的调研一晃而过,虽然时间短,但调研组还是了解到一些问题,如要如何进一步主动服务,如何精准化、精细化服务,以及如何让贫困户走出一条内生动力强劲的可持续发展的道路等问题。但这些问题不是社区单方面就能够解决的,还需要街道、区、市各级以及相关职能部门多方参与,同向发力,因为这些问题是万山转型和可持续发展过程中尤其是社会转型过程中暴露出来的重大问题。

"人家的做法太先进了"——因地制宜,主动服务。通过调研,调研组了解到街道和社区的干部均或多或少地参加了到发达地区的培训或调研,有的甚至会到异地挂职锻炼。总体来说,大家的感觉可借用詹书记的一句话"人家的做法太先进了"。究其原因,主要有以下三点。一是硬件设施无法比。发达地区已经运用新一代信息技术开展精准服务,而贵州大部分地区的办公条件被远远甩在后面。二是资金投入无法比。这个单从东西部的经济发展现状,特别是财政收入就已经很清楚了。三是接触的信息无法比。即先进的服务理念大多数都产生于发达地区，这主要是它们有实力，有人员专门就服务中存在的问题进行研究，提出一系列具有可操作性的举措。

由此，调研组提出以下建议。

其一，提升干部的服务理念。不仅要去发达地区学习，学习它们的先进理念和方法。也要去与当地经济社会发展水平相当的地区学习，学习它们如何结合自身情况创新服务的方式和方法。

其二，注入新鲜血液。一方面要加大基层的力量。当前基层的公务员队伍已经身兼数职，长期超负荷"运作"，这样会影响工作的效率和效果。另一方面要提高基层的待遇，充分调动基层干部职工干事、创新的激情，积极主动为民服务。

其三，增强干部的工作能力。当前，基层干部职工尤其是脱贫工作人员对相关政策的把握还是十分到位的，但是，对于非脱贫工作的相关政策的把握能力还有待提升，要想成为"行家里手"为一个区域谋求发展的方向，学习政策、理解政策、运用政策、宣讲政策是基层干部必须要做好的工作。

"我还想学挖挖机"——了解实情，精准服务。在入户专访居住在梅花小区的脱贫代表户黄前忠时，调研组了解到虽然当地政府对贫困户均安排了帮扶干部，也开展了扶贫技能培训，但贫困户也有自己的想法，正如黄前忠所说的"我还想学挖挖机"，调研组通过"四卡合一"也了解到帮扶干部已经询问了帮扶对象，征询其需要帮扶解决的困难，但其中存在帮扶干部掌握不等于相关职能部门掌握，就算职能部门掌握其需求还存在需要平衡的矛盾。此外，调研组还了解到参加培训的大部分是女性，男性较少，这其间的原因是有劳动能力的大

2018年10月18日，调研九组走访茶店社区茶店卫生院院长饶友翼。

部分都到万山或碧江从事建筑业（做建筑工人），不太愿意参加培训，因为耽误挣钱。同时，调研组还了解到培训存在效果不佳的问题。究其原因，其一，主要是相关职能部门在开展该项工作时，仅就培训而培训，培训后的出路问题没有得到有效的解决。其二，大多数贫困户的文化程度不高，对培训的内容理解程度也不尽相同，技能的掌握程度参差不齐。其三，培训基本外包并通过集中授课的形式开展，一般为15~30天，这样短的时间，对一项技能的掌握程度可想而知，尤其是种养殖的培训，因为种养殖业的时间周期相对要长，且相关的技术要求也相对要高。

为此，调研组认为精准服务包含以下三个方面。

其一，需求的精准识别。居民的有些需求也不尽合理，今后应结合居民的年龄、文化程度、家庭现状等情况精准推送服务。如贫困户虽然有学电工或挖挖机的想法，但他又只有小学文化程度，难以理解一些操作流程。因此，借用教育部门的一句话，要"因材施教"，真正实现从"输血"到"造血"。

其二，部门间共同发力。帮扶干部是一线，制定政策的部门是二线，配合部门又属三线，应该将这三线拧成一股绳，通过帮扶干部了解实情后精准出台相应的政策，实现"一人一策"或"一类群体一个政策"。

其三，培训与实际操作和就业相结合。即以"政府＋培训基地＋公司＋贫困户"的形式开展。政府通过充分了解精准掌握贫困户的培训需求，进而委托培训基地进行集中授课半个月到一个月，此后，可由政府部门或培训基地将其推介到相关公司进行"实习"，为就业打下坚实的基础。如培训种养殖技能，培训学校授课后可以将贫困户推介到种养殖基地进行实操，如果贫困户掌握了技能还可就地就业。当然，也可考虑培训基地就设在种养殖公司，这样能更好地进行授课与实际操作。

参考文献

1. 茶店街道 :《万山区转型可持续发展大调研茶店街道汇报材料》, 2018。
2. 铜仁市万山区转型可持续发展大调研组 :《茶店街道茶店社区调研简报》, 2018。

鹅鹅鹅，曲项两相依，稻花香里忆情谊。收割时节忙，我俩诉衷肠。瞧，新时代风光依旧好。

天色将晚，重峦层叠，一方耕地，一丘梯田。它褪去了城市的浮华，洗尽了尘世的繁杂。

红太阳照进家，照亮希望，指引方向。户庭无尘杂，绿水门边流，肥鸡树梢卧，夫复何求？

激活车轮经济圈　做好生态居住区

——塘边村调研报告

2018年10月17~19日，铜仁市万山区转型可持续发展大调研第九小组第三分队文颖、吴峻寒进驻塘边村开展实地调研和入户走访工作。在塘边村村委会第三分队与塘边村村、支、监"三委"的主要领导围绕塘边村的转型可持续发展进行了调研座谈会，对村主任饶维平、驻村干部杨胜旺、致富带头人杨永胜、脱贫户代表饶永燕、教师代表饶明、村医钟意、村民代表饶成兴等进行深度访谈，并实地走访了永胜养殖基地、香柚基地等，对钟德英、赵加然、饶明金、李世华等村民进行了入户调查。

通过两天半时间的调查，了解到塘边村离铜仁市区9公里，交通优势比较明显，是万山区的城市拓展区。种养殖业也趋于成熟，"组组通"工程也全面完工。产业扶贫模式也让塘边村2017年全面脱贫，但该村目前人力资源比较欠缺，年轻人多数都在外打工，农村空心化较为严重。面对产业转型，万山区提出"四圈两带一网"促发展，其中塘边村车轮经济圈还处于发展阶段，开发利用率较低。未来塘边村将朝着农旅一体化、产业独特化的方向发展。

一、基本概况及历史沿革

（一）基本概况

塘边村位于茶店街道的北部，距街道4公里，距市区9公里，塘边村南接茶店办事处茶店村，北邻茶店办事处开天村，东与谢桥办事处龙门抝交界。全村总面积10.8平方公里，其中耕地面积3801亩。全村辖14个村民组，分别是大院子、小院子、尖坡、桃树、塘贤、赵家等。

全村户籍人口452户2205人，村民以侗族、土家族为主。属于非贫困村。2014年建档立卡贫困户共42户141人；截至2018年10月，未脱贫户1户5人，脱贫户41户136人。塘边村建档立卡贫困户实施危房改造33户，其中2014年实施20户，2016年实施10户，2017年实施3户。建档立卡贫困户2016年易地扶贫搬迁4户17人。贫困户2017年产生医疗费用65户，共补偿160463.72元。贫困户17户27人享受教育资助共计29200元。全村有两个长效产业和一个短效产业，覆盖全村所有建档立卡贫困户，2017年实现年底分红共计80520元。建档立卡贫困户享受产业奖补共计8户，涉及金额43100元。2014年以来塘边村建档立卡贫困户享受小额信贷共有2户，贷款金额达5万元。塘边村建档立卡贫困户在县内务工共有10人，县外务工共有26人。"五改一化一维"一共实施329户，贫困户38户，非贫困户291户，其中实现改灶265户、改厕26户、改水26户、改电23户、改圈8户、室内房前屋后硬化143户、房屋维修71户。全村60岁以上老人共516人。此外，村里共有低保户56户85人，五保户4户4人，重病人2人，残疾人55人。

（二）历史沿革

据村里的老人说，塘边村的由来很简单，因为在很早的时候，大概能追溯到上百年前，村里面有一口很大的水塘，所以就取名为塘边村。以前的塘边村和开天村是一个有4000多人的大村，当时是新中国成立前公路未通时的一个大驿站，后来因为村民太多，为了方便管理，塘边村和开天村在1978年正式分村。6年后两个村又再一次合村，在1991年12月又再一次分村，一直延续到今天。

（三）基层组织概况

塘边村的基层组织建设已健全，同时村里还有由万山区教育局杨胜旺、万山区行政服务中心吴芳等成员组成的驻村工作队帮扶。很多村干部都是早期外出打工，然后再回村发展，如村主任饶维平；杨永胜是塘边村的致富带头人，同时也是该村党支部副书记，其种养殖基地帮扶了村里很多贫困户。村支部书记为饶维勇；党支部委员为杨荣飞；村副主任为钟友成；村妇女主任为刘艳群；监督委员会由何昌树、钟世见、饶明仲组成。

二、基本条件及特色优势

（一）区位优势明显，生活配套设施齐全

塘边村位于茶店街道的北部，距街道4公里，距市区9公里，村边就是201省道，连通铜大高速公路，交通便利。随着外部交通越来越便捷，塘边村的交通优势更加明显，在"组组通"工程下，村与村之间都已经实现全硬化路。

2018年10月19日，调研九组访谈塘边村村主任饶维平。

　　塘边村全村所有农户均已接入国家农电网，享受全国同网同价电力资源，已完成农电网全面改造。全村已实现"组组通"硬化水泥路，连户路硬化率达100%。全村实现移动、电信信号和4G网络无盲区全覆盖。户户实现100%安全住房，按户配炉灶和卫生厕所，实现所有主要居住房屋室内外全硬化。全村拥有农民文化综合广场2个，建有设施完备、功能齐全的村卫生室1个。

　　对于交通优势以及基础设施的完善，驻村干部杨胜旺说："硬化路全面形成之后，百姓们购物也方便多了，以前还要坐车跑到茶店街道去买、去赶集，现在好多商户自己开车到每个村民组去卖，一天都要跑好几趟，老百姓足不出户都能买到日常生活用品。"目前，"组组通"工程已经全面完成，"五改一化一维"也有了显著的成效。

(二) 车轮经济圈促发展，种植养殖助力脱贫

塘边村以茶店驾校经济城、市交通学校为依托，加快商贸物流业和汽车配套服务产业发展，大力发展"车轮经济"。现已启动谢桥至茶店的城市快速干道建设前期工作，茶店驾校考试中心成为全市考试基地，还举办首届万山国际汽车文化节，建立二手车交易市场，举办汽车漂移大赛等活动。

塘边村的种养殖也具有规模。该地区气候温和、资源丰富、土地肥沃，对百姓发展种养殖提供了很强的助力，境内主产水稻、玉米、大蒜、小麦、红薯、辣椒等农作物。还有很多个体户养殖场，如永胜养殖基地、蒋翠萍香柚基地等。永胜养殖基地不光养了2万多只鸡，还养了接近500头巴马香猪，对塘边村的精准扶贫也提供了帮助，不仅招了许多精准扶贫户，还让很多贫困户入股，每年都能参与分红，给当地扶贫解决了许多困难。

三、创新实践及发展模式

(一) "党组织 + 公司 + 贫困户"产业扶贫模式

近年来，塘边村以推动"党组织 + 公司 + 贫困户"党建扶贫模式为契机，围绕"支部领富强、党员带富强、群众致富强、集体经济强"目标，始终把发展壮大村集体经济作为助力群众脱贫致富、加强基层组织建设的一项重要任务来抓，通过党员引领、群众增收、机制创新等路径，该村集体经济得到了较好发展，形成了较强的经济发展后劲。在脱贫攻坚战役中，如何让贫困户脱贫群众增收，塘边村给出了自己的答卷。村主任饶维平介绍到，只有招商引资、成立合作社大力发展

产业，才能让贫困村、贫困群众真正实现脱贫增收。

(二)"一圈一网"改革发展模式

在万山政府工作报告中强调的"四圈两带一网"，指的是谢桥新区城市经济圈、茶店街道车轮经济圈、丹砂湖片区生态经济圈、经济开发区工业经济圈；高楼坪、黄道、敖寨、下溪农旅产业观光带和大坪、鱼塘农牧花卉产业带；全域旅游一张网。其中塘边村的"一圈一网"就是指塘边村车轮经济圈及全域旅游一张网。车轮经济是以茶店驾校经济城、市交通学校为依托，加快商贸物流业和汽车配套服务产业发展，大力发展车轮经济以带动全村经济；全域旅游是一个综合性强、涉及范围广的新兴产业，能有效推动农村地区全产业融合、转变经济增长方式、调整农业生产结构，更是对乡村振兴战略的积极践行与有效响应。全域旅游在塘边村还处于规划阶段，还未能推动塘边村产业发展。

四、突出问题及分析

(一)农村人力资源欠缺，受教育程度普遍低

城镇化建设是我国发展的重要条件，其目的是改善人们的日常生活质量，从而使我国国民素质整体有所提高。我国城镇化建设中心是让农村人力资源得到有效的开发。让农村经济发展水平不断提高，从而提高农村居民的生活水平，是农村人力资源开发工作的根本任务。在塘边村调研期间，调研组了解到塘边村人力资源欠缺，村民学历以小学、初中为主。

塘边村人力资源匮乏、受教育程度低的原因主要有以下几点。一是农村劳动力资源丰富但普遍受教育程度低。塘边村人口的文化程度以小学和初中为主，同时，接受过教育的人中有专业技术培训经历的更是少之又少，掌握农业专业技术的人也是凤毛麟角，就是因为村民受教育水平过低，对很多农业专业技术的学习能力不足，对农业产业化、市场化的认识也很薄弱。二是村民的身体素质偏低。在很多贫困家庭里，很多基础设施条件影响着村民的身体素质。医疗保障制度和养老保障制度不健全、饮水困难、住房条件困难等因素严重影响了村民身体素质的全面提高。三是扶贫扶志也扶懒。一些具备劳动力的贫困户态度消极、不思进取，认为反正国家要扶我，就靠着国家的扶济金生活，得过且过，没有思考如何自主脱贫，导致返贫现象循环往复，更加恶劣。四是孩子升学流失现象严重。许

2018年10月18日，调研九组访谈塘边村村医钟意。

多村民家庭，孩子读完小学就不读初中，读完初中不读高中。其产生的原因和造成的影响有以下几点。首先是百姓对教育的认识不够，许多家庭认为孩子读书还得花钱，不如出去打工。其次是在塘边村只能看见老人和幼儿，农村出现"空心化"、留守儿童和空巢老人增多等问题。最后是很多农村人口都是单向性向城市流动，在城市打工的年轻人大多不愿回村里，对整个村的农业生产也造成不可忽视的影响，导致了塘边村的人力资源存量减少。

（二）车轮经济亟须开发，村民受惠度有待提高

在万山"四圈两带一网"中，塘边村车轮经济圈是塘边村今后重要发展方向。可仅仅凭借着驾校考试中心、赛车活动，车轮经济没有得到有效开发利用，没有打造出品牌效应，不能支撑整个塘边村经济发展。

对此，调研组认为塘边村车轮经济圈没有实现有效开发利用有以下几点原因。一是车轮经济圈汽车配套功能少。除了驾校考试中心以外，塘边村暂时还没有其他的汽车配套功能，无法通过车轮经济带动全村经济发展。二是未来规划意识薄弱，毫无亮点。政府对于塘边村车轮经济圈的未来规划意识不强，对塘边村的区位优势没有充分地利用和开发，仅仅举办汽车漂移赛等赛车活动无法吸引外界来参加与观光。三是经济圈带动群众致富力度小，村民受惠度低。据调研组了解，塘边村的驾校考试中心附近原本有一些村民自发组织做小买卖，后因卫生等问题被终止营业。四是受土地规划政策的影响，重点工程大规模用地无法供给，引资企业落地困难，形成了招商引资瓶颈。

五、对策与建议

（一）改进农村家庭教育现状的对策

人力资源供给不足是制约塘边村建设发展的最大瓶颈，因此，采取有效的措施和方法提高人力资源的供给水平是塘边村建设的重大课题。针对塘边村人力资源欠缺的问题，调研组提出以下几点对策建议。一是不断完善城乡教育，加大产业投资力度。要整合塘边村教育资源，提高教育资源利用率，在加大政府对塘边村基础教育投资力度的同时，在不影响产业根本利益的前提下，鼓励产业进行教育投资。二是办好家长学校，形成不排斥、不忽视的思想认识。首先，开办家长学校，提高家长家庭教育能力，定期开展讲座向家长宣传正确的家庭教育思想和观念；其次，树立农村教育的典型，鼓励农民中优秀家长代表通过经验交流来引导其他农民家长，普遍提高农村教育水平。三是加强学习，更新观念。家长要树立正确的教育观，学习教育孩子的基本原理。了解一些教育学和心理学知识，提高自身各方面素质，才能教育好孩子。在注重对孩子智力投资的同时，还要加强精神方面教育，特别注意孩子的品德和能力的培养。因此，家长应通过学习，参加培训，了解少年儿童心理发育特点和教育规律，与孩子建立平等、和谐、民主的家庭关系，努力与孩子一起成长。

（二）针对车轮经济圈开发利用的对策

车轮经济圈作为塘边村的重要发展方向，并没有进行充分的开发利用，无法支撑塘边村经济发展。现针对塘边村车轮经济圈的开发利用提出以下几点建议。一是致力改善投资环境，加大招商引资力度。

2018年10月19日，调研九组参观塘边村铜仁市交通职业学校。

招商引资，以建成能够容纳10万人的楼盘项目为核心，助推加快城镇化步伐的"生态居住区"。持续优化产业结构，稳步提升村集体经济，加大招商引资力度，顺利实现区域经济平稳快速增长，利用独特的地理优势与示范村建设政策优势，激活发展新动力，打开招商引资新渠道，大力推动经济建设。二是"立足万山、面向全国"，树立品牌，打造一个功能齐全、服务一流、独具特色的大型现代化综合汽车贸易产业基地，塑造"万山塘边国际车市"品牌。三是打造开发汽车城配套设施建设。打造以4S店集群、汽车超市、汽配市场、工程机械市场为核心的"国际汽贸区"。四是"立足贵州、面向海外"，提供物流服务，打造现代化"国际物流区"。五是因地制宜，举办活动吸引消费。利用车轮经济圈发展趋势，开展一些汽车相关的娱乐活动，比如汽车拉力赛、赛车比赛、越野摩托赛等，来吸引外界游客观光、吸引外省甚至外国车队参赛，再通过经销一些汽车礼品、汽车装饰等来促进消费。六是促进全村经济发展，带动群众致富。在发展塘边村车轮经济圈的同时，要时刻带动群众，让村里百姓加入建设经济圈，抓住发展良机，通过车轮经济圈带领村民致富。七是稳步推进民生事业，促进社会和谐发展。完善农村卫生服务体系、医疗保障体系，推进城乡社会保障一体化。加强精神文明建设，全面提高人民群众文明素质。全力维护社会稳定，创造良好的治安环境，增强人民群众的安全感。

参考文献

1. 李英 :《现阶段农村人力资源开发的问题及解决对策》,《农业经济》2010年第5期。
2. 李永莲 :《浅谈农村家庭教育的现状与对策》, 中国德育网, 2016年5月18日。

看，菌棒蘑菇发新芽，充满着朝气。它是农民们脱贫致富的新希望，它是村集体经济发展壮大的新支撑，它是我们饭桌上香喷喷的美味佳肴。

一张张，一摞摞，一排排。烟叶卷曲着，垂吊着，连密着。它保存了日月的精华，夹杂着农民辛勤的汗珠，散发了一股迷人的乡愁味道。

小手麻利地剥开小果的皮，小嘴急切地吮吸着酸甜的汁，小狗耍
赖地躺在地上。这是无忧无虑的童年，这是乡间特有的美好。

支部引领做示范　产业振兴做龙头

——茶店村调研报告

　　2018年10月19~20日，铜仁市万山区转型可持续发展大调研第九小组胡海荣、季雨涵对万山区茶店街道茶店村进行了三个阶段的实地调研。一是以"座谈＋实地考察"的形式，在茶店村办公大楼召开万山区茶店街道茶店村调研座谈会。二是实地走访茶店村洞边组、上黑岩坪组和下黑岩坪组，考察茶店村竹荪生产基地、大棚蔬菜种植基地。三是对致富带头人钟兴昌、脱贫户代表杨再进、驻村干部吴飞、社会人士张国芬和钟建军等5人进行专访，对杨雄、刘学、陶新屋等村民进行入户调查。

　　通过调查和了解，调研组认为，茶店村作为街道办事处的政治文化中心，要依托街道集镇所在地的区位优势，进一步推进农业农村现代化发展，促进农村基础设施提档升级，大力发展现代服务业，加大竹荪生产加工投入力度，做好梅花湖景区的服务与联动，同时处理好城市拓展与失地农民之间的矛盾，带领村民致富增收。

一、基本概况及历史沿革

（一）基本概况

茶店村位于茶店街道中心，北接红岩村，南邻尤鱼铺村，西与梅花村相依，东与老屋场村交界，距铜仁市区16公里。全村总面积10.54平方公里，耕地面积4620亩，辖街上组、蚂蟥冲组、洞边组、上黑岩坪组、下黑岩坪组5个村民组，总户数420户，总人口1475人（街上组118户425人、蚂蟥冲52户207人、洞边组52户202人、上黑岩坪组72户201人、下黑岩坪组126户440人）。其中，空巢老人2人，18岁以下未成年人286人，留守儿童36人，党员42人，属非贫困村。

茶店村建档立卡贫困户中，2014年脱贫7户39人，2015年脱贫9户46人，2016年脱贫1户2人，2017年脱贫7户17人，2017年新识别2户4人（见表1），贫困发生率0.27%。全村低保户23户47人，五保户3户3人，危房户4户8人，残疾人53户53人，易地扶贫搬迁8户37人（其中，2016年移民搬迁户6户30人，已全部搬迁至茅坪安置房居住；2017年移民搬迁户2户7人，搬迁至谢桥新区）。

表1 茶店村2014~2017年建档立卡贫困户脱贫和新识别
情况统计

项目	2014年脱贫	2015年脱贫	2016年脱贫	2017年脱贫	2017年新识别	共计
户数人数	7户39人	9户46人	1户2人	7户17人	2户4人	26户108人

资料来源：《2018年茶店村脱贫攻坚工作情况汇报》。

(二) 组织概况

茶店村驻村干部吴飞系铜仁交通学校教师，2016年3月正式下驻茶店村，协助村"三委"开展驻村工作。村支部书记饶利军系土生土长茶店村村民，其推动大棚蔬菜、竹荪生产基地建设，整合扶贫资金，大力发展村集体经济，并荣获2018年贵州省脱贫攻坚优秀党组织书记称号。村委会主任钟庆华与其父亲钟兴昌共同经营茶店村预制板厂，自担任村委会主任一职后，其全心全意服务于茶店村，家里的生意全权由父亲管理。村监委主任杨再进原为茶店村贫困户，2016年搬迁至茶店茅坪梅花小区，推选为监委主任，配合村"两委"工作，维护本村稳定和发展。（见表2）

表2 茶店村村委会工作人员信息统计

单位：岁

姓名	年龄	性别	学历	职务
吴 飞	36	男	本科	驻村干部
饶利军	45	男	大专	村支部书记
钟庆华	37	男	高中	村委会主任
陶秀水	32	男	高中	村支部副书记
陶 祎	51	男	高中	村委会副主任
张宝珍	45	女	大专	村妇女主任
杨再进	59	男	高中	村监督委员会主任
陶通良	52	男	高中	村监督委员会委员
陶光元	43	男	高中	村监督委员会委员

（三）历史沿革

相传，茶店古代处于铜仁至玉屏的邮传驿道上，有人在此地开店卖茶，供过路之人休憩歇息，茶店之名，由此得来。茶店村处于街道集镇所在地，街道各村的村民逢八就会到此赶场。同时，茶店石材资源丰富，成色漂亮，多年前，茶店村民就自发组织了一支装修队伍，赴铜仁务工赚钱。正因如此，茶店村村民的收入相对较高，在集镇中心做生意的也不在少数。

二、基础条件和优势特色

（一）街道政治文化中心，区位优势明显

茶店村地理位置优势明显。茶店街道处于万山区中心位置，是万山区各地往返的必经之路。然而，茶店村街上村民组位于茶店街道中心，其余四个村民组均在集镇周围，是茶店街道的经济文化发展中心。茶店村辖区内有1所公办幼儿园，2所民办幼儿园，1所公办小学，1所公办中学，1个文化广场，1个体育广场，1个公园，1个街道卫生院，1个集市，2个快递代取点，基本承担了全街道的教育、文化、休闲、娱乐、购物功能。[①] 同时，茶店村交通便利，铜玉公路贯穿茶店村全境，高速公路匝道口也于国庆节开通，松桃至玉屏的城际快速道路正在建设，村内"组组通"已全部实现道路硬化。生活设施方面，茶店村处处能够看见垃圾桶，生活垃圾汇集清运设施完备，村民生活正逐步走向城市化。

---

① 资料来源：《万山区茶店街道茶店村调查表》，2018。

2018年10月20日，调研九组走访茶店村致富带头人钟兴昌。

（二）村民发展意识较强，居民收入较高

　　茶店村位于茶店街道中心，到各地的交通也较为方便，故相较其他村寨，茶店村村民较早接触外界新鲜事物，发展的意识也靠前。多年前，茶店村村民就自发组织了一支装修队伍，赴铜仁务工赚钱。随着外出从事建筑施工的收入远超在家务农，茶店的村民逐步转向从事建筑施工、石材加工、运输、手工制作等行业，还有不少村民在集镇街道上开起了小百货、汽车修理、家具制作等门面。2017年，茶店村人均纯收入达7600元，居于整个茶店街道办事处首位。村支书饶利军介绍："我们茶店根据我们当地的优势和特点，建立起了许多小型的企业，比如建材厂、石材厂，大家都爱走这一块的路子，还有沿街的小百货的店面经营，这些做生意的基本上每一家都有轿车，经济上比较宽裕。"

（三）联动梅花景区发展，农旅前景凸显

近年来，茶店街道重点打造梅花湖梅花仙境旅游景点，计划在梅花村梅花水库的两旁种植东方朱砂、骨里红、绿萼、丰后、东方5号、美人梅、宫粉等品种的梅花树，制作梅花宴、梅花酿、梅花蜜、梅花糕、梅花香水等一系列梅花产品，并在景区周边发展精品民宿、休闲山庄、农家乐等旅游产业，实现"吃、住、行、游、娱、购"一体化发展，将梅花湖景区打造成为全国梅花集中种植面积最大、数量最多、品种最为丰富的梅花种植基地以及乡村旅游示范点。茶店村紧邻梅花仙境景区，街道办事处为景区建设的游客服务中心（即梅花新区），紧挨茶店村中心街道。未来，茶店村将作为景区的旅游服务主要提供地，与景区联动发展，为景区提供餐饮、休闲购物、住宿等服务。

三、创新实践及发展模式

（一）强党建促思想：发挥党员示范作用

加强和改进农村基层党组织建设，不断增强其创造力、凝聚力、战斗力，这既是党建设新的伟大工程的重要内容，也是推动乡村振兴的重大举措。近年来，村支书饶利军充分发挥村党支部战斗堡垒作用和党员先锋模范作用，以脱贫攻坚为目标，以夯实组织基础为重点，创新推进"党建＋合作社（公司）＋贫困户"模式。在他的带领下，茶店村先后获得全区优秀基层党组织、全市脱贫攻坚先进村等荣誉称号。饶利军说："要想火车跑得快，全靠车头带。""在村和组里面，党员的思想觉悟更高和办事能力更强，所以我们充分发挥了党员的示范带头作用，以党员做模范，让党员去宣传。"

在茶店村脱贫攻坚的过程中，村党支部引领党员致富带头人通过创办合作社发展产业，带动贫困户就近务工，群众可以获得土地流转金、入股分红金和劳务工资，大大增加了群众收入。同时，针对党员年龄偏大等现象，茶店村不断为党组织注入年轻血液，积极发展年轻有为的青年党员。村党支部利用"两学一做"学习机会，不断强化村"三委"的执政能力和为民办事能力。在提升村民思想意识方面，茶店村利用各种时机和场合，开展"新民风"建设，举办敬老、诚信、勤劳致富等优秀村民评选，让"诚、孝、俭、勤、和"在每个群众心中开花结果，引导广大贫困户转变思想观念，引导贫困户不等、不靠。

（二）强产业促脱贫：发展农村集体经济

乡村振兴，产业兴旺是重点。发展壮大村集体经济是推进农业农村现代化、实现农民富裕的有效途径。茶店村村民虽然富有，但他们的收入均来源于在市区务工，在村集体经济发展方面相当薄弱。自脱贫攻坚以来，茶店村不断探索壮大村集体经济的致富之路，积极整合扶贫资金，大力发展村集体经济，为村基层党组织办事、干事筹备资金。一是在茅坪建设了3个蔬菜大棚基地（共12亩），种植香菇、西红柿、西瓜、丝瓜、小白菜等蔬菜瓜果。截至2017年，积累村集体经济收入4万元，并每年向2014~2015年脱贫的贫困户每人分红160元，向2016~2017年脱贫的贫困户分红800元。二是探索村集体经济发展新路。由于大棚现种植的蔬菜瓜果的附加值较低，且与铜仁各地蔬菜大棚种植的农产品较为雷同，茶店村急需寻找适宜自身条件、市场还未饱和的种植品种。通过不断学习和考察，茶店村村委会了解到织金县特产竹荪的营养价值丰富、市场售价高，其种植在铜仁

2018年10月20日，调研九组走访茶店村脱贫户杨再进。

还未发展起来，决定以竹荪种植作为村集体经济发展的新路径，在石脚坪新建占地约为50亩的竹荪生产基地。茶店村的竹荪生产采取联合经营的方式，与省农科院合作，由省农科院向村提供菌棒，每周进行2~3次的生产、销售和管理指导，茶店村负责提供场地、人工以及保障。未来，茶店村将形成从竹荪的菌棒生产、种植管理、食品加工到货物运输的闭环式经营生态链，以期不断壮大村集体经济，带领村民致富。

（三）强治理促乡风：坚持物质精神齐抓

乡风文明是乡村振兴的重要内容，也是乡村发展不可缺少的软件基础。以往的乡村建设过程中，常常存在重视物质文明轻视精神文明的现象，以致一些地方村落德孝文化和诚信文化削弱、守望相助传统消失。茶店村在让村民"住上好房子、开上好车子"的过程中，还探索如何让农民"过上好日子、活得有面子"。在加强村民自治管理方面，茶店村村委会制定了《茶店村村规民约》，规范了社会治安、消防安全、乡风民俗、环境卫生与土地管理、公益事业、邻里关系、婚姻家庭等9个方面，共42条，作为全村村民共同遵守的行为规范。在乡风民俗方面，村规民约规定"不搞宗派活动，反对家族主义""提倡全民健身运动，见义勇为、伸张正义""服从街道、村规划，不准乱修乱建，搬迁、拆迁不提过分要求"。同时，茶店村践行"绿水青山就是金山银山"的绿色发展观，制定严禁乱砍滥伐的规定，利用林业站提供的树苗，号召老百姓根据需要上山种植，并于每年的植树节组织村民上山种树。在村容村貌方面，茶店村向村民大力宣传清洁、干净的文明习惯，村集体经济组织出资布置路面垃圾桶，组织生活垃圾统一清运，提升了村寨的形象。

四、突出问题与难点

（一）快速干道大量征收土地，失地农民就业困难

在城市化、工业化进程中，由于非农建设的需要，政府会依法征收农民土地，从而出现了一群完全或大部分丧失农业用地份额的农民。这些失去土地的农民没有保障，没有依靠，徘徊在城市边缘，只能成为种田无地、就业无岗、低保无份的"三无"人员。玉铜松城际快速干道万山区茶店段的修建，征收了茶店村村民的不少土地，许多在家务农的村民变为失地农民。同时，万山区"十三五"规划将茶店街道定位为城市功能拓展区，大力推进茶店片区城市化建设，

加大市政配套基础设施建设力度，完善城市功能，加快城市商贸、物流、金融、旅游等现代服务业发展。未来，茶店街道将进一步融入铜仁城区发展。茶店村作为茶店街道的中心地带，亦将逐步进入城市范围。据了解，茶店村已经通过土地性质调整，将村周边土地调整为建设用地。饶利军支书笑谈道："没多久，我们全村都快要成为失地农民了。"被征收土地的这部分人丢失了耕种的田地，生活口粮与养老得不到保障，其学历也普遍偏低，没有一技之长，就业较为困难。同时，随着街道融入城区发展，村民的生活支出将逐步变大，如何保障失地农民的生活、就业及养老等问题，将成为茶店村不可避免要重点关注的问题。

（二）乡村风貌设计相对滞后，村庄形象缺乏特色

作为茶店街道办事处的所在地，铜仁市城乡规划勘测设计研究院为茶店村制定了《铜仁市万山区茶店街道办事处茶店村人居环境村庄规划（2017—2030）》以及茶店村各村民组的居民点建设规划，为茶店村的整体形象建设提供了科学指导。但随着村民经济收入的不断增加，加之对住房需求的不断增长，茶店村在建设过程中出现了盲目照搬城市建设的趋势，传统的居民木屋、石板街道等特色风貌遭到破坏，失去了原有的风格。同时，茶店村现有的房屋布局、街道绿化美化与城市差距较大。接受我们专访的社会各界人士代表——茶店中心完小的校长钟建军表示："茶店村房屋的布局、人居环境的绿化美化较为滞后，与农业农村现代化的发展理念不相适应。"未来，为提升乡村风貌，推进农村现代化发展，茶店村需要进一步加强乡村整体形象设计，制定符合本村特色的规划。

（三）村医年龄结构普遍偏大，医疗工作烦琐耗时

村医是我国医疗卫生服务队伍的重要一环，也是最贴近亿万农村居民的健康"守护人"。调研期间，调研组实地考察了茶店村卫生室，拜访了今年已年满61岁却仍在工作的村医张国芬，了解到村级卫生医疗领域存在许多困难。一是由于工作地点较为偏远，待遇较低，养老无保障，有医学知识的年轻人大多不愿意当村医，导致村医年龄结构偏大。就茶店街道所有的村卫生室而言，年龄最小的村医也在40岁以上。二是村医要对全村的常住人口及流动人口提供基本公共卫生服务，包括对辖区内高血压、糖尿病等慢性病患者的健康管理，对妇女、儿童的保健服务，以及对辖区居民进行卫生知识普及。张国芬告诉调研组，村医工作任务重、耗时长，需要上门拜访并填写《0—3岁儿童保健中医药管理登记名册》《0—6岁儿童保健服务登记册》《贵州省孕产

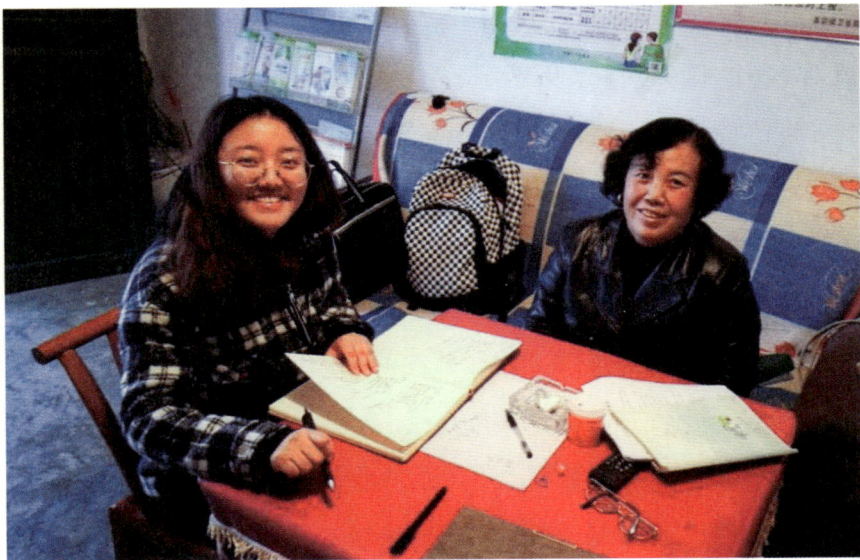

2018年10月20日，调研九组走访茶店村村医张国芬。

妇保健管理登记册》《贵州省母子健康手册》等多本登记册。此外，茶店村人数较多，她的服务对象超过2000人，对于距离较远的村民组，她要一大早背上登记册独自拜访，这些工作对于61岁的她来说，身体有些吃不消。

五、对策与建议

（一）店铺经营＋景区联动，拓展失地农民就业渠道

失业是失地农民面临的最大问题，推进失地农民再就业是帮助他们解决生活问题的关键。就茶店村的基础条件而言，作为集镇所在地，茶店村基本提供了各村村民的生活生产物资，是整个街道最适合开店铺的地方。同时，梅花湖梅花仙境旅游景区紧邻茶店村，未来将会成为景区"吃、住、行、游、娱、购"的重要承载地。因此，建议茶店村以"店铺经营＋景区联动"为重点，大力发展现代服务业，为失地农民拓展就业渠道、提供就业机会。一是适应城乡一体化发展的需求，鼓励有意愿的失地农民利用土地补偿金开展店铺经营活动，在集镇中心开设店铺，发展以餐饮、运输、电子商务等为核心的服务业，为村民提供衣食住行、文化娱乐等多方面的服务。二是借助梅花仙境景区建设，将梅花仙境景区的旅游资源转化成为失地农民就业的重要载体。打造一批四合院群落、书斋雅室、梅花仙居等精品高端的乡村民宿，开发采摘、垂钓、香水制作、梅花宴等旅游项目，探索茶店特色仿古驿站的配套旅游景点，为失地农民提供摊位、门店、安保、环卫等资源和岗位。三是创造灵活就业模式，带动未外出务工、在家看管老人小孩的家庭妇女，利用其"闲暇"时间参与村环境卫生管理、组织文

化活动等临时工作，为失地农民的家庭创收。

（二）村庄特色＋创新引领，健全规划编制模式

"村庄建设，规划先行"，村庄规划是乡村振兴的龙头和指导。如何编制好、完善好村庄规划，增强村庄规划的可实施性使其成为脱贫攻坚后乡村振兴的有力武器，这是茶店村下一步要重点思考的问题。虽然当前茶店村已经初步编制了村庄的发展规划，但立足长远考虑，还需要做好以下几个方面的工作。一是因地制宜，在推进农业农村现代化的过程中，坚持经济发展与生态保护相平衡的原则，结合茶店村特有的民俗特色、自然风貌与文化历史，制定符合茶店特色的村寨形象设计。二是针对村庄规划意识薄弱、规划人才缺失、规划管理缺位等现象，建议街道与村一级建立乡村规划师制度，在街道办事处设立规划展览室，在村一级设立规划专员。规划师为乡村发展定位、整体布局等提建议，代表村党支部编制乡村规划。三是加大村民对村庄规划的参与度，建立"村干部＋规划专员＋村民代表"的规划编制模式，充分吸收村民代表的意见，编制出既符合村庄特色，又满足村民需求的规划。四是加大规划宣传力度，在村"三委"所在地挂出村庄规划图，及时向村民公开、展示村庄规划，让村民对村庄未来的发展了然于心。

（三）年轻化＋信息化，提升基层医疗卫生服务能力

人员结构老化、专业技能缺失、收入待遇偏低等问题，导致茶店村的村级医疗已经不能满足农村日益增长的医疗健康需求。因此，建议加强村医人才队伍建设，加大互联网在村级医疗中的应用，创

新使用智能设备，提升村级医疗卫生的服务能力。一是加强与市级大中专院校的联系。在医学院校定向培养乡村医生，并采取订单定向委培村医的模式，为村级医疗服务注入年轻血液。同时，制定城市退休医生下乡行医的相关政策，提升基层医疗服务水平。二是提高村医福利待遇。区级财政不断落实和完善村医补助、补偿政策，改革村医工资考核方式，明确其在村医岗位上服务的年限，并根据服务态度、工作质量、群众满意度给予考核，按考核结果发放绩效工资。三是改革现有人员管理模式。根据村面积大小、人口多少等情况，设定村医数量，平衡村医工作量，避免出现某些村医工作量过大的问题。四是解决乡村医生基本养老和医疗责任等保险问题。鼓励村医以较高缴费档次参加城乡居民养老保险，引导经济能力较好的村医以灵活就业人员身份参加城镇从业人员基本养老保险。村医应全部购买医责险，建立适合乡村医生特点的医疗风险分担机制，资金由市、区财政予以适当补偿。五是推进"互联网＋村级医疗服务"模式。创新村级公共卫生信息的采集收集方式，推广智能化健康管理监控设备，对年老的村医进行简单的信息化录入培训；改变传统的黑板报、宣传栏等方式的健康卫生宣传，以拍摄公共卫生健康知识短视频的方式在村卫生院播出。

参考文献

1. 茶店街道：《万山区转型可持续发展大调研茶店街道汇报材料》，2018。
2. 茶店街道：《万山区茶店村脱贫攻坚情况汇报》，2018。

3. 关学升：《新型城镇化背景下村镇规划方案设计思路》，《现代商贸工业》2016年第14期。

4. 杨君杰、代大胜：《村庄规划的反思与对策——以云南省村庄规划为例》，《华中建筑》2012年第6期。

文明之花在乡间竞相绽放，社会主义核心价值观犹如灯塔，照亮了中华民族伟大复兴的梦想彼岸。

灰色的瓦片，老去的木屋，破旧的斗笠，日夜守护着疲惫归来的
父母，而父母小心守护着子女灿烂的梦。

什么是幸福？就是老有所养、老有所依、老有所乐、老有所安。留住美好过往，遇见幸福生活。

跨村合作扩规模 养销结合提品质

——大元村调研报告

    2018年10月19~20日，铜仁市万山区转型可持续发展大调研第九小组虎静、郑婷赴万山区茶店街道大元村开展实地调研，调研以召开座谈会、专访、入户走访和实地考察的形式展开，茶店街道工作人员陪同调研。围绕大元村转型可持续发展，调研组与村"两委"主要成员、驻村干部、街道陪同人员开展座谈研讨。实地考察了大元村生猪养殖基地。走访了周树森（男，村民，76岁）、周安发（男，村民，70岁）、詹德香（女，村民，75岁，党员）、杨荣昌（男，村民，67岁，党员）、杨建花（女，村民，57岁）、肖世银（男，村民，77岁）、吴正水（男，村民，57岁）、胡明昌（男，村民，76岁，党员），重点对驻村干部向安鑫、脱贫户代表向洪才、返乡创业者樊菊花、村民代表周勇进行了专访。

    通过调查和了解，调研组认为大元村正处于厘清发展思路的关键期。近年来，随着国家扶贫政策的深入实施，大元村在基础设施建设、乡村治理与脱贫攻坚等方面取得了一定成效。针对大元村发展中面临的生产用水难、集体经济较弱等问题，调研组建议大元村以下面三个点为突破口，促进乡村经济发展。一是做好"水"文章，超前谋划解决生产用水问题；二是念好"山"字经，因地制宜找准产业发展方向；三是引进"领头雁"，带动发展壮大村级集体经济。

一、基本概况和历史沿革

（一）基本概况

大元村位于东经109°1′21″，北纬27°5′9″，海拔500～550米。大元村地处茶店街道西南面，东与茶店街道梅花村相连，西、北与鱼塘乡交界，南与茶店街道红岩村毗邻，距离街道中心6公里。全村土地总面积7平方公里，基本农田面积1402亩，林地面积2573亩，森林覆盖率63%。大元村现有9个村民组，分别是店地组、岩坳组、竹子湾组、大元组、大坪组、张坡组、土地坡组、詹家组、向家组。

大元村户籍人口458户1665人，村民以侗族为主。全村有党员27名。60岁以上老人687人。大元村属省级二类贫困村①，现有建档立卡贫困户63户227人，未脱贫户7户21人（2018年因1户1人自然死亡，实为6户20人），已脱贫56户206人，贫困发生率由2014年建档立卡的13%下降到2017年末的1.37%，顺利实现整村脱贫。此外，大元村低保户62户122人，五保户6户6人，重病人16人，残疾人83人。农民收入以务工、种植、养殖为主，人均年收入7001元。

---

① 2014年梅花村被评为省级二类贫困村，当时梅花村是个大村，由大元村、横山村和小梅花村合并形成。2017年6月，为了便于管理和服务，梅花村重新被划分为梅花村、大元村和横山村。

(二) 乡村特色

从梅花村沿着弯弯曲曲的通村柏油路一路西进，在翻过一座座山林密布和大雾笼罩的陡山后，大元村便映入眼帘，9个村民组分成三大片区散落在大山之间。大元村以山地为主，景色宜人，山高气清，空气清新。每年秋冬季节，早晚容易起雾，村落四周雾气缠绕，像极了一幅水墨画。大元村民风淳朴，仍保留传统"地坑"取暖方式，在农闲时节，村民常常聚在"地坑"周围聊发展。目前全村农业发展主要以水稻为主，同时发展生猪养殖、牛养殖等产业，多以红薯、玉米等有机食品喂养，保障了肉质和口感，具有一定的市场竞争力。

(三) 基层组织概况

大元村村支书王凤云，2016年11月上任至今。村主任胡和平2016

2018年10月20日，调研九组访谈大元村精准脱贫户代表周安发。

年12月上任至今。村监委主任周勇，2017年5月上任至今。驻村干部向安鑫，原铜仁市住房公积金管理中心万山管理部工作人员，2017年4月入村后一直常驻在村里，主要工作是协助指导村"两委"厘清发展思路，加快产业结构调整，增加群众收入。驻村工作队常驻队员组成人员有李荣发、胡兴贵。

二、基础条件和特色优势

（一）全方位修好"路"，夯实发家致富的基础

道路方面，大元村已经实现了"组组通"硬化水泥路，连户路硬化率100%。其中通组路按照标准修建，路基宽度为4.5米，错车道每公里不得少于三处。路网的完善改变了原来各村民组交通滞后、信息闭塞的状况，加快了大元村的发展速度。电力方面，全村已完成农电网全面改造，所有农户均已接入国家农电网，享受全国同网同价电力资源。网络方面，全村已实现移动、电信信号和4G网络无盲区全覆盖，同时，已完成广电网络覆盖，为全村在互联网谋求发展方面奠定了重要的基础。

（二）产业奖补政策贯彻落实，村民发展意识逐渐增强

随着脱贫攻坚产业发展奖补扶持政策深入实施，大元村种养殖有了小规模发展。在每个村民组的宣传栏上醒目张贴着脱贫攻坚产业发展奖补扶持政策，上面详细罗列了各类种养殖产业的补助标准：种植中药材每亩一次性奖补600元；牛养殖常年存栏5头及以上每头一次性奖补800元；家禽养殖常年存栏100羽及以上每羽一次性奖补10元……

大元村村民吴正水说：“我们的子女都回来了，现在在屋头从事养殖业了，不出去了。2015年我自己有两头牛，三年多的时间就变成了20头牛，去年得了9600块钱的补贴。我的场地是准备养200头牛的。”在面对风险时，村民态度也有了很大的变化，大元村村民杨建花说：“今年，我只养了一头猪，养了三四十个鸡，今年打算孵鸡，明年要扩大规模了，棚已经搭好了。养一下看一下，如果失败了就失败，失败是成功之母嘛。”

(三) 多措并举改善村容村貌，干群关系得以改善

人居环境的改善增加了群众对村干部的信任度，密切了干群关系。住房方面，大元村共实施“五改一化一维”工程299户，完成一屋一厨一卫的基本配套，大大改善了居住环境。具体改造情况是改厕140户，改灶245户，改水137处，改圈36户，室内和房前屋后硬化189户，房屋维修151户。同时，对21户建档立卡贫困户实施危房改造，其中2014年实施5户，2015年实施2户，2016年实施5户，2017年实施9户。目前已实现户户100%安全住房，按户配备灶和卫生厕所，实现所有主要居住房屋室内外全硬化。公共卫生方面，大元村以公共区域治理为突破口，建垃圾池、定期清运垃圾，领导干部带头打扫公共区域，建立村规民约、卫生公约来约束村民行为，同时通过村集体经济或村民共同筹集经费，聘请贫困户负责打扫公共区域的卫生，经过一年多的环境整治，村民们的环境卫生意识有了明显提高，讲文明、讲卫生的习惯蔚然成风。

大元村驻村代表向安鑫说：“以前他们在村里面扔垃圾是随便扔，想着不是扔在自己家里面。我们多次去他们家里面做思想工作，同时

带头进行垃圾清理，经过努力，现在基本上没有人乱扔垃圾了。有件事我印象特别深刻，我去马路上面打扫卫生，有一个小孩放学回来看到，问我'姐姐你怎么又来打扫卫生了，你怎么天天来打扫卫生？'我说'那没办法你要扔啦'，那小孩说'没有没有，姐姐我现在没有扔了'。我问他'有没有帮我打扫卫生呢'，然后他不说话了。我又说'你看我天天打扫卫生辛苦吗？'他说'辛苦'，我说'你要不要帮我？'他想了一下特别郑重地说'姐姐，以后我每天放学路上帮你打扫卫生，帮你捡垃圾'。后来只要路边有垃圾，他都会徒手捡起来，装进口袋里。"其他村干部和驻村工作人员跟向安鑫一样，用行动影响村民，增强了村民对政府的信心，建立了良好的干群关系，为后期工作顺利开展打下良好基础。

三、创新实践及发展模式

（一）探索跨村合作，做大产业规模

大元村的车厘子项目是茶店万亩车厘子田园综合体项目的一部分，该项目总体规划建设两中心、两基地，即研发中心、展示中心和两个示范基地，达成上千万元投资的合同。车厘子研发中心主要在红岩村，属于一期建设工程，而大元村的户外示范种植基地是该项目的第二期工程，计划流转土地500亩。车厘子基地发展将会带动大元村农旅观光、康养民宿的发展，大元村委希望通过这个项目带动其他未在规划种植范围的村民主动进行个体种植，进一步扩大种植范围，这样既增加了村民收入，又做大了车厘子产业规模。这种跨村合作的模式以强带弱、弱弱结合、资源互补，让地理位置较偏远、村内资源匮乏的大元村拥有发展空间。

（二）探索"养加销"一体化发展模式

在大元村调研过程中，我们了解到，随着农村产业奖补政策的实施，大量的村民投入具有一定规模的养殖中，区域内的市场已经逐渐饱和。长远看来，扩大市场、进行农产品的深加工，才能实现农村产业的长效发展。在调研大元村生猪养殖基地时，返乡创业者樊菊花说："回来养猪我已经想好了，肉自己加工，猪皮和不好的猪油可以卖给肥皂厂，好的猪油卖给生产月饼和桃酥的公司，肥肉可以做脆哨，软哨卖给饭店，好一点的肉可以做腊肉、香肠。为了做出传统农家味，我还建了木房子专门用来熏腊肉。同时，我女儿可以

2018年10月20日，调研九组访谈大元村返乡创业者、生猪代养基地负责人樊菊花。

在网上帮我卖腊肉、香肠，还有辣椒、酸菜，让农村人不管走到哪里都可以吃到传统的农村味。"农村特色食物多是靠"回头客"宣传扩大销售的，质量尤为重要。在她看来，回乡养猪是在源头上保证整个猪肉的品质，进而保证衍生产品的质量，而她的发展重点是相关猪肉制品的加工及销售。这种发展模式对未来大元村甚至整个茶店街道将是一场新的机遇。

四、突出问题与难点

（一）土地、水等资源制约规模化种植

大元村地势起伏大、地形切割明显，适宜耕种的土地破碎不连片，大多数零星分布在陡坡上。大元村上百亩连片的土地仅有两块，分别在店地组和大坪组。由于土地性质，大元村普遍以人工或小型家用犁地机进行农业劳作，很难实现大规模的机械化生产。

大元村水源稀少，水资源基础设施不完善，生产用水困难。当问及大元村用水情况的时候，村支书王凤云说："产业用水有一点困难，最多保证一个农田灌溉。"大元村辖区内有一个大坨水库以及部分吊水井水库，大坨水库主要用来进行农田灌溉，覆盖向家组、詹家组和土地坡等大坨片区，吊水井水库大部分属于鱼塘乡，部分面积属于大元村辖区，目前，店地组的农业灌溉依托吊水井水库，其他片区则依靠自然降水和沟渠引水满足农业灌溉需求。

（二）农业产业粗放，村级集体经济较弱

大元村产业普遍以家庭为单位进行种养殖，规模小、市场范围小、

产业链条短、产品附加值不高。种植方面，多是根据季节和气候条件进行简单化的耕作，成本高，产出率低，以水稻、花生、红薯等农作物为主，季节性非常强而且生长周期长。养殖方面，近年来，畜牧业有了小规模发展，出现了一批养殖户，主要养殖鸡、鸭、猪、牛等，但因从业人口少，产业规模小，市场能力不强，对全村经济发展的带动作用仍然有限。

大元村村集体经济存在起步晚、基础不强、经验少的问题。一是由于大元村是2017年才从梅花村划分出来的，村集体经济起步晚。依托山东问鼎车厘子研究种植基地二期500亩的户外种植规划，由返乡创业者带动的生猪代养基地年出栏量2000头左右，规划在吊水井水库进行10亩左右的水产养殖，目前村级集体产业无明显效益产生。二是村级可开发利用的资源较少，既没有别具一格的绿水青山美景，也没有保存完好的古镇老村风貌，发展潜力不足，很难找到好的旅游项目。三是村级集体经济薄弱，仅能维持运转，在发展项目过程中容易出现资金缺乏、融资困难。在吊水井水库水产养殖项目中，由于前期启动资金的问题，项目还没落地。

五、对策与建议

(一) 做好"水"文章，超前谋划解决生产用水问题

针对大元村反映的生产用水紧缺问题，调研组认为，要做好"蓄水、调水、节水"这三篇水文章。一是加固完善大坨水库，建立风险调度机制，最大限度发挥水库拦水、蓄水、供水作用，科学调度水库，减少资源浪费。二是实施跨区域调水，修建水利工程，将鱼塘乡的水

2018年10月20日，调研九组在大元村大坪组周树森家与村民交谈。

资源如吊水井水库引入店地组、岩坳组等村民组。三是打造高效节水灌溉系统，合理规划农田水利基础设施，加强农田水利建设过程中节水技术的应用，减少水资源运送过程中因"跑、冒、滴、漏"而产生的损耗，改变传统灌溉水资源浪费的情况。

（二）念好"山"字经，因地制宜找准产业发展方向

大元村在厘清发展思路和定位过程中，应该认清基础设施建设滞后、耕作条件较差、连片土地规模小的现状，立足多变的山地气候条件和原生态、无污染的地理环境，发展山地特色农业。一是摸清家底，科学掌握土地、森林、荒地等资源性资产以及长期以来气候变化的情况。二是立足自身自然条件、资源禀赋和生态环境，开发名、优、土、

特、精农林畜牧产品，探索山地养鸡、牛、山羊等禽畜类养殖，以及适合山地的茶叶、核桃、中药材、脐橙、林果、油橄榄等品种种植。三是积极发展山地特色农产品加工业，引进具有竞争优势的农产品加工公司，以野生或人工种养的动植物及其加工品为原料，采用精深加工技术、工艺流程和制作方法，制造各种农林畜牧产品，打造一批具有影响力的农特产品品牌。

(三) 引进"领头雁"，带动发展壮大村级集体经济

第一，引进农业龙头企业，利用龙头企业的资金支持、市场开拓、技术创新和资本运作等方面的优势，将农业产业做大规模，做好品质、做优成效。一是从街道甚至全区层面，引进农业龙头品牌，科学布局，对地势、资源等要求不高的产业，优先布局在条件稍差的村，避免项目在条件好的村扎堆。二是优化服务，营造良好营商环境，盯牢抓紧各个项目实施，帮助企业解决生产发展中存在的实际问题，明确责任捆绑，建立相应制度，用制度管人，用制度管事。三是优化完善"企业 + 合作社 + 基地 + 农户"的联结模式，充分发挥合作社作为企业和农户之间的桥梁和纽带作用，激发村民发展积极性。此外，政府对地方企业要加以引导，推动产学研结合、科企合作，引导职业技术学院、农业科研机构等加大地方特色产品技术研究。

第二，为了破解大元村无"春晖使者"窘境，调研组建议拓宽人才来源渠道，储备发展力量。一是打好"乡情牌"，引导能人返乡创业。首先，摸清底数、搭建外出能人库和沟通平台，通过平台实时宣传国家政策，引导他们返乡创业。其次，根据不同类型返乡人员的不同需求，优化创业环境，在融资担保、贷款贴息、创业培训和土地供

给等方面提供支持。二是打好"乡愁牌"，吸引城市人才下乡。针对有较强意愿到农村发展的农业专业技术人才、有"乡愁情结"的企业家、向往田园生活的城市市民，制定人才引进政策，并突出政策的针对性，为各类人才下乡创造条件。同时也要避免工商从业者下乡逐利，出现"投机"行为，要对城市人才下乡相关政策进行完善，加强监督，防止少数投机者"钻空子"。三是打好"事业牌"，鼓励青年务农，采取积极措施引导农村大学生、涉农专业大学生、青年农技工作者等下乡务农。通过实施技术指导、风险保障、市场信息服务等政策措施，解决青年务农面临的实际困难。

第三，针对调研中发现普遍存在产业规模小的问题，调研组建议可积极探索地域相连、产业相连的两个甚至多个村进行跨村联建，做大做强产业。毗邻村之间几乎拥有相同的地理条件、自然气候和区位优势，但村民富裕程度和村容乡风上却有显而易见的差距。村村"抱团取暖"，以强带弱、弱弱结合、资源互补，有效激活各村的闲置资源，有效整合与调动农村各类发展要素，一方面可以做大产业，形成规模优势和产业优势，改变农村样样有、样样都不成规模的历史。另一方面可以探索"飞地"模式，解决农村建设指标问题。打破传统思想，抱团发展，给农村的产业发展带来更多的可能性。

参考文献

1. 茶店街道：《万山区转型可持续发展大调研茶店街道汇报材料》，2018。
2. 傅钰：《陕西省袁家村乡村旅游发展的调查研究》，《经济师》2018年第8期。

3. 张依玲:《袁家村乡村休闲旅游营销模式探析》,《现代营销》(下旬刊),
2018年第7期。
4. 张志兵:《袁家村的启示》,《群言》2018年第7期。

　　大红的标语墙上画，这是新时代的发展决心。绿土地，蓝厂房，美好明天靠双手创造。

我有个家，新改的灶，新刷的墙。田间绿叶红果，是桌上的美味佳肴。母亲的怀抱，是最温暖的梦乡。

朴实无华的农民，挺立在充满希望的田野上，幸福开朗的笑靥，映照美好新时代。

"能人＋产业＋扶贫"带动脱贫致富

——开天村调研报告

2018年10月19~20日，铜仁市万山区转型可持续发展大调研第九小组第三分队进驻开天村开展实地调研和入户走访工作。第三分队与开天村村"三委"的主要领导进行调研座谈会，对村支书唐文庆、村主任蒋稳、村副主任彭明凤、党小组长蒋茂新、致富带头人唐仁祥、脱贫户代表彭明新、区代表蒋德月以及教师代表蒲召亿进行了深度访谈，实地参观了企业好莱客衣架厂，并对蒋文芳、龚学军、蒋茂清、唐犁、蒋德月、张勇、唐仁祥，精准扶贫户彭明新、唐文刚、张华仙进行了入户调查。

通过一天的调查和了解，调查组认为开天村和塘边村地理条件、交通各方面都相差不大，开天村也是万山区的城市拓展区，交通便利，地理区位优势大。特色产业也在逐步转型升级中。当前，开天村除了紫皮大蒜因土地不连片无法扩张以外，水资源的欠缺也是很重要的问题。开天村目前处于转型发展的关键期，如何扩大特色产业规模、如何解决水资源的欠缺、如何通过产业升级发展农旅一体化都是开天村面临的问题。

一、基本概况及历史沿革

（一）基本概况

开天村位于茶店街道办事处的北部，距办事处5公里，距铜仁市8公里，有铜仁"南天门"之称。开天村南接茶店办事处塘边村，北邻谢桥办事处罗家湾，东与谢桥办事处龙门坳交界，西接谢桥办事处三级电站。开天村辖14个自然村寨，19个村民组，有626户，总人口2209人，党员41名，7个党小组。小学1所，山村幼儿园1所。开天村地处玉铜高级公路两旁，交通便利，基础设施良好，各村民组都通电、通邮、通路，村内建有接收站302个，电视覆盖率达95%以上。居住有土家族、汉族、侗族、苗族等民族。这里气候温和、资源丰富、土地肥沃。平均海拔高度480米，年平均气温17.4℃，属亚热带季风湿润气候，四季较分明，春夏温暖多湿，秋季凉爽。以紫皮大蒜品质优良，口味浓香闻名。

开天村是贵州省100个新农村示范村之一，为深入贯彻和落实中央提出的有关新农村建设的"二十字"方针，开天村村"两委"紧紧围绕经济建设这个中心，依托区位优势，加快了农业产业结构调整的步伐，促进农民增收。全村总面积12.6平方公里，水利有效灌溉面积104公顷。耕地面积4260亩，林地面积8800亩，其中有限灌溉面积2000余亩，以种植水稻为主，同时发展其他特有产业，如紫皮大蒜、养鱼、黄桃种植、油茶种植和生猪养殖等。村集体入股发展产业主要有种植紫皮大蒜和养鱼，2017年全村集体经济分红资金84720元。近年来，开天村充分利用"自然空调"的气候优势发展休闲度假旅游，年产值达百万元。

开天村建档立卡贫困户中，2014年脱贫18户88人，2015年脱贫8户34人，2016年脱贫4户12人，2017年脱贫16户46人，2017年新识别出贫困户3户10人，当前贫困发生率为0.45%。主要帮扶措施如下。危房改造。开天村自2014年以来共实施危房改造27户，2014年22户，2016年5户；其中建档立卡贫困户实施危房改造2户，2014年1户，2016年1户。易地扶贫搬迁。2017年开天村建档立卡贫困户易地扶贫搬迁2户4人。健康扶贫。开天村建档立卡贫困户2017年健康扶贫资金达38万余元。教育扶贫。开天村建档立卡贫困户中有28户享受教育资助共计67100元。产业扶贫。开天村建档立卡贫困户每户均为三个产业覆盖，两个长效产业，一个短效产业，2017年48户贫困户共分红107920元。产业奖补。开天村建档立卡贫困户享受产业奖补共计7户，其中种植1户，养殖6户，涉及资金37400元。扶贫小额信贷。开天村建档立卡贫困户享受小额信贷共有4户，贷款金额96700元，有力促进了建档立卡贫困户的产业发展。就业扶贫。开天村建档立卡贫困户就业情况，有4人被聘请为生态护林员，在区内务工共有31人，在区外务工共有9人。"五改一化一维"。实施291户，贫困户42户，非贫困户249户；其中改灶195户，改厕115户，改水123户，改电33户，改圈10户，室内和房前屋后硬化154户，房屋维修63户。

（二）历史沿革

开天铺场，何以得名无证可考，70岁以上的老人也不得而知，开场时间大约有200余年历史。

开天铺场，是解放前公路未通时的一个大驿站，场上商业门面少，只有一户卖盐，9户卖饮食粉面，农历逢十赶场。据老人讲："上一辈人讲，在开天铺场上蒋家上、下两院组成一个宗族祠堂，从上辈承袭下来，还有专养的一套戏班人员。每年都要举行一次庙会来庆丰收、迎新春，时间从正月初一起扎台唱戏，一直唱到三月底为止，附近周围村寨的群众都要聚集到这里赶庙会，过往行商客人亦要留下玩上三五天，看戏不收钱，除看戏外，同时组织商品交易，在场天和庙会时间里，吃穿玩用物资无所不有。小小的过路场，每天数百人食宿不断。为这偏僻山间乡场带来欢乐的节日气氛。"谈至此老人眉开眼笑，还犹如往事在眼前一般。老人继续回忆说，在民国时期（即辛亥革命胜利不久）他才几岁，开天铺场虽然热闹，引人回味仰首，但当时的铜仁到处匪患无穷，民国十四年（1925），半军半匪的所谓罗良玉司令驻扎在铜仁县城，称霸一方，四处出兵派粮派款搜刮民脂民膏，匪军所到之处，百姓怨声载道，搞得鸡犬不宁。在这混乱中，蒋姓家族从商之人也乘混乱之际无端图财盘剥群众，其手段是在秤上大做手脚、短斤少两，加上那时苛捐杂税又很多，盐巴紧缺又昂贵，见各项

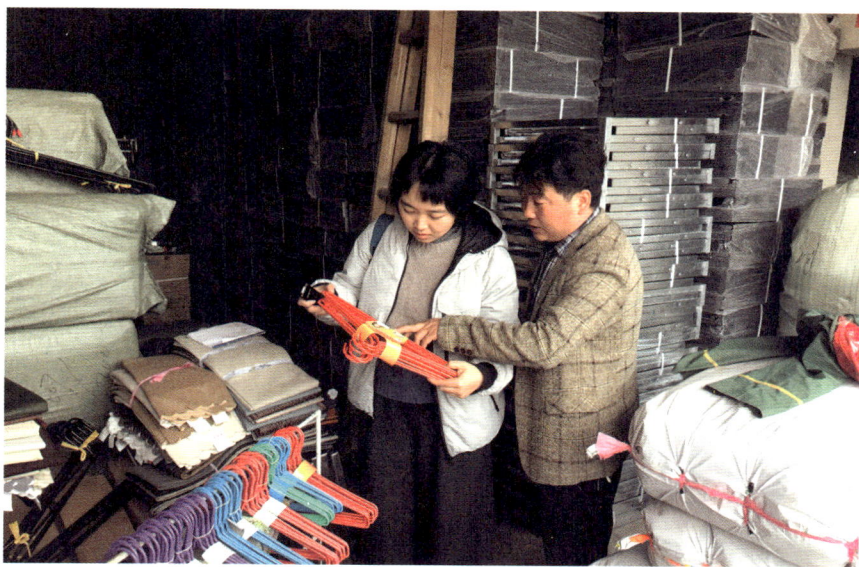

2018年10月20日，调研九组实地考察开天村好莱客衣架厂。

少秤气愤得很，广大群众敢怒不敢言，哪知，在那个时候竟然还有人见义勇为，出头惩治这些吸他人血汗的人。1925年秋天，贺龙将军第二次来铜仁。在茶店、塘边、开天铺等地都驻有部队维持地方安定。一天贺军长带队路过此地，当地人民成群结队欢迎，并纷纷向他诉说其苦，他听了很是生气。为不使百姓再受商人秤上的剥削，便找来当地石匠，专给盐商号蒋绪泽定制了一个用石头打成的一个码子，叫"保子吊"（现在叫法码）作标准，重约10公斤，并配做了一把秤。群众称盐，如少了秤而与之发生争吵时，就用贺龙将军做的那杆秤来复称，并规定少一罚十。贺将军的部队驻扎在这里时，纪律严明，深得民心。一天驻在开天铺的部下向屠户张古老买了他杀的两头猪，部队上的人吃了以后，全部拉了肚子，张古老被其部下拿去示问，部下一气之下把他的脚打断了。贺将军知道后，严厉地批评了那个打人的部下，之后，还送了几十块大洋给那个屠户医脚，屠户很是感动，说不该买两头有病的猪杀了卖肉给部队吃，张古老的脚医好之后，逢人便称赞说，贺将军治军严明得人心。这个屠户到1988年才去世。玉（屏）秀（山）公路修通后，开天村不再办集市，百姓改赶茶店场。

（三）组织概况

开天村的基层组织建设健全，1966年出生的唐文庆2011年任开天村支部委员，2016年任村委会主任，2017年至今一直是开天村的支部书记，石材加工出身的唐文庆一直以群众的认可为目标，为开天村贡献自己的力量；村党支部副书记、村委会主任为蒋稳，蒋稳不仅自己种蒜致富，还带领了许多贫困户脱贫，建立了合作社，每年都能分红给贫困户好几万；开天村的党支部副书记为蒋茂林；村委会副主任兼会计为彭明凤；村委会妇女主任为彭慧荣；村监督委员会主任为彭明云；村监督委员会成员为张柏苟、蒋明岗。

二、基础条件及特色优势

（一）基础设施齐全，交通优势明显

素有"绿宝石"之美称的开天村位于茶店镇的北部，距集镇5公里，距市区8公里，有铜仁"南大门"之称。村旁有201省道，是离铜仁市万山区最近的一个村，也是铜仁市规划的城市拓展区。

全村户户均已接入国家农电网，享受全国同网同价电力资源，已完成农电网全面改造。全村已实现"组组通"硬化水泥路，连户路硬化率达100%。通信讯号全覆盖。户户实现安全住房，按户配备灶和卫生厕所。全村拥有农民文化综合广场6个，建有设施完备、功能齐全的村卫生室1个，拥有568平方米的村级活动室1个。

（二）紫皮紧裹六八瓣，特色产业促发展

开天大蒜为茶店土特产品，开天大蒜基地远离城市、工矿区及主要交通干线，基地区域及周边无"三废"排放企业。农田大气环境良好，灌溉水质、土壤环境质量均符合标准，是日常生活中的上等调料。

在开天人的眼里，紫皮大蒜当是宝中之宝。开天紫皮大蒜，皮质坚硬，蒜肉白嫩，蒜汁充盈，味辣甚浓。开天紫皮大蒜蒜辣素含量极高，打碎的蒜泥隔夜保鲜不变色，是一种食用特别讲究的蒜种，不仅是营养丰富、鲜美可口的调味佳品，其蒜苗、蒜薹也是人们喜食的优质蔬菜，深受广大消费者的喜爱。开天紫皮大蒜蒜头含有大量挥发性葱蒜

杀菌素、蒜辣素，是名副其实的"杀菌能手"，药用价值极高，有抗菌、消炎、健胃、驱虫、降压等功能，可用于预防流行性感冒、流行性脑膜炎，治疗肺结核、消化不良、肠炎等疾病。民间乡谣，尽皆褒颂。"道士穿紫袍，头上长绿草，众仙拱一柱，出地变成宝。"看这紫皮大蒜的谜面都是仙风仙味的。

在开天村，家家户户都会种紫皮大蒜，被誉为"大蒜专业村"。不过种植紫皮大蒜的其他村庄也不少。附近村庄都有种蒜的历史，可无论多少村庄种蒜，蒜质都不及开天。开天的蒜是"首屈一指"——"紫皮紧裹六八瓣，手揣好像石头蛋，脚踩瓣飞不见乱，蒜瓣白嫩如玉坠，蒜肉辛辣黎黎脆，剥皮也能溢出味"。论蒜质，相邻二三里的村庄都不敢与之相比，皮儿不如人家的紫，蒜头不如人家的扁、圆、实，瓣数也不如人家的齐。人道是"地灵一穴，水秀一泉"，地理位置至关重要。

开天村在玉铜高级公路旁兴建了一个村级农贸市场，避免群众在"马路市场"销售大蒜等农产品，使该村大蒜基地走上持续、稳定发展之路。每年春夏之交，开天的紫皮大蒜不用进城，在村农贸市场就被过往行人抢购一空，使每亩土地年增收3000多元。

三、创新实践及发展模式

(一)"能人 + 产业"发展模式，致富同时携乡里

开天村，家家户户都在种植大蒜，也被称为"大蒜专业村"，目前，开天村有着最大的开天紫皮大蒜种植基地，近年来，茶店街道结合大力发展产业扶贫和农业产业结构调整等契机，按照全区"四圈两带一

网"改革发展模式,依托"车轮经济圈"发展方向和重点,充分利用得天独厚的地理区位优势,兴起了"一村一品一特"的产业富民发展热潮。

蒋稳是茶店街道开天村村委会主任,前些年在外做生意积累了一定的资产。在精准扶贫政策的激励和当地政府的动员下,成立了蒋稳种养殖专业合作社,通过多次考察,并与村"两委"协商,决定在村里种植紫皮大蒜,带动当地老百姓脱贫致富。

开天村紫皮大蒜种植,占地面积30余亩,贫困户把土地流转给合作社后在大蒜基地务工,既可以拿到土地租金,又可以挣到务工收入,还可以在合作社的帮助下开展订单种植,实现稳定增收。

据蒋稳介绍,合作社2017年种植紫皮大蒜37亩,目前已找到买家,近期将会陆续售出,预计可获得利润7万元左右。"以前我家两口子一年到头在外打工,挣的钱都花在来回的车费上了,家里老人小孩也照顾不到,现在好了,我在家门口打工,平均每天有近150元的收入,一家老小生活不成问题。"开天村贫困群众谭世木说道。

除了种植大蒜致富脱贫,开天村还发展养鱼脱贫致富。在发展产业扶贫的众多措施中,养鱼有着成本小、见效快、风险小等优点,开天村脱贫攻坚组紧紧抓住养鱼产业的这一特点,在茶店街道办事处塘边村租赁了一口50亩的水库发展养鱼产业,该水库的水源于山上泉水,周边自然环境好,对发展养鱼非常有利。目前,水库里喂养有鲤鱼、鲢鱼、草鱼,预计今年年底将出产2~3斤的鱼达2万斤左右,产值可达30万余元。该养殖业将覆盖开天村49户贫困户180人,成为开天村又一条脱贫致富的道路。

(二)"产业+扶贫"发展模式，带动贫困户脱贫

开天村在2017年已全面脱贫，在国家精准脱贫、精准扶贫政策的大背景下，开天村已形成"产业+"模式带动农户脱贫，近两年以"两个长效，一个短效"三个产业支撑村集体经济，助力帮扶精准扶贫户。"两个长效"为衡胜养殖场和绿涛养殖场，其中绿涛养殖场以生猪养殖为主；"一个短效"为养鱼，在旁村租赁水库发展养鱼产业来脱贫致富。

"我一年要分1200元。总的来讲，现在国家政策好，不像以前，再怎么做都恼火，现在做点吃这些都没有问题，穿都没有问题了，吃穿不愁了。"脱贫代表彭明新说。彭明新就是"产业+扶贫"的受益者之一，从小就身患残疾的她，在2014年因为父母生病相继离世，自己又身患残疾，父母患病花光了家里所有的积蓄，还负债累累。彭明新说："评了贫困户之后，政府帮我买床单，又给我买电视来，又给我买电饭锅、电磁炉，被子这些都买得有。我们全靠政府，没有政府就惨了，全靠政府好。"

据调研组了解到，开天村每一户贫困户都有三个产业帮扶，每年都有分红。贫困户有了发展的助力支撑和生活的保障。

四、突出问题及原因分析

(一)水资源匮乏，地理性缺水

开天村由于受到地理位置影响，海拔较高，开天村村民饮水只能依靠地表水、山泉水、河水、坑塘水，其安全问题也浮现出来，但这些也只能满足村民基本日常用水，而灌溉用水极为紧张。"水资源太紧缺了，村民生活用水都勉强算能满足，更不用说灌溉用水、工业用水

了。"开天村村支书唐文庆说道。他还说："有些村民组住得海拔高一点的话，连基本的生活用水都很难满足，还得看天。"

　　缺水的原因，唐文庆认为主要有两点。一方面是该地区水资源本来就少，现在的自来水都是抽的地表水，人多水少不够用。另一方面是水源位置远、海拔低，导致用水成本较高。茶店地区地势较高，而水源是在地势较低的两侧——东边是山眼洞河、西边是长寿村河，形成两边低、中间高的三角地势，抽水进村海拔落差大，成本高。而地理位置稍近的小云南水库，则因早些年私自炼制汞矿导致水源受污染，经过多年治理，水质虽然得到明显改善，但以目前的水质还只能作为工业用水。

（二）特色产业规模难扩，覆盖面窄

　　开天村的紫皮大蒜然虽远近闻名，但是其产业结构单一，覆盖面窄，发展势头不旺，目前规模化的生产仅有30亩，产量远小于市场需求。究其原因，有以下几点。一是开天村土地较为分散，少有连片的土地。而紫皮大蒜对土质要求比较高，要找到土质好又连片的土地，更是难上加难。二是紫皮大蒜的种植对种植人员要求较高。既需要对大蒜小心"呵护"，又需要挑农家肥施肥，而开天村的青壮劳动力多出去打工，村里多是老人和小孩，缺乏符合需要的种植人员。

五、对策与建议

（一）针对水资源匮乏提出的建议

　　党的十九大报告提出"坚持人与自然和谐共生"，推进水生态文明建设是促进人与水和谐共生的重要举措。目前开天村村民生活用水足

2018年10月20日，调研九组文颖、吴俊涵访谈开天村致富带头人唐仁祥。

够，灌溉用水严重不足。针对开天村缺水情况，提出如下几点建议。
一是积极筹备资金，修建蓄水池。开天村有19个村民组，分布较广，
适当兴建蓄水池以满足村民使用需要，在人口相对集中、水源比较稳
定的村寨修建50~200立方米集中式蓄水池，经常规消毒处理后向用户
供水（蓄水池大小根据覆盖人口多少规划设计）。上级水利部门要加强
调研，因地制宜，合理规划，从布局上解决用水难题。二是推广节水
灌溉，严格水资源管理。党的十九大提出的"推进资源全面节约和循
环利用，实施国家节水行动"，为推进农业节水明确了方向。要因地制
宜地推广农业节水灌溉技术，提高村民节水意识。大力开展地下水压
采，严格水资源管理，要有效抑制地下水超采和不合理用水需求。三
是修建小水窖，满足基本用水需求。受特殊自然环境和地理位置限制，
部分村民组或散居户资源性缺水十分严重，无稳定水源，只能靠丰水

期雨水积蓄解决枯水期的生活用水。对该部分区域用户，采取为每户修建20立方米小水窖的方式解决用水问题。

（二）针对开天紫皮大蒜规模难扩提出的建议

开天村充分利用得天独厚的地理区位优势，家家户户都在种植大蒜，可是却无法形成规模化发展。针对开天村紫皮大蒜规模难扩问题，提出以下几点建议。集合农户力量，扩大量产规模。把种植散户全部集中起来，以地入股，实行村民股份制度，以每年产销量分红。加大培训力度，确保技术过硬。每年定期给农户开培训课、实践课，让农户正确认识紫皮大蒜种植方法以确保大蒜年均产量，实现年年增收。激发乡村发展动力，吸引农民工返乡。目前开天村人力资源严重不足，年轻人都外出到城市发展，乡村留不住年轻人。要充分发挥人才作用，为农民工返乡创业提供政策扶持，促进乡村发展活力提升、乡村经济腾飞。

（三）针对开天村产业转型发展提出的建议

在万山区转型可持续发展的大背景下，开天村的传统种养殖产业转型也是必不可少的，针对开天村产业转型，调研组提出以下几点建议。一是加快农业农村基础设施建设。强化农业基础设施建设，推动农村经济发展、促进农业和农村现代化。二是提升农业产业化水平，推进农业现代化建设。要立足本地资源优势，因地制宜，确立主导产业和主打产品，围绕市场，加快形成具有优势的现代农业产业体系。三是促进产品高端化。在经果林中，种植了类似于猕猴桃、黄桃这样普遍的产品。应加大产品高端化力度，在土壤条件允许情况下，种植高端化的水果，选出优精产品进行包装，争取有好的销售量。四是农旅融合发展，做体验式农业。就像开天村经果林，应该把握经果林的发展方向定位，农旅一体化是转型可持续发展的一大保障，做体验农业，让游客体验亲手种植、亲手采摘，增加游客的好评率，不仅促进产业经济发展，还能推动村集体经济发展。

参考文献

1. 茶店街道：《铜仁市万山区转型可持续发展大调研茶店街道汇报材料》，2018。
2. 茶店街道开天村：《铜仁市万山区茶店街道开天村基本情况》，2018。
3. 铜仁市万山区转型可持续发展大调研组：《茶店街道开天村简报》，2018。

乡愁老屋场

木屋门外，石板台上，风谷机立在那，似回忆里的画面。转动风叶，风扬谷物，糠、麸、秕、草，通通掉落，好不神奇！

斗笠为我们遮风挡雨，背篓里担着丰收的粮食，这些编织品充满了乡间的生活，充满了生活的气息。

乡愁是什么？是木屋、是石板铺的小道，是蜿蜒的阶梯。好想孩童时的伙伴在前方招引着我，好想家里的老人在门外等候着我，好想回到那个乡间无忧无虑的我。

短平项目发展"快"
精致培训促提升

——老屋场村调研报告

2018年10月21~22日，铜仁市万山区转型可持续发展大调研第九小组胡海荣、季雨涵对茶店街道老屋场村进行了实地调研和入户走访。调研九组与该村村"三委"的主要领导进行调研座谈，对原驻村第一书记杨跃、致富带头人胡金妹、2017年新识别脱贫户代表新寨组村民姚元华、代表社会各界人士的茶店中学老师刘世平等典型人物进行深度访谈，实地走访了桑树坪组、新隆桥组、上寨组、下寨组和新寨组，并对瞿金枸、刘开云、刘家洪、刘涛、张群仙等村民进行入户调查。

通过为期两天的实地调研，调研组了解到老屋场村和茶店街道的其他村基本一样，青壮年基本就近务工，早出晚归从事建筑行业，家中的田地虽然也耕种，但就只保障自家"用度"，一些田地基本撂荒。通过深度了解，老屋场村的村集体经济收入只有3万元，说明该村的集体经济还比较薄弱，没有将村里的资源充分利用起来。对此，调研组认为今后一定要大力发展村集体经济，因为它不仅是乡村振兴中产业兴旺的前提和基础，还是促进农民增收脱贫的关键所在，更是乡村振兴的内源性动力支撑。

一、基本概况及历史沿革

（一）基本概况

老屋场村位于茶店街道办事处东部，与茶店村、尤鱼铺村、垢溪村交界，与谢桥办事处龙门坳村毗邻，距茶店集镇中心3公里。全村总面积7.56平方公里，辖区总人口1491人，包含上寨、下寨、新寨、桑树坪、新隆桥、塘家山6个村民组，是国家二类贫困村，居住的主要是土家族、侗族、瑶族等民族，以农业为主，以就近打工和就近在万山区做建筑行业为辅。现有常住村民382户1941人，低保户69户121人，残疾人22人，有建档立卡贫困户60户237人，其中2014年脱贫8户41人，2015年脱贫31户134人，2016年脱贫4户21人，2017年脱贫15户24人，2017年新增未脱贫户3户11人。辖有耕地面积3788亩，林地面积9812亩，国家土地开发320亩。经扶贫开发与村集体经济建设，目前建有1000头规模生猪养殖场1个，在建10万头生猪养殖项目1个，生态高效大棚蔬菜基地30亩，个体规模养殖户4户，个体经果林80亩，2017年实现贫困户产业分红7.8万元，村集体经济收入3万元。

（二）基层组织概况

当前，老屋场村村"三委"成员包括村支部书记刘昌洪，村委会主任刘世俊，村支部副书记周菊凤（女），村委会副主任刘元祥，村妇女主任胡金妹（女），村监督委员会主任刘必光，村监督委员会委员瞿会成。同时作为国家二类贫困村，该村驻村工作队包括原第一书记杨跃（现已调到敖寨乡综治办工作），驻村工作组成员唐勋（茶店农业服务中心主任），驻村工作组成员唐大波（茶店财政所工作人员），驻村工作组成员李怡（女，青年大学生）。

二、基本条件和特色优势

（一）生活性基础设施逐步完善

一是解决出行难的问题。由万山区统筹、茶店街道办事处主抓，建成了总长6.7公里、宽4.5米的由茶店土麻山至桑树坪的"组组通"公路。当调研组驱车到桑树坪组了解情况时，正值赶场天，路上遇到了3位赶场回家的村民，我们一并请他们上车，在车上村民说："现在路好了，早上去（赶场），中午点就到家了，不同以前要下午才扰到屋（回到家）。"通过深度了解，该路的建成切实解决桑树坪组、新寨组、新隆桥组以及谢桥街道龙门坳等地群众的出行难问题。二是"五改一化一维"工程顺利推进。重点帮助群众完成厨房（炉灶）、厕所改造，房前屋后硬化，解决安全饮水、房屋跑风漏雨等问题，"五改一化一维"覆盖了所有贫困户、低保户、五保户、危房烂房户，有效排除了35余户的住房安全隐患，保障了群众的住房安全，改善了人居环境。在对脱贫代表张群仙入户调查时，她家收拾得干干净净，并说："现在政策好喽，给我们把伙房（厨房）、厕所也搞了，哪个不望到自家屋头干干净净的哩①！"三是生活性基础设施得到改善。通过新修、改建、维护

---

① 哪个不望到自家屋头干干净净的哩，即都愿意把自己的家里面收拾得干干净净的。

2018年10月21日，调研九组走访老屋场村脱贫户刘家洪。

安全饮水设施等措施，疏通了新隆桥组饮水系统，升级改造了桑树坪组自来水系统，有效保障了全村群众生产生活用水。四是开展环境卫生大整治。利用市、区等相关部门的帮扶资金，重点清理河道、修建垃圾池、清理卫生死角等20余项，在改造整村卫生环境的同时，引导和帮助村民开展房前屋后卫生环境大清扫，形成了邻里互帮互助的文明新风尚。

（二）传统文化资源持续传承

老屋场村桑树坪的唢呐，作为历史悠久、技巧丰富、表现力较强的民间吹管乐器，已有数百年历史，它发音开朗豪放、高亢嘹亮、刚柔并济，深受当地人民喜爱和欢迎，是盛行于桑树坪的民间艺术形式。现全村会吹唢呐的有数人，每逢婚丧嫁娶、乔迁新宅、礼乐典祭及秧歌会等，必请唢呐吹吹打打加以庆贺或代为致哀，是反映当地民众喜怒哀乐、民俗风情的真实写照。

三、创新实践与发展模式

由于老屋场村属于国家二类贫困村，因此，精准脱贫是当前该村工作的核心。为此，老屋场村结合自身发展条件，开展了一系列工作。

（一）脱贫举措成效明显

一是大力发展"短平快"扶贫产业项目。老屋场村以"当年种当年收"为原则，带动贫困户发展生态绿色蔬菜种植，2017年收入达3.5万元，实现建档立卡贫困户户均分红收益300元。二是财政扶贫资

2018年10月22日，调研九组走访老屋场村贫困户姚元华。

金"打捆"使用。用财政扶贫资金投入茶店街道2017年森海汽车公园项目和茶店街道2017年万兴管业扶持项目，利用投资收益给贫困群众分红，扶持项目覆盖了2014～2015年建档立卡贫困户共48户175人，平均每人每年分红收益达160元；用财政扶贫资金投入铜仁市万山区和成海养殖专业合作社、铜仁市万山区恒盛养殖有限责任公司，利用投资收益给贫困群众分红，分红覆盖2016～2018年建档立卡群众共计22户56人，人均每年分红800元，形成了多项扶贫产业扶持脱贫，有效地帮扶贫困群众增收致富。三是积极推动村民自身脱贫致富。宣传发动建档立卡贫困户大力发展种养殖业实现脱贫致富，全村共12户发展种养殖产业，通过落实建档立卡贫困户产业发展奖补政策申请获得产业奖补资金7.19万元。

（二）易地搬迁新家新貌

老屋场村鼓励居住条件较差且短时间内难以改善的建档立卡贫困群众参与易地扶贫搬迁，确保挪穷窝、摘穷帽，累计实施易地搬迁5户，其中2016年搬迁2户、2017年搬迁3户，搬迁安置在茶店街道和谢桥街道的安置区。姚元华是新寨村民组的村民，搬迁到了谢桥街道的安置区，当调研组问及搬迁到新居有何困难时，他说："政府下了大力气帮助我们住上新房子，我个人之前打工时腿受了伤，落下残疾，现在我买了辆车（三轮摩托车），闲时可以帮别个跑跑运输，打点零工，不能再拖累政府了！"

（三）托底帮扶深度落实

教育扶贫。老屋场村2017年秋季建档立卡贫困户（含2014～2017年度）中贫困家庭子女共60人，其中区内40人、区外20人（学前14人、小学19人、初中13人、高中7人、专科1人、本科6人），已全部申请教育扶贫资助，有效地解决了贫困家庭学子求学资金困难。技能扶贫。2018年上半年，完成建档立卡贫困户就业（协警／环卫工人）意向报名统计并上报11人，通过宣传各项就业培训政策，实现对有意向的建档立卡贫困户就业扶贫培训全覆盖，培训的重点是种养殖技术、厨艺、特色手工艺等，累计培训贫困户85余人次。医疗兜底。按照"合医报销、大病保险、民政救助、医疗兜底"四重医疗保障政策，有效解决了老屋场村群众就医问题，2018年新型农村合作医疗已达到全覆盖。金融支持。老屋场村2014~2017年建档立卡贷款人员共13户，通过摸底核实信息，现通过审核转为扶贷的有6户。

四、突出问题与难点

通过两天的调研和走访，调研组认为老屋场村虽然在脱贫攻坚工作方面取得了明显的成效，但主要是政策帮扶发挥着重要作用，而该村自身的内生动力并没有充分地调动起来，即村集体经济没有对脱贫户发挥带动作用。因此，今后的脱贫攻坚依然存在难点和瓶颈。当然，这里面有客观因素，但更为主要的还是缺乏主观能动性。

（一）地理因素制约规模化发展

这是整个贵州都存在的问题，由于山多地少，除去用于耕作的土地外，可利用、可开发、用于种植经济作物的土地更少。由此一个村想要发展一项产业，达不到规模效应，将无法引进大型的企业。因此，

2018年10月21日，调研九组访谈老屋场村致富带头人胡金妹。

土地规模化的问题一定要由街道甚至是区一级政府统筹，打破行政区划，一个村或几个村联动发展一项产业。

（二）发展方向依然不明确

通过了解，老屋场村2011年前后的经济作物以花生、油菜为主。2012~2016年，返乡人员开办了养牛产业。而现在又以生猪、蔬菜和经果林为主。发展方向不断改变，其中深层次的原因，一方面是缺乏科学的谋划，没有将市场的需求和当地资源（气候、土壤、水等）相结合，进行科学合理的利用；另一方面是缺少技术，如种植技术、管护技术等。

（三）村民发展意识有待提高

在与致富带头人、村妇女主任胡金妹交流时，她说："我现在正在做辣椒加工产业，从省内其他地方加上运费运过来辣椒才要1.5元左右，所以我就想发动村里面也种植辣椒，我以1.5元的保底价收购。但是最后还是没有人种。"当问及原因时，她说："我们这里地势比较低，一到夏天雨水多就会淹田，街道的领导们都是提心吊胆的，所以大家还是以粮食为主，先保到吃。再有就是村里的劳动力都出去做建筑了，留下来的多半是妇女，她们也没有太多精力去种辣椒。"但是，调研组认为产业的发展不是将所有的基础条件解决好了再去发展，只有齐心协力才能共谋发展，才能将产业做大做强。

五、对策与建议

习近平同志指出，要探索集体所有制有效实现形式，发展壮大集体经济。做大做强村集体经济不仅是带动村民增收致富、打赢脱贫攻坚战的重要抓手，也是实现乡村振兴战略中提出产业兴旺发展的根本途径，更是夯实巩固农村基层政权的一项重要政治任务。因此，调研组认为老屋场村要实现可持续发展，必须大力发展村集体经济。

（一）下好"产业选择"这个先手棋

树立现代市场经济观念，围绕地方特色，因地制宜、精准施策，系统思维、统筹推进。要结合自身实际选产业，既不能搞"一窝蜂"一拥而上，更不能任农户单打独斗各搞各。要根据市场需求和资源禀赋，打造"一村一品""一乡一特""一县一业"，既要上规模，也要有特色，进而创品牌。要开展全产业链研究，不仅上游供应链要有更多、更好的农特产品，也要考虑延伸产业链，发展特色农产品加工业，提高产品附加值。

（二）上好"培训"这堂大课

要因人施培、精准培训，不搞"大课堂""一把抓"。要因产施培，当地适合发展什么就培训村民学什么，让接受培训后的村民能够快速上手，在产业调整中现学现用、施展身手。要因岗定培，既要围绕产业发展需要，也要结合用工市场需求。既要引入有专业知识的农技工作者，形成培训力量的制度保障，为村民做科学指导；也要发展经验丰富的土专家"农教授"传帮带，以村民带村民的方式，让他们做给村民看、带着村民干。

（三）筑牢"技术服务"这块基石

一方面，要把着力点放在技术上。围绕当地特色优势产业，把科学研发、实验与运用结合起来，实现问题就地攻关、技术就地集成、成果就地转化。发挥大数据的优势，提高农业生产数字化、精准化和智能化水平。另一方面，要把切入点放在服务上。要"俯下身"到基层去、到一线去，真心实意地为村民提供育种育苗、田间管理、疫病防治等技术服务，实现技术服务对每个合作社、每个农户的全覆盖。要"贴地气"，用村民能听懂、易接受的方式，确保村民能掌握、会运用。

2018年10月22日，调研九组访谈老屋场村社会各界人士代表中学教师刘世平。

（四）抓实"资金筹措"这个保障

一是要充分发挥公共财政的支撑功能。坚决杜绝"大水漫灌""撒胡椒面"，确保公共财政资金发挥最大效应。二是要充分发挥脱贫基金的带动作用，简化环节、降低门槛、提高效率、培训干部、项目落地、示范推动等工作要尽快破题。三是要充分发挥社会资金的聚合效应。让有实力、有责任、有担当的企业介入农村产业发展中，千方百计将资金引向农业产业。

（五）用好"组织形式"这剂黏合剂

既要把千家万户的小农生产有效黏合起来，还要把生产端与市场端黏合起来。创新组织形式，激发党建活力，通过"第一书记（驻村工作队）+支部+企业（产业大户、致富能手）+贫困户"的互助扶贫模式，充分发挥基层党组织战斗堡垒作用，充分发挥脱贫攻坚一线基层干部的"排头兵"作用。要凝聚社会合力，采取村民联动、村社共建、社会帮扶等多种形式，优化资源配置，凝聚各方力量。

（六）打通"产销对接"关键一环

一是瞄准市场，解决农产品"卖给谁"的问题。坚持和完善"农校对接""农超对接""农社对接"等产销对接机制，持续推动农产品进学校、进机关、进医院、进企业、进社区、进超市、进酒店。借力对口帮扶机制，积极拓展省外市场。大力发展农产品电商，"线上"与"线下"同时发力。二是培育专业化市场主体，解决农产品"谁来卖"的问题。大力培育商贸流通企业、农产品经纪人等专业化的市场主体，减少农产品流通中间环节，实现产销精准对接。这项工作可由区级政府统筹开展。三是加强各级政府服务，解决农产品"怎么卖"的问题。要有针对性地开展产销对接活动，加快推进冷链物流体系建设，加强农产品品牌打造。充分运用大数据手段，提供即时的监测预警，助力地方农产品抢占先机投放，针对市场需求变化调整生产。

（七）构建"利益联结"促增收

因地制宜，选准脱贫产业，找对龙头企业。按照市场规律，建立更紧密、更有效的利益联结方式，不断丰富和完善"龙头企业＋农户"等运作模式，企业要通过保护价收购等机制，把风险留给企业来化解，把更多的收益留给贫困户，让贫困户稳定增收真脱贫。政府要在培育造就职业农民队伍、规范引导市场环境等方面积极作为，市场、政府互相补位，一同为贫困户脱贫增收攻坚拔寨。

参考文献

1. 茶店街道:《万山区转型可持续发展大调研茶店街道汇报材料》,2018。

2. 《二论牢牢把握"八要素"深化农村产业革命:上好"培训农民"这堂大课》,《贵州日报》2018年3月30日。

蒙蒙薄雾旁的山涧，小桥流水不断，是儿时捉鱼的乐园，也是万籁俱寂炊烟四起时，父母抓回玩兴正浓的孩儿回家的老地方。

参天古木记录着村庄的年龄，收割后的稻田还留有放牛娃的印记，村旁残垣断壁则是我们放学后"学戏"和自演的乐园。

雨后，如珠的雨滴从瓦缝中悄悄滑落，飘洒到巷子里，木质的老屋承载着儿时的美好回忆，屋檐下的玉米承载着秋收的喜悦，断桥上的老人凝望着远方，等待着儿孙的回归。

挖掘特色旅游资源
打造体验式特色小镇

——垢溪村调研报告

2018年10月20~21日，铜仁市万山区转型可持续发展大调研第十小组程茹、彭小林，赴茶店街道垢溪村进行了为期2天的调研考察。期间与第一书记、村"三委"进行了座谈交流，深入访谈了第一书记杨志云、致富带头人姚茂有、脱贫户代表张嗣亮、茶店街道卫生院院长饶友翼、村卫生室医生姚茂刚、矿工代表舒伟、典型人物代表姚银花等7人，考察了村集体经济的牛场、鱼塘以及生猪、折耳根、香柚种养殖基地，入户走访了刘林（14岁，群众，贫困户）、徐爱民（49岁，群众，贫困户）、姚茂刚（45岁，群众，村医）、舒中平（60岁，群众，贫困户）、刘来平（53岁，群众，贫困户）、杨永洪（55岁，群众，贫困户）等。

垢溪村地处偏远、交通不便，整村几乎被大山包围，这成为垢溪村目前对外发展的最大障碍，但并不能阻止垢溪人脱贫致富的决心。曾因汞矿资源枯竭而没落的垢溪村，如今正不断调整优化产业结构，坚持"强龙头、创品牌、带农户"产业发展思路，打造千亩香柚种植基地，按照"721"模式①入股分红，带动群众脱贫致富。

一、基本概况及历史沿革

（一）基本信息

垢溪村属于一类贫困村，位于茶店街道办事处东南面，距离街道办事处所在地约12公里，南通高楼坪乡老山口社区，东接万山区敖寨乡，北与谢桥办事处下板山相交，西与老屋场村相依。全村居住有汉、土家、侗、瑶等民族，共有13个村民组，共515户1813人，总面积11.35平方公里。有耕地面积1236.4亩（田462亩，地774.4亩），人均耕地面积0.7亩，林地面积14070亩，人均林地面积7.95亩。全村有党员40人，劳动力814人（外出务工人员236人，经商68人）。建档立卡劳动力148人（其中，区内务工22人，区外务工59人）。低保户53户96人，五保户8户8人，危房户55户，残疾人69人，易地扶贫搬迁14户62人。在校学生52人（幼儿园11人，小学25人，中学7人，高中5人，大学2人，中职2人）。自2014年以来，全村共有建档立卡贫困户82户323人（其中，2014年脱贫8户38人，2015年脱贫38户187人，2016年脱贫8户31人，2017年脱贫24户53人），未脱贫户4户14人，现贫困发生率为0.7%。

（二）基层组织概况

垢溪村现任第一书记杨志云，是铜仁市万山区交警大队万山中

---

① "721"模式，即将纯利润的70%用于贫困户、20%用于公司、10%用于管理人员奖励。

队中队长，2005年9月参加工作，2017年12月开始驻村。驻村工作队常驻队员有4人，分别是王双前（铜仁市万山区茶店街道办事处副主任，2018年8月驻村）、高鹏（铜仁市万山区茶店街道扶贫站工作人员，2017年2月驻村）、王珊（铜仁市万山区茶店街道党建办主任）、姚茂有（铜仁市万山区茶店街道垢溪村会计）。垢溪村目前仅成立村"两委"，未成立监督委员会，村"两委"成员分别为张吉才（村党支部书记，2016年10月22日任职）、舒伟（村委会主任，2016年11月20日任职）、谢绍汉（村党支部副书记）、姚茂有（村委会副主任）、杨双凤（村委委员）。

（三）乡村特色

文化特色。垢溪村传承着历史悠久的非物质文化——傩文化，该文化来源于傩戏，傩戏又称"傩堂戏"或"端公戏"，民间称其为"冲锣"或"杠神"，是由古代腊月驱逐疫鬼的傩舞，逐渐演变而来的一种民间戏曲。演出时多戴原始古朴的面具，音乐和表演都比较原始简单，形成了一种具有中国民间特色的文化艺术。傩戏表演常以"上刀梯""下油锅""踩火焰砖""打飞叉""悬米斗""法术定鸡"等特殊的艺术形式进行演出，既有原始性的戏曲特色，又有传奇性的惊恐色彩，所戴面具采用大胆夸张的手法，一个个面具或真、或美、或丑，被民间艺人雕刻得活灵活现。如遇生长满日、迷信解恐等场合，一般有50人以上的戏班子，从事傩戏的老司和演技人员充当了人和神沟通的桥梁，把人们的愿望通过傩仪传达给神灵，又把神灵的庇护带给人们，让人们找到精神、心灵的慰藉，感受这种古老的民间戏曲艺术形式的独特魅力。这种酬神与娱乐的有机结合，满足了偏远、精神文化较为匮乏山村的人们求助于神灵的愿望和精神文化生活的需求，同时也促进了傩戏文化的传承和发展。

风土人情。一是"省溪县界"。"省溪县界"也叫魔崖，位于垢溪村白沙溪边的岩壁上。据传，从前当地人由于界限问题产生纷争，为了清晰划定铜仁、万山两方的界限，在峭壁刻上"省溪县界"四字作为边界。由于年代久远、流水侵蚀及风化，现"省溪县界"四字已很模糊，辨认不大清楚，但这是当年先人为了明确地界、以免再起纷争而刻，是历史的产物，值得后人去思考、研究和保护。二是兴隆庵。兴隆庵位于垢溪村新屋场组叫顶山山顶，该处为悬崖峭壁，庵的左右均为十几米高的山壁，前后均为悬崖，中间一个山岔，兴隆庵正好位于山顶岔上。由村民集资和募化功果修建，庵边树有一块2米余高、1

2018年10月20日，调研十组访谈垢溪村村医姚茂刚。

米余宽的石碑，镌刻有建庵始末及重建庵子的捐资状况。兴隆庵为木质结构，由主殿和厨房等组成。主殿有观音菩萨等各种神像，雕像形象逼真，栩栩如生。相传，兴隆庵很灵验，来许愿烧香拜佛的人络绎不绝，一直香火很旺盛。

二、基础条件和特色优势

(一) 基础设施

垢溪村自2014年以来，共投入290万元加强基础设施建设，完成了7.33公里通组路，其中岩院子组至板山组有3.63公里，川洞坳至马鞍山有3.7公里。2014年以来共投入180万元，完成联户路25.6公里建设，其中杨家组1100米，牛栏冲组2500米，白沙溪组2100米，板山组2200米，马鞍山组1800米，新屋场组2800米，田坝组1700米，老院子组1100米，岩院子组3100米，大桥组3700米，谢家组3500米。2014年以来，共投入400余万元，解决了515户饮水问题，实现全村家家户户通水，饮水得到了保障。

(二) 公共服务设施和公共服务水平

全村目前有公办小学及幼儿园各1所、体育广场1个、文化广场1个、医疗诊所1个。在医疗方面，2017年全村515户农户都缴纳合作医疗，医疗保障实现全覆盖，82户贫困户与社区医院签订了家庭医生协议。2014年以来，全村医疗报销金额达206.31万元，同时实现医疗兜底32.481万元，民政救助18.66万元。为82户322人代缴合作医疗38640元，代缴大病保险30000元。在教育方面，2017年以来，村共有52名学生享受了国家教育兜底资助，资助金共计58000元，其中学前教育阶段11人，资助金共6600元；小学阶段25人，资助金共15000元，初中阶段7人，资助金共7000元；高中阶段5人，资助金共15000元，中职阶段2人，资助金共7000元；大专及以上2人，资助金共7400元。

（三）产业发展、务工经济和集体经济情况

垢溪村无二三产业，目前有专业合作社2个，分别为惠农种养殖专业合作社（牛、羊养殖）、鸿伟种养殖专业合作社（折耳根种植、水产养殖），其通过流转农户土地厚植集体经济项目，雇请农户做好基础设施建设、种养等日常工作，由垢溪村党支部负责统筹安排协调。

目前，村集体经济成规模的产业有牛场（60余头）、鱼塘（8亩）、猪场（100余头）及折耳根（120余亩）、香柚（1000亩）种养殖基地。此外，垢溪村通过近3年获得的260万元扶贫资金及精扶贷撬动社会资金300余万元，吸引当地大户种植折耳根50余亩、养殖黑猪100余头、养殖河水鸭2万余只。产业入股分红方面，2017年为贫困户量化入股资金共计163.5万元，实现年分红共计13.08万元，保障了建档立卡贫困户每户均有三个产业覆盖。种养殖产业奖补方面，2017年建档立卡的贫困户享受产业奖补共计24户，其中种植2户，养殖22户，共获取奖补资金39440元。扶贫小额信贷促进贫困户自力发展产业方面，2014年以来，建档立卡贫困户享受小额信贷共有9户，到户信贷资金30.5万元。就业扶贫方面，自2014年以来，以脱贫攻坚工作为导向，共计提供了护林员岗位7个7人，护路工岗位1个1人，环卫工岗位2个2人，就近产业带动就业岗位（含大棚基地、专业合作社等）116个116人，转移就业岗位79个79人。

村民收入来源除了农业之外，以务工为主，全村劳动力814人（外出务工人员236人、经商68人），建档立卡劳动力148人（其中，区内务工22人，区外务工59人），2014年以来全村共有120人享受了"技术及就业技能培训"，共计投入资金7.2万元（其中2017年享受种养殖技术培训的有55户55人，投入资金33000元），参加就业技能培训的有5户20人。

（四）乡村治理

人居环境整治工程。自2014年以来全村共投入了10万元进行环境卫生整治，其中按户分发分类垃圾桶130个，新建垃圾收集池20个，整体提升了全村公共服务水平，惠及群众1700余人。

路灯亮化工程。自2014年以来全村投入8万余元，完成7个自然村寨太阳能路灯的安装工作。

"五改一化一维"工程。2017年全村共投入400余万元，完成319户"五改一化一维"工程建设，其中实现改厨231户、改厕73户、改水96户、改电12户、改圈14户、房屋维修170户、室内和房前屋后硬化246户。

危房改造。2014年以来村实施危房改造55户，共投入危房改造资金47.9余万元，其中2014年实施11户，2015年实施19户，2016年实施18户，2017年实施5户，2018年实施4户，现已实现55户211人全部入住。

易地扶贫搬迁。自2016年以来共实施易地扶贫搬迁14户62人，其中2016年实施6户，2017年实施8户，2018年预计实施251户，现已实现14户62人全部入住。

村规民约。垢溪村村民员委会于2018年6月3日公布张贴了两项公约，分别为《村规民约》《卫生公约》。前者共包括10条，主要涉及子女教育、村民日常行为规范、村民义务方面内容；后者共包括8项内容，主要包括个人卫生习惯、家庭环境卫生、公共环境卫生、牲畜养殖方式等方面的行为规范。

三、创新实践及发展模式

垢溪村集体经济以党支部作担保和总负责，探索出"党组织＋合作社＋农户""党组织＋公司＋基地""党组织＋精扶贷＋社会资金"三种模式，促进多重产业共同发展。公司及合作社负责市场、技术及日常管理等。目前发展的村集体经济有水产、黄牛、黑猪的养殖及折耳根、香柚以及其他精品水果种植，产业种类丰富。

以"党组织＋公司＋基地"模式发展的千亩香柚种植项目，是垢溪村2018年通过引进贵州香柚香生态农业有限公司发展的上规模产业，垢溪村作为茶店街道发展香柚种植的基地，将负责香柚幼苗的整体培育工作，以节约购苗成本。该产业采用"721"模式分红，老百姓用土地入股，自己管理，公司提供幼苗、技术、农药、销路、品牌塑造及产品推广。座谈会上，村书记张吉才介绍道："721模式，就是自己种就自己管。种得多，赚得多，肯定分得多。如果要是按照那种8%的底线的话，就不现实，因为农户积极性不高。反正有这么多了，反正做不做都有。"村主任舒伟补充道："为了不让土地闲置，香柚种植以后，它的间距很宽，我们现在在种鱼腥草，老百姓可以自己种植花生、大豆，非藤类的。"同时，为了不让百姓有后顾之忧，"我们这边也在跟本地的一个企业联系，我们铜仁有珍珠花生，我们跟那个厂家签一个供销合同。保底收购，让老百姓种出来，不愁销路，就没有了后顾之

2018年10月20日，调研十组走访垢溪村脱贫户舒中平。

忧。"村书记张吉才继续补充道。垢溪村香柚种植产业采取的"721"模式，大大提高了农户的参与度和积极性，让农户自己种植、自己管理，在获得收益的同时，也真正学到了种植管理技术，这种授人以渔的发展模式从根本上解决了农民的脱贫问题。

四、突出问题及原因分析

偏远的地理方位、多处地质灾害隐患点，是制约垢溪村经济发展的两大客观因素，尽管近年来的集体经济发展为村民实现脱贫起到了一定的带动作用。然而，由于集体经济发展过程中多数村民并未直接参与经营管理，既未能培养起村民的责任感，也未能使其获得独立发展的相关技术技能。同时，垢溪村拥有秀丽的自然风光和丰富的特色文化旅游资源，这本该成为该村未来产业发展的一大优势，但由于交通条件不足和发展理念的局限，垢溪村未能将资源优势转化为发展优势。这不仅降低了垢溪村经济社会发展质量，也延缓了该村转型可持续发展进程。

（一）地质灾害隐患点多，农业抗灾能力薄弱

垢溪村地处峡谷底部地带，有4处地质灾害易发点，也是洪涝灾害易发点，分别在新屋场组、老院子组、岩院子组、田坝组。受地理位置和自然环境的制约，旱灾较为频繁，农业整体抗自然灾害能力弱，一旦受灾农户容易返贫。座谈会上村支部书记张吉才说："因为我们村在沟里，水灾也有，但不频繁，旱灾的话这两年还是有点多，一旦发生旱灾，我们水要干，要断流，受条件限制，想引水去灌溉也没有办法。"比如受2016年"7·4"特大洪灾影响，所有集体经济产业被冲毁，由于后续发展资金跟不上，造成产业发展停滞不前的困境。

（二）生猪养殖模式受限，技术带动效果不足

通过脱贫攻坚战，垢溪村贫困户由2014年的82户323人，减少到了目前的4户14人，贫困发生率降低为0.7%，脱贫效果显著。目前，村经济发展较好的产业是村副主任姚茂有负责的生猪养殖产业，目前养殖规模达100余头，注入扶贫资金20万元，以8%的比例分红，带动贫困户20户40人，每人每年可分400元。访谈中副主任姚茂有说："目前养殖存活率达95%以上，自己负责养殖管理，雇佣1~2名饲养员，年末给贫困户分红即可，不需要贫困户做任何事情。"这一产业虽然带动了

20户贫困户，但事实上，贫困户并未直接参与产业经营，没有在产业扶持中掌握真正的养殖致富技术，在扶贫的同时，并未达到真正扶技的效果，缺乏长效的脱贫机制。

（三）文化旅游资源丰富，产业发展新意不足

垢溪村旅游资源丰富，拥有万米悬崖的峡谷风光，还有"娘娘岩""仙人桥""轿子岩""十大元帅""兴隆庵""魔崖"等旅游资源，汞、铅、锌、硅储藏量均达千吨以上，同时拥有20公里的"矿洞"遗址。此外，垢溪的傩文化，经历了六代人的智慧和积累，现已发展得十分完善，广受十里八乡的村民喜爱，也是农民秋收后闲暇之

2018年10月20日，调研十组实地考察垢溪村水产养殖业，了解水产养殖情况。

时最为盛行的民俗民风活动。针对这些丰富的资源，村主任舒伟表示，村里的初步想法是考虑发展峡谷旅游，打造香柚基地，发展农旅观光，同时打通20公里矿洞，打造汞矿遗址景区。这些想法均处于构思阶段，且忽略了傩文化这一特色文化资源，针对垢溪这样一个偏远的村落来说，缺乏足够的新意，独特性不足，无显著市场竞争优势。

五、对策与建议

坚持产业振兴、特色发展双轮驱动，因地制宜，统筹土地资源经营管理，延长产业发展链条，升级精准扶贫考核机制，以稳固脱贫攻坚成效，促进村经济发展壮大，加快全面进入小康社会步伐。

（一）成立土地专业经营公司，促进产业发展规范化

在充分尊重农户对土地使用权、收益权和流转权的基础上，为确保村集体经济的发展壮大，建议成立土地管理专业经营公司或合作社，采取土地转包、土地转让、土地入股、土地出租、土地互换等多种流转形式，将土地进行统一管理，优选经验丰富、观念先进、技术过硬的致富带头人及有市场资源、有资金保证、盈利效益好的老板或者农业企业进行统一经营，以发展特色、高效产业为原则，因地制宜，在地质隐患片区，发展抗性强、不易受地质灾害影响的抗性农作物，在坡地发展耐旱作物，在地势平坦区发展大棚类高效作物，通过科学投产、规模养殖，提高农业抗风险能力，保障农户收益的最大化。

（二）大力发展香柚延伸产业，培育发展经济新业态

垢溪村作为茶店街道发展香柚种植的基地，发展的千亩香柚是垢溪村农业发展的一张名片，其规模占到全村耕地面积的81.30%，垢溪村应充分把握这一契机和资源优势，深入挖掘香柚皮的药用价值及果肉的营养保健功能，着力发展香柚延伸产业，提高产品档次和附加值，培育发展新业态，拓展增收空间。

（三）深入挖掘特色旅游资源，打造体验式特色小镇

垢溪村拥有四大特色旅游资源，一为百年傩文化戏剧，二为千亩香柚基地，三为万丈峡谷风光，四为数万米矿洞遗址，另外还有多处极具开发前景的旅游景点。同时，垢溪村环境清幽，适合休闲度假。垢溪村可利用自身的农业、旅游、文化资源深入挖掘开发利用，探索乡村旅游的魅力，找到合适的建筑景观、生活形态的表达方式，用文化凝聚特色小镇的核心主题，打造集精品水果基地游览、矿洞地质观光、农事文化体验、蔬果采摘尝鲜等功能于一体的乡村文农旅融合体验式特色小镇。值得注意的是，针对特色小镇的发展，住建部特色小镇评审专家段德罡认为："我觉得作为特色小镇，要想健康发展，一是不要盲目跟风，二是要理性地判断旅游市场到底有多大，三是要形成自己的产业内核，四是要把特色小镇的发展和当地老百姓的利益捆绑到一起，我觉得这才是特色小镇发展的健康路径。"

（四）升级精准扶贫考核机制，扶技扶志合力拔穷根

根据当前的脱贫标准，通过各种政策补助、产业分红、提供就业、"五改一化一维"工程等措施来帮助贫困户，贫困户在1~3年内即可实

现脱贫，但脱离政策之后是否能消除贫困的病根是需要纳入长远考虑的现实问题。因此，在脱贫攻坚战取得初步成效后，应将扶技扶志纳入脱贫指标。

一是强化技能培养，抱团发展。在产业发展过程中，重点培养农户的种养殖技术，将技能测试与产业分红联动纳入脱贫考核机制。同时"突破大户带动思想，将大户带动与合作精神结合起来，给普通劳动力赋权，用合作精神将大户或公司与劳动力即人力资源结合在一起，既能够满足市场需求，又能实现抱团发展"。此外，建议与其他村寨、乡镇联合开展成人职业技能培训，依托优质职教学校，组建成人培训基地，逐步实现"1户1人1技能"全覆盖，逐步消除零就业贫困家庭。

二是加强扶志力度，针对非贫困因素导致的子女辍学家庭、零就业家庭、重要劳动力残疾等贫困家庭，进行分类指导。针对贫困群体，引导贫困群众摒弃"等靠要"的消极思想，真正变"要我脱贫"为"我要脱贫"。我国河南洛阳《洛阳市扶贫扶志行动方案》中提出的思想"扶志"、典型"扶志"、文化"扶志"、文明"扶志"、政策"扶志"等五项举措可供参考。

参考文献

1. 栾小琳：《万山区茶店垢溪村："党组织+"集体经济结出"扶贫果"》，新华网，2018年9月2日。
2. 庞铁坚：《乡村文化与乡村旅游关系之思考》，《中共桂林市委党校学报》2018年第2期。

3. 王春光、房莉杰、梁晨:《迈向社会治理的基层实践》,经济管理出版社,2017。

4. 李培林、魏后凯、吴国宝主编《中国扶贫开发报告（2017）》,社会科学文献出版社,2017。

稻子收割完了，一季的忙碌在此刻归于平寂。坐在田埂上听蛐蛐儿叫，稻田里一闪一闪地飞过萤火虫，看它轻盈地站在掌心，一亮一亮的，稻田里的夜太美了，一季的辛劳化作心里的甘甜。

　　勤劳的人们在这块熟悉的黄土地上欢乐地劳作着，收获着果实、收获着希望，老水牛在池塘里悠闲地泡着澡，为来年的耕作休养生息。

天未亮，几声鸡鸣，唤醒了慵懒的睡意，开始了充实的一天。母鸡们悠闲地在田山头漫步，老农扛着锄头下地干活，农妇弯腰拾起鸡窝里温热的鸡蛋，嘴角上扬，脸上露出欣慰的笑容。

党建聚民心 "三社"促"三变"

——尤鱼铺村调研报告

2018年10月22~23日，铜仁市万山区转型可持续发展大调研第十小组程茹、彭小林赴茶店街道尤鱼铺村开展实地调研。调研以实地考察、座谈会、人物访谈、入户走访和问卷调查的形式开展，调研期间调研组召开了座谈会，考察了贵州万兴管业有限公司、铜仁市茶店大树坪斗牛养殖观光有限公司、铜仁市万山区琪明养殖场、贵州万山森海汽车旅游开发有限公司、尤鱼铺村春晖家园，访谈了商兴（男，贵州万兴管业有限公司总经理）、黄昌勇（男，村支书，矿工代表）、黄昌熊（男，包工头，养殖户）、谭细花（女，脱贫户）、张艳华（男，驻村干部），入户走访了蒋茂高（男，47岁）、唐仁政（男，59岁）、杨昌军（男，42岁）、黄昌益（男，68岁）、黄昌登（男，56岁）、王新发（男，55岁）、蒋德必（男，78岁）、唐文勇（男，45岁）等村民。

尤鱼铺村交通便利，区位优势突出，属于城郊融合类村庄，具备向城市化转型发展的条件。近年来发展迅速，基础设施有了极大的改善，生活水平有了极大的提高，村容村貌干净整洁，居住环境有了极大提升，已形成了扶贫资金注入企业带动贫困户分红就业增收和利用春晖使者参与带动家乡发展的经验模式。然而，在城市化转型发展中尤鱼铺村还存在基础配套设施薄弱、规划缺失、农民就业技能提升不足等问题。

一、基本概况

（一）基本信息

尤鱼铺村有汉、苗、侗等多个民族，土地面积10.4平方公里，耕地面积1865亩。辖14个自然村寨19个村民组，共609户2568人。其中党员65人，低保户62户121人，五保户1户1人，危房户75户，重病患者1人，残疾人84人。共有建档立卡贫困户62户218人，未脱贫户3户9人，已脱贫户59户209人，其中，2014年脱贫11户54人，2015年脱贫22户97人，2016年脱贫6户22人，2017年脱贫20户36人，现贫困发生率为0.37%。

（二）基层组织

组织成员。组织成员有驻村干部张艳华，村党支部书记黄昌勇，村主任王令，监督委员会主任王德怀，妇女主任郑远春，村党支部副书记王文德，副主任张敏，支部委员唐绍军，监督委员会委员唐仁政、赵永贵。

驻村干部张艳华2017年4月到村任职。村支部书记黄昌勇2007年在村任职，2008年7月获铜仁市优秀共产党员荣誉称号，2016年7月获万山区优秀共产党员荣誉称号。村主任王令2010年到村任职。

主要发展举措及成效。一是加大基础设施建设力度。通过近几年来的大力建设，全村实现"组组通"公路、户户通联户路，自来水全通，安全用电，移动、电信信号和4G网络全覆盖。二是加大招商力度，鼓励外出成功人士回乡创业，其中以铜仁市万山区森海汽车旅游开发有限公司和贵州万兴管业有限公司为代表，通过带动群众就业及贫困户分红，增加群众收入。三是大力发展产业。现已建成油茶基地500亩、茶叶基地400亩、村集体蛋鸡养殖场，同时引导养殖大户扩大规模规范化生产。

驻村工作及成效。一是当好宣传员，围绕党的十九大精神和各项扶贫政策，开展形式多样的宣传工作，为老百姓答疑解惑，同时营造良好的脱贫攻坚氛围。二是开展精准扶贫工作，从整治村庄卫生等方面扎实开展帮扶工作，并通过进村入户，帮助困难群众解决各种问题。三是调节各类矛盾纠纷，村干部本着公平公正原则，调解纠纷10余起，确保全村社会稳定和谐。

(三) 产业情况

尤鱼铺村以种植、养殖业为主，包括茶叶、水稻、辣椒、花生、太子参、食用菌、葡萄等农作物种植，羊、牛、鸡、鱼、鸭等家畜水产养殖。现有食用菌5亩、核桃500余亩、高山葡萄120余亩、其他果树200余亩、油茶400余亩，肉猪和种猪养殖600余头，鱼养殖120余亩。

大型养殖企业有3家，分别为铜仁市茶店大树坪斗牛养殖观光有限公司，总投资500万元，养殖400多头牛，总占地面积约18亩；万山区茶店街道尤鱼铺村琪明刺棚蛋鸡养殖场，总投资250万元，占地200亩，现有蛋鸡5000多只；万山区茶店街道尤鱼铺村生猪代养厂，总投资700万元，占地面积20亩。

大型非农企业有2家，分别为贵州万兴管业有限公司，总投资2600

2018年10月22日，调研十组实地考察尤鱼铺村养鸡基地，了解养鸡情况。

万元，2017年产值达3000多万元；铜仁市万山区森海汽车旅游开发有限公司，注册资金2000万，开发森海汽车公园项目，规划面积1154亩，总建筑面积44040平方米，总投资2.2亿元。

（四）公共服务

目前全村有公办幼儿园1所，小学1所，文化广场2个，体育广场2个，医疗诊所1个。

二、基础条件与优势特色

（一）搭上"扶贫快车"，基础设施逐步优化

国家实施精准扶贫以来，尤鱼铺村搭上了"扶贫快车"，基础设施

条件持续改善。铜玉高级公路、铜大高速公路、铜玉高铁、玉铜松快速干道穿村而过，万山高铁站、高速路口、高速出口距村仅1公里。村内通组路、联户路实现全部硬化，全村有集中式安全人饮供水点12个，覆盖全村19个村民组所有农户。全村所有农户均已接入国家农电网，享受全国同网同价电力资源，完成了农电网全面改造。全村已实现"组组通"、连户路全硬化。全村实现移动、电信信号和4G网络无盲区全覆盖。户户实现100%安全住房。

(二) 财力物力投入大，百姓获得实惠多

在精准扶贫这场战役中，随着国家的大力投入，尤鱼铺村村民生活水平得到大幅提升。危房改造方面，为建档立卡贫困户实施危房改造45户，其中2014年实施5户，2015年实施6户，2016年实施11户，2017年实施23户。易地扶贫搬迁方面，为建档立卡贫困户易地扶贫搬迁14户68人，其中2016年搬迁11户57人，均搬迁到茶店街道茅坪搬迁点，2017年搬迁3户11人。健康扶贫方面，建档立卡贫困户2017年产生医疗费用的有24户，共补偿340575.9元。义务教育方面，建档立卡贫困户65人享受教育资助共108000元。产业扶贫方面，建档立卡贫困户享受产业扶贫资金共170960元。产业奖补方面，建档立卡贫困户享受产业奖补9户，涉及资金74600元。扶贫小额信贷方面，建档立卡贫困户享受小额信贷（精扶贷款）共有4户140000元。就业扶贫方面，建档立卡贫困户在县内务工共有25人，在县外务工共有36人。"五改一化一维"方面，实施贫困户38户，非贫困户349户。人居环境整治方面，2014年以来共投入了20余万元进行环境卫生整治工作，并建立了长效机制，惠及群众2500余人，新建垃圾收集池14个，聘请专人不定期进

行垃圾清运，人居环境得到有效改善。

（三）区位优势明显，赛事资源丰富

区位上，尤鱼铺村隶属万山区茶店街道办事处，位于铜仁市南部，东邻中国汞都万山区主城区，南接箫笛之乡玉屏县，西与鱼塘乡交界，北与茶店街道老屋场村毗邻，距离万山区仅12公里、距离茶店街道办事处仅6公里，素有铜仁市南大门"第一村"之称。赛事方面，铜仁市万山区森海汽车旅游开发有限公司在2017年6月17~19日，成功举办了贵州·万山"森海杯"2017年全国汽车场地越野障碍邀请赛，赛事吸引了来自安徽、广东、重庆等15个省市的128名赛车手参赛，CCTV5-赛车时代、新华网、贵州卫视等多家新闻媒体对赛事进行了宣传报道。铜仁市茶店大树坪斗牛养殖观光有限公司每年会举办1~2次斗牛大赛，每次赛事均能吸引来自云南、广西、广东、贵州等地区的200余名斗牛爱好者参赛，上万观众现场观看。

三、创新实践与发展模式

近年来，尤鱼铺村在带动贫困户稳定脱贫就业、助推经济社会发展上积极探索，形成了三类发展模式。一是通过扶贫资金注入企业，贫困户长期参与企业分红和进入企业就业，助力贫困户稳定脱贫。二是充分把握铜仁市启动"民心党建＋'三社'"融合促"'三变'＋春晖社"农村综合改革契机，通过成立春晖社"引凤归巢"，助推尤鱼铺村经济发展。三是形成了"民心党建＋信合＋产业项目＋乡贤捐资"模式，撬动更多资金投入产业发展，带动百姓致富。

（一）扶贫资金入企业，助力农户分红就业

通过给贵州万兴管业有限公司、铜仁市万山区森海汽车旅游开发有限公司、琪明刺棚蛋鸡养殖场注入扶贫资金，每年由注入扶贫资金的企业按照注入扶贫资金的8%分红给村里的贫困户，同时企业优先为村里贫困户和其他老百姓提供就业岗位。

（二）以春晖社为载体，"引凤归巢"促发展

尤鱼铺村通过成立春晖社，聘请有代表性的乡贤为春晖使者，搭建了一个乡友参与服务尤鱼铺村经济社会发展的平台。贵州万兴管业有限公司总经理商兴、铜仁市万山区森海汽车旅游开发有限公司董事长刘雁、铜仁市茶店大树坪斗牛养殖观光有限公司负责人王令等春晖使者回村兴办企业，让老百姓入股分红，为老百姓提供就业岗位，实

2018年10月23日，调研十组实地考察贵州万兴管业有限公司，了解公司经营情况。

现家门口就业。同时，春晖使者也热心捐资参与村里修路、助学、扶贫等公益事业。

(三)"民心党建 + 信合 + 产业项目 + 乡贤捐资"助脱贫

由村支部委员会牵头，尤鱼铺村在2016年3月成立了乡贤会，乡贤会发动乡贤无偿捐资13.18万元善款作为助贫启动资金。该资金在使用上一方面可作为信合贷款担保资金，来帮助农户拓宽贷款渠道，撬动更多资金投入产业发展；另一方面允许主导产业发展的会员或以贫困户会员为主体的产业合作社进行贷款，乡贤会逐年按照比例回收资金，产业项目效益好、合作社信用评级高的可申请扩大借款资金，让资金滚动发展，带动更多老百姓脱贫致富。

四、发展困境和工作难点

城市化有助于突破城乡二元结构，建立城乡之间经济社会发展的内在有机联系，缓解发展中的不平衡问题，保障农民与城市居民公平地享有教育、科技、文化、卫生、体育、社会保障等服务，创造更多的公正平等的发展机会，但是面对城市化发展道路，尤鱼铺村还面临以下困境。

(一) 基础配套设施薄弱，经济发展缓慢

在国家的大力扶持下，通过加大财政投入，农村的基础设施建设水平突飞猛进，水电路网等基础设施都得到了极大的改善。尤鱼铺村"组组通"、连户路等硬化率达到了100%，但其水、电、燃气、环卫等

基础设施还不尽完善，教育、医疗、娱乐、饮食等与居民生活水平息息相关的配套还较为落后，降低了经济发展速度，延缓了城市化的发展进程。

（二）缺失规划引领，发展方向不明

当前，尤鱼铺村发展缺乏规划引领，对未来发展没有明确的方向定位。村民建房更多凭的是个人喜好和由"风水"决定，房屋建设布局不合理，存在一定的"散乱"现象，产业发展、土地利用、基础设施配套发展随意性较大，缺乏前瞻性的引导和全局性的把握。尤鱼铺村正处于经济转型升级、城市化发展的关键时期，必须深刻认识城市化对经济社会发展的重大意义，牢牢把握城市化蕴含的巨大机遇，更加重视规划对尤鱼铺村发展的引领性、指导性作用，准确研判城市化发展的新趋势、新特点，妥善应对城市化面临的风险挑战。

（三）农民就业技能不足，制约农民市民化

城市化是人类发展的必然趋势，是国家现代化的必由之路。无论是生产方式的转变，还是生活方式的转变，其主体是农民，因此城市化是农民的城市化。农民转变为市民，就由户籍上的"农业户口"转变为"非农业户口"。农民在农村拥有土地、林地等承包权，拥有宅基地，享有集体经济的收益权、分配权。而一旦农民成为城市居民，也就失去了这些权利和资源。如何保障尤鱼铺村征地拆迁后失地农民就业和拆迁资金合理使用等成为城市化转型过程中的关键问题。从贵州万兴管业有限公司总经理商兴的话中我们能看到尤鱼铺村村民在就

2018年10月22日，调研十组访谈贵州万兴管业有限公司总经理商兴。

业方面面临的问题，他说："我们公司现在在普通员工这一块能请本村人的我们都是请的本村人，但技术工都是外地人，本村人由于缺乏技术只能做普工。"目前，思想观念障碍、城乡二元结构制约、保障机制不健全、自身需求不足等因素制约着尤鱼铺村农民市民化进程中就业技能的提升。

五、对策与建议

尤鱼铺村今后的发展可以依托交通区位优势和现有企业举办的赛事资源，坚持推进农村城市化进程，补齐发展短板，促进经济社会发展。以下是对尤鱼铺村城市化发展的几点建议。

(一)"筑巢引凤"与"引凤筑巢"并举,逐步完善基础配套设施建设

"筑巢引凤"和"引凤筑巢"并举,是要通过政策扶持、基础设施完善来吸引企业,让企业"能进来"还"能留下",借助企业的力量助推当地发展。一方面要加快城乡基础设施互联互通,强化与中心城区公共服务对接,进行"筑巢引凤"。基础设施互联互通对尤鱼铺这类近郊融合类村庄向城市化转型发展具有基础性、先导性、全局性作用。基础设施建设越好,招商引资的吸引力自然也更大。但受限于经济发展水平,只靠国家财政投入和本村的财政收入建设基础设施是远远不够的,建议与周边村、镇(街道)、区县合作,共建共享、互联互通基础设施建设,合力促进基础设施建设的完善。另一方面通过完善公共财政投入机制,加强财政金融协调配合力度,探索市场化融资方式,

2018年10月23日,调研十组访谈尤鱼铺村脱贫户代表谭细花。

加强招商引资，进行"引凤筑巢"。通过引进外部资金参与城市化开发建设，促进产品、资本、技术、信息与城市之间的双向流动，逐步完善基础配套设施。

（二）规划先行，强化与谢桥城区产业对接，有效承接人口转移和功能外溢

凭借便捷的交通、优越的区位优势和充足的扩展空间，着眼服务万山区和周边城市的发展，加强与谢桥城区产业对接，承接城市人口转移和功能外溢。做好规划引领，将尤鱼铺村的发展放在万山区及周边城市的大格局来高标准定位，前瞻性、系统性地做好尤鱼铺村的城市化发展规划，依据城市化功能定位科学规划，实现多规合一，确保产业发展、城市化建设、土地利用、基础设施配套等规划布局合理、规模相配、定位相符、功能相适。在产业上，依据产业定位做环境、做平台、做特色，引导产业集聚、集群发展，以产业为支撑带动城市化发展。

（三）强化农民就业技能培训，增强农民发展内生动力

促进失地农民的再就业才是解决失地农民生计的最好办法。随着城市化进程的发展，村里第二产业、第三产业的发展也将随之兴起，前瞻性地针对农民做好第二产业、第三产业就业技能的培训，提供就业服务，提高农民就业能力，增强农民发展的内生动力。挖掘打造特色文化、特色食品、特色民宿，培养农民的生产推介能力，利用铜仁市万山区森海汽车旅游开发有限公司和铜仁市茶店大树坪斗牛养殖观光有限公司每年举办赛事的契机进行推介等。

参考文献

1. 茶店街道尤鱼铺村:《尤鱼铺村2008年—2018年工作总结及工作汇报材料》,
   2018。

2. 王绍芳、王岚、石学军:《关注就业技能提升对新生代农民工市民化的重要
   作用》,《经济纵横》2016年第8期。

后　记

　　作为一个有着几千年历史的农业大国，"三农"问题一直是关系我国经济和社会发展全局的重大问题，并得到众多专家学者的持续关注和研究。我国社会学大师费孝通先生所著的《江村经济》，对20世纪30年代中国农民的生活做了系统深刻的描述，掀起了我国乡村调查研究的热潮，被誉为"人类学实地调查和理论工作发展中的一个里程碑"。随着工业化、信息化、城镇化、农业现代化的加速推进和叠加效应凸显，乡村作为中国乡土社会的基础单元，正在经历前所未有的变化。党的十九大报告首次提出实施乡村振兴战略，乡村未来到底何去何从开始重新引起社会各界的高度关注和广泛思考，各级政府也把实施乡村振兴战略摆在了优先位置。

　　在此背景下，铜仁市委、市政府全面贯彻落实习近平新时代中国特色社会主义思想，聚焦乡村振兴战略的实施，组织安排了万山转型可持续发展大调研，铜仁市人民政府发展研究中心联合北京国际城市发展研究院、贵阳创新驱动发展战略研究院组成了万山转型可持续发展课题组，开展了为期一年的跟踪研究与成果转化工作。自2018年5月起，铜仁市委、市政府首席顾问连玉明带领课题组人员先后赴万山开展了三次前期摸底调研，分别对产业园区（铜仁高新区、万山经开区）、旅游品牌（朱砂古镇、彩虹海）、重点企业（万仁新能源汽车公司、九丰农业博览园）以及部分乡镇（高楼坪乡、万山镇）进行了实地考察，并与万山区委、区政府进行了座谈交流，把握了万山乡村发展的总体情况和基本脉络。

2018年9月，课题组反复学习领会习近平总书记关于实施乡村振兴战略的重要论述，编辑了万山区乡镇（街道）与村（社区）基础资料，为开展万山转型可持续发展大调研做好了前期准备。

2018年10月13日至28日，课题组组织北京国际城市发展研究院、贵阳创新驱动发展战略研究院、铜仁市人民政府发展研究中心研究人员组成86人的调研团队，赴铜仁市万山区各部门、重点企业、乡镇（街道）、村（社区）开展了为期15天的集中调研。调研期间，课题组共召开了100余场座谈会，实地考察了100多个产业项目，走访近1000户群众，重点访谈约500人，实现了95个村（社区）、重点部门、重点企业的全覆盖，撰写形成了90篇[①]调研报告。调研结束之后，课题组通过对调研报告进行修改完善，撰写形成了《山村调查》（五卷）。本书重点研究了五个方面的问题。

一是摸清基础情况。课题组深入各村（社区），系统收集了全区各村（社区）的地理位置、平均海拔、主要民族、主要姓氏、

---

① 出于行政区划调整、易地搬迁以及个别村（社区）体量较小等原因，有5个村（社区）没有单独形成调研报告，故调研报告总篇数为90篇。

户籍人口、贫困人口、党员数量等基础信息，统计了各村（社区）水、电、气、网络、道路、学校、文化广场、社区医疗机构和养老机构等基础设施和商铺、宾馆旅社、驻区单位、集体经济等基本情况，总结了建国70周年，尤其是改革开放40年来万山各村（社区）的发展变化。

二是找准优势特点。课题组走进田间地头，深入村寨山林，围绕各村（社区）的自然资源、文化遗产、农业项目等进行了调查和分析，找准了各村（社区）的优势与特色，为其今后的发展提供了思路与方向。

三是挖掘典型经验。通过座谈交流，课题组发现并挖掘了一批具有典型示范价值的经验模式，如"九丰农业＋"农旅融合发展模式、"龙头企业＋贫困户"产业扶贫模式、"622"集体经济产业扶贫分红模式等。这些典型经验模式是万山人民勤劳智慧的集中体现。

四是发现突出问题。通过与各村（社区）领导干部、群众的沟通交流，课题组归纳总结了当前万山各村（社区）发展中面临的主要问题和工作难点。比如，村集体经济发展壮大的问题，农村创新创业资金不足的问题，农村留守儿童的教育问题，乡村医生、乡村教师流失的问题，农产品对外销售难的问题等。这些问题既是万山各村（社区）存在的个性问题，也是广大农村地区普遍存在的共性问题。

五是提供对策建议。课题组根据各村（社区）的发展现状、特色优势以及存在问题，提出了有针对性的问题解决方案与建议，这不仅有利于促进万山各村（社区）的健康发展，对于其他农村地区的发展也具有重要的借鉴意义。

在开展调研和撰写书稿的过程中，铜仁市委、市政府专门下发通知，并由市委、市政府主要领导担任调研组组长和副组长，为大调研工作提供了全面保障。万山区委、区政府不仅为大调研工作提供了信息保障、车辆保障、食宿保障和安全保障，还在书稿的撰写、修改过程中给予了充分支持，提出了许多宝贵的修改意见。万山区全体党员干部及广大群众积极配合调研工作，不仅提供了丰富的素材与数据，还提供了许多基层工作的思考与建议。可以说，《山村调查》（五卷）凝聚了铜仁市、万山区两级领导干部和基层群众的思想和智慧，是对万山乡村社会的一次立体式呈现。此外，社会科学文献出版社社长谢寿光高度重视本书的出版工作，指示组织多名编辑对本书进行精心编校、精心设计，保证了本书的如期出版。在此，一并表示感谢！

在研究和编写本书过程中，我们充分利用调研资料，尽力搜集最新文献、吸纳最新观点，以期丰富本书的思想及内容。但受著者水平所限，难免有疏漏之处，恳请读者批评指正。

2019年9月12日